Moritz Bürki

Bildatlas Sommerblumen

mit Herbstzauber

Anzucht und Verwendung

606 Farbfotos
20 Tabellen
55 Zeichnungen

Verlag Eugen Ulmer

Moritz Bürki
Geboren 1924. Gärtnerlehre 1939 bis 1942, dann verschiedene Gehilfenstellen, u.a. in der Großgärtnerei Haller in Brugg. 1948 bis 1950 Aufenthalt in Schweden, 1953 Eidgen. Meisterdiplom. Ab 1954 Obergärtner und Betriebsleiterstelle bei der Firma Wyss, Samen und Pflanzen AG in Solothurn und Zuchwil. Ab 1974 Gärtnerfachlehrer in den Fachschulen Solothurn und Bern. Zahlreiche Fachvorträge und Kurse im In- und Ausland. Verfasser von Fachbüchern.

Bibliografische Information Der Deutschen Bibliothek
Die Deutsche Bibliothek verzeichnet diese Publikation in der Deutschen Nationalbibliografie; detaillierte bibliografische Daten sind im Internet über http://dnb.ddb.de abrufbar.

ISBN 3-8001-4285-6

Wollgrasweg 41, 70599 Stuttgart (Hohenheim)
email: info@ulmer.de
Internet: www.ulmer.de
Lektorat: Werner Baumeister
Herstellung: Silke Reuter
Einband: Entwurf Atelier Reichert, Stuttgart
Satz + Reproduktionen: Typomedia GmbH, Ostfildern
Druck: Offsetdruckerei K. Grammlich, Pliezhausen
Bindung: postkonfekt, Darmstadt
Printed in Germany

3a Vorbildlicher Balkonschmuck an einem Wohnhaus ▷

Vorwort

Der neue Zander 2000 bringt viele Neuerungen und Änderungen

Mit dem neuen Zander 2000 (Handwörterbuch der Pflanzennamen) haben sich in der botanischen Nomenklatur einige markante Neuerungen ergeben, die „im Zuge einer zunehmenden Internationalisierung, auch in der Botanik", wie die Autoren schreiben, also aus der Notwendigkeit einer Anpassung an weltweite Normen, vorgenommen werden mussten. So ist in vielen internationalen Werken der Familienname „Asteraceae", bisher Compositae, schön längst ein Begriff! Auch wurde die Bezeichnung „-Hybriden" weitgehend abgeschafft. Die Artnamen sind nun mit wenigen Ausnahmen, wie zum Beispiel „Impatiens Neuguinea Grp.". Um dem Benutzer dieses Fachbuches die Übersicht zu erleichtern, sind im Anschluss an das Vorwort alle im Buch vorkommenden Pflanzennamen, die eine Änderung erfahren haben, in alphabetischer Reihenfolge nach den bisher bekannten Namen nach „Zander", Ausgabe 1993, aufgeführt. Eine weitere Tabelle zeigt auch die neuen Pflanzenfamilien, die hier Einzug gefunden haben, auf. Damit ist dem Leser eine große Hilfe geboten: Was ist nun neu? Wo ist eine Änderung vorgenommen worden?

Man mag über den steten Wechsel der Pflanzennamen erbost sein, wie man dies in der Praxis aus Gärtner- und Floristenkreisen oft hört, doch empfehle ich jeder Leserin und jedem Leser, die dazu vorgebrachte Begründung im Vorwort des neuen „Zander" zu lesen. Wir leben ja in einer Zeit des steten Wandels und der weltweiten Globalisierung, die uns heute schließlich auch keine Fremdwörter mehr sind!

Das vorliegende Pflanzensortiment wurde erweitert. Hier zeigte sich eine Anpassung an die neuen Lehrpläne der Fachschulen als notwendig. Andererseits sind auch einige neuere Arten aufgenommen worden, die sich in der letzten Zeit etabliert haben. Eine wesentliche Erweiterung hat das Bildmaterial in der praktischen Pflanzenverwendung erfahren. Da ich in den letzten Jahren vermehrt die Möglichkeit hatte, Auslandreisen, auch in das entfernte Kanada, zu unternehmen, und mein Fotoapparat dabei immer „schussbereit" war, habe ich die Gelegenheit wahrgenommen, schöne und vorbildliche Objekte auf den Film zu bannen. Mögen sie als Anregung dienen, denn wir wollen ja nicht auf Bisherigem beharren, sondern unseren Horizont und auch die Anwendungsgebiete für eine optimale Pflanzenverwendung stets erweitern. Wie hat doch schon Matthias Claudius gesagt:

„Wenn jemand eine Reise tut,
so kann er was erzählen,
darum nahm ich meinen Stock
(Fotoapparat) und Hut,
und tat das Reisen wählen!"

Langendorf, im April 2000 Moritz Bürki

Vorwort zur 4. Auflage

Innerhalb relativ kurzer Zeit ist die 3. erweiterte Auflage bereits vergriffen und die neue 4. Auflage liegt vor uns. Auch diese wurde wieder erweitert. Insbesondere hat das beliebte „Herbstzauber"-Sortiment im Anschluss an die Steckbriefe der Sommerblumen Eingang gefunden.

Auch verschiedene Neueinführungen der letzten Jahre wurden aufgenommen, die sich bis jetzt bewährt haben.

Nach der Neuausgabe des Handwörterbuchs Zander in der 17. Auflage 2002 mussten wir uns in Sachen Nomenklatur wieder mit einigen Änderungen anfreunden. Positiv sei vermerkt, dass fast alle Pflanzenarten im Zander auch mit dem deutschen Namen versehen sind. Diese wurden alle in dieser Neuausgabe aufgenommen.

Der neue Zander bringt uns nun mehr Klarheit, was aus den einstigen ...-Hybriden geworden ist. Zum Teil werden sie nun als Cultivars = Kulturformen bezeichnet, Beispiel: Fuchsia Cultivars, oder als Gruppen, wie zum Beispiel die Celosia argentea Plumosa-Gruppe. Die notwendigen Änderungen sind als Nachtrag auf Seite 5 und 6 aufgeführt. Zum Glück sind diese Änderungen in bescheidenem Rahmen geblieben.

Langendorf, im Dezember 2002 Moritz Bürki

Neue Familien

Folgende Familien haben den Namen gewechselt:

Apiaceae	(Umbelliferae): Ammi
Asteraceae	(Compositae): Acroclinium, Ageratum, Ajania,, Argyranthemum, Asteriscus, Bellis, Bidens, Brachyscome, Calendula, Callistephus, Carthamus, Chrysanthemum, Coleostephus, Coreopsis, Cosmos, Craspedia, Dahlia, Dimorphotheca, Erigeron,. Euryops, Felicia, Gazania, Helianthus, Helichrysum, Hymenostemma, Ismelia, Leucophyta, Lonas, Melampodium, Osteospermum, Rudbeckia, Santolina, Sanvitalia, Senecio, Tagetes, Tanacetum, Thymophylla, Tithonia, Xeranthemum,Zinnia.
Brassicaceae	(Cruciferae): Brassica, Erysimum, Iberis, Lobularia, Lunaria, Matthiola.
Caesalpiniaceae	(Leguminosae): Senna (bisher Cassia).
Cobaeaceae	(Polemoniaceae): Cobaea.
Fabaceae	(Leguminosae): Erythrina, Lablab, Lathyrus, Phaseolus.
Lamiaceae	(Labiatae): Glechoma, Lamium, Leonotis, Mentha, Molucella, Perilla, Plectranthus, Salvia, Solenostemon (bisher Coleus).
Poaceae	(Gramineae): Pennisetum.

Neue Pflanzennamen

Folgende Pflanzennamen wurden nach „Zander“, Ausgabe 2000, und „Zander“ 2002 geändert:

Bisheriger Name	Neuer Name Zander 2000	Neuer Name Zander 2002
Abutilon-Hybriden	**Abutilon × hybridum**	
Asarina purpusii		**Lophospermum purpusii**
Begonia-Semperflorens-Hybriden	**Begonia Semperflorens-Grp.**	**Begonia Cultivars Semperflorens Grp.**
Begonia-Knollenbegonien-Hybriden	**Begonia Tuberhybrida-Grp.**	**Begonia Cultivars Tuberhybrida Grp.**
Brachycome iberidifolia	**Brachyscome iberidifolia**	
Brachycome multifida	**Brachyscome multifida**	
Canna-Indica-Hybriden	**Canna indica**	
Calocephalus brownii		**Leucophyta brownii**
Cassia corymbosa	**Senna corymbosa**	
Cassia didymobotrya	**Senna didymobotrya**	
Celosia cristata ‘Cristata’	**Celosia Cristata-Grp.**	**Celosia argentea Cristata-Grp.**
Celosia cristata ‘Plumosa’	**Celosia Plumosa-Grp.**	**Celosia argentea Plumosa-Grp.**
Celosia spicata	**Celosia Spicata-Grp.**	**Celosia argentea Spicata-Grp.**
Chrysanthemum carinatum	**Ismelia carinata**	
Chrysanthemum segetum		**Xanthophthalmum segetum**
Coleostephus multicaule	**Coleostephus multicaulis**	
Coleus-Blumei-Hybriden	**Solenostemon scutellarioides**	
Dahlia-Hybriden	**Dahlia × hortensis**	
Dahlia × hortensis		**Dahlia pinnata (Kaktusdahlien)**
Datura × candida	**Brugmansia × candida**	

Bisheriger Name	Neuer Name Zander 2000	Neuer Name Zander 2002
Datura suaveolens	**Brugmansia suaveolens**	
Dimorphoteca ecklonis	**Osteospermum ecklonis**	
Dolichos lablab	**Lablab purpureus**	
Dyssodia tenuiloba	**Thymophylla tenuiloba**	
Euryops athanasiae		**Eurypos abrotanifolius**
Fuchsia-Hybriden	**Fuchsia Hybriden**	**Fuchsia Cultivars**
Gazania-Hybriden	**Gazania rigens**	
Gladiolus Hybriden		**Gladiolus Cultivars**
Godetia grandiflora	**Clarkia amoena**	
Helipterum roseum	**Acroclinium roseum**	
Impatiens-Neu-Guinea-Hybriden	**Impatiens Neuguinea-Grp.**	**Impatiens Cultivars Neuguinea Grp.**
Isotoma axillaris	**Laurentia axillaris**	
Kochia scoparia	**Bassia scoparia**	
Lantana-Camara-Hybriden	**Lantana camara**	
Mimulus-Hybriden	**Mimulus × hybridus**	
Mina lobata	**Ipomoea lobata**	
Nemesia-Hybriden	**Nemesia Hybriden**	**Nemesia strumosa**
Pelargonium-Peltatum-Hybriden	**Pelargonium peltatum**	
Pelargonium-Zonale-Hybriden	**Pelargonium zonale**	**Pelargonium Cultivars Zonale Grp.**
Penstemon-Hybriden	**Penstemon gentianoides**	
Petunia 'Million Bells'		**Calibrachoa in Sorten**
Pharbitis hederacea	**Ipomoea hederacea**	
Polygonum capitatum	**Persicaria capitata**	
Petunia-Hybriden	**Petunia × atkinsiana**	
Plectranthus coleoides	**Plectranthus forsteri**	
Rudbeckia hirta var. hirta	**Rudbeckia hirta**	
Schizanthus-wisetonensis-Hybriden	**Schizanthus × wisetonensis**	
Senecio bicolor	**Senecio cineraria**	
Solanum rantonnettii	**Lycianthes rantonnettii**	
Spilanthes oleracea		**Acmella oleracea**
Sutera cordata		**Sutera grandiflora**
Tagetes-Erecta-Hybriden	**Tagetes erecta**	
Tagetes-Patula-Hybriden	**Tagetes patula**	
Verbena-Hybriden	**Verbena in Sorten**	**Verbena Cultivars**
Viola-Wittrockiana-Hybriden	**Viola × wittrockiana**	
Viola-Cornuta-Hybriden	**Viola cornuta**	

Inhaltsverzeichnis

Sommerblumen

Ich wandle im Sommer durch den Garten
und bestaune das bunte Farbenspiel.
Ich freue mich an den Düften, den zarten,
und an den Formen hoch, breit und viel.

Ich bestaune auch das Gestalten der Rabatten,
gekonnt in größeren Tuffs, in Rot, Gelb und Blau
und im dunklen Grün, dem satten,
auch in Rosa, Weiß und samtigem Grau.

Da bedecken niedere Pflanzen die braune Erde
und dazwischen schießen Cleome-Fontänen empor,
doch, dass nicht alles einseitig werde,
ergänzen mittelhohe Gruppen den bunten Flor.

Am Hause an Fenstern und Balkonen
finden wir Gefäße mit intensiven Farben geschmückt.
Wer möchte ganz ohne Blumen wohnen?
Auch das Betrachten von außen uns voll beglückt!

Wohl gibt es während des Jahres der Arbeit viel,
es heißt planen, studieren den Farbenkreis,
doch, im Sommer zu betrachten der Bemühungen Ziel,
da sieht man den Lohn, der Arbeit Fleiß!

Drum ist es unser unentwegtes Streben
und neue Arten und Sorten helfen uns dazu,
nur mit Blumen ums Haus kann man glücklich leben,
nur dies verschafft Befriedigung und innere Ruh'!

Moritz Bürki

Vermehrung und Anzucht

Die Vermehrung durch Samen

Nach Möglichkeit „greifen“ wir zur generativen Vermehrung, also zur Aussaat. Dabei wählen wir vor allem Wildformen oder Sorten, die durch züchterische Maßnahmen so weit verbessert wurden, dass sie „samenecht“ angezogen werden können. Bei den F_1-Hybriden haben viele neuere Sorten die bisher übliche Stecklingsvermehrung verdrängt. F_1-Hybridsorten weisen als Qualitätsmerkmale in der Regel vollkommene Gleichmäßigkeit, einen kräftigen Wuchs, einen reichen und lange andauernden Blütenflor und reine Farben auf. Bei Ageratum houstonianum, Calceolaria integrifolia und anderen Arten ist dies besonders augenfällig.

Die Vorteile der generativen Vermehrung

- Es werden keine Mutterpflanzen benötigt.
- Keine technisch aufwändigen Vermehrungseinrichtungen.
- Häufig sind die Kulturkosten geringer.

Die Nachteile der generativen Vermehrung

- Die Kulturzeit ist etwas länger als bei der vegetativen Vermehrung.
- Nicht alle Pflanzen lassen sich durch Samen vermehren.

Was ist Samen?

Samen sind in Ruhestellung lebende Pflanzen in Miniaturform. Sie atmen verlangsamt und warten in ihrer schützenden Samenhülle (Testa) darauf, dass sie ins Erdreich eingebettet werden und durch Feuchtigkeit und Wärme zu neuem Wachstum angeregt werden. Der Samenbildung vorausgegangen ist eine Verschmelzung einer weiblichen Eizelle mit dem Keimschlauch eines männlichen Blütenstaubkornes.

▽ 12c Befruchtungsvorgang

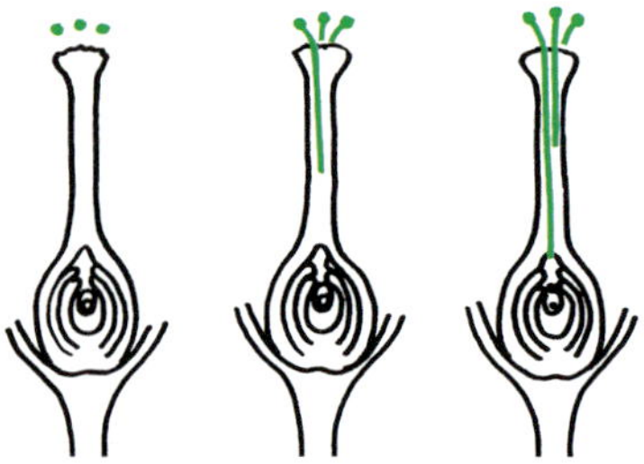

Die Keimkraft und Keimdauer

Je nach Pflanzenart, Lagerverhältnissen und Verpackungsart (Keimschutzpackungen in Folie und Alu verschweißt) kann ein Samenkorn Wochen, Monate oder mehrere Jahr keimfähig sein. Saatgut von Sommerblumen ist in der Regel 2 bis 3 Jahre keimfähig. Mit zunehmendem Alter nimmt die Keimkraft ab. Die Keimschutzpackungen unter Vakuum mit konstant gleicher Feuchtigkeit verlängern die übliche Keimfähigkeit auf etwa die doppelte Zeit. Werden diese Packungen einmal geöffnet, muss alles Saatgut sofort ausgesät werden; andernfalls wird die Keimkraft unverzüglich vermindert. Deshalb ist es wichtig, dass Samen nur für einen Jahresbedarf gekauft werden. Bei den gewöhnlichen Papiertüten ist diese rasche Keimkraftverminderung nicht so ausgeprägt, daher streiten sich Fachleute über Sinn oder „Unsinn“ dieser Keimschutzpackungen.

In der Beschreibung der Pflanzenarten, die durch Aussaat vermehrt werden, sind jeweils die Samenkornzahl pro Gramm und der Samenbedarf für 1 000 Pflanzen vermerkt. Der relativ große Unterschied des theoretischen Bedarfs und der in der Praxis realisierten Bedarfszahlen beruht darauf, dass die Sämereien selten zu 100 % keimfähig sind. Oft sind auch unbefruchtete Samenkörner dabei, vielmals auch kleine Sandkörner, Erdpartikel oder trockene Pflanzenteile. Samen wird manuell oder maschinell gereinigt. Bei sehr feinem Samen muss daher immer

△ 12a Keimproben auf feuchtem Fließpapier
▽ 12b Keimproben in Glasbehältern

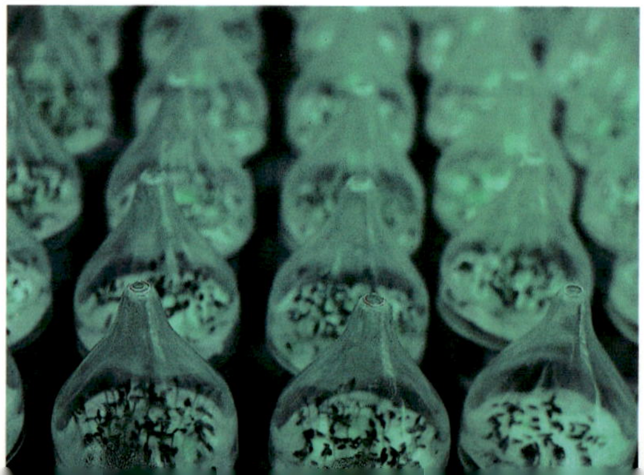

mit Unreinheiten gerechnet werden. Ferner wird bei den Bedarfszahlen mit berücksichtigt, dass

- auch bei besten Pflegemaßnahmen durch Trockenheit oder Pilzkrankheiten die schwächeren Sämlinge eingehen können,
- man beim Pikieren meist nur die stärkeren Sämlinge verwendet und auf die schwachen verzichtet, um einen gleichmäßigen Pflanzenbestand zu sichern,
- bei einigen Pflanzenarten empfohlen wird, gleich mehrere Sämlinge als Büschel zusammenzupikieren oder einzutopfen, um später starke „Pflanzen" zu erhalten. Beispiele sind dabei Lobelia erinus, Lobularia maritima, Sanvitalia procumbens und andere.

Bei Gemüsesämereien gelten bezüglich Keimfähigkeit gemäß „Sämereienbuch" ganz klare Vorschriften über die Mindestanforderungen, die die zum Verkauf angebotenen Samen erfüllen müssen. Die Samen müssen ein gewisses Keimfähigkeitslimit erreichen. Man spricht hier von Gebrauchswert, der sich wie folgt zusammensetzt. Nehmen wir ein Beispiel:

Rote Rüben	
Reinheit	97 %
× Keimfähigkeit	68 %
= Gebrauchswert 97 × 68	66 %
Maximum	= 100 %

Mit analogen Zahlen ist auch bei Blumensämereien zu rechnen.

Die Keimprobe

Jede Samenhandlung ist bemüht, nur Saatgut von bestmöglicher Qualität in den Handel zu bringen. Man rechnet dabei mit sehr guten und dazwischen auch wieder mit schlechteren Erntejahren, je nach Witterung in den Anbaugebieten. Damit jedes Jahr eine sichere und gleichmäßige Auslieferung des ganzen Sortiments gewährleistet ist, muss Samen unter optimalen Bedingungen überlagert werden. Jedes Jahr werden von allen Vorratsposten Keimproben entnommen, die unter praxisnahen Bedingungen getestet werden. Keimen von 100 ausgelegten Samenkörnern innerhalb der üblichen Keimzeit beispielsweise noch 85 Korn, so ist die Keimfähigkeit 85 %. Dieser Prozentsatz darf als sehr gut erachtet werden. Die kritische Grenze liegt je nach Art bei 60 bis 85 %. Saatgut mit geringerer Keimfähigkeit wird nicht mehr verkauft, allenfalls in ganz schlechten Erntejahren zu größeren Portionen abgefüllt und angeboten. Auf diese Weise dürfte der Käufer gleichwohl noch zu einer gewünschten Anzahl Pflanzen kommen. Wer vom Vorjahr noch größere Samenposten vorrätig hat oder von gewissen Arten oder Sorten selbst Samen erntete, ist gut beraten, sein Saatgut frühzeitig, und zwar vor dem Aussaattermin, einer Keimprobe zu unterziehen. Man nimmt dabei eine niedere wasserdichte Schale, füllt diese zu 1 cm mit Perlite und etwas Wasser und legt darüber ein entsprechendes Stück Fließpapier. Durch die Kapillarität wird dieses feucht. Darauf sät man eine bestimmte Zahl Samenkörner (10, 20 usw.) und stellt die Schale bei 15 bis 20 °C, mit einer Plastiktüte überstülpt, an einen schattigen Ort. Nach etwa 14 Tagen wird das Resultat der Keimprobe ersichtlich.

Das Aussaatsubstrat

Um einen befriedigenden Aussaaterfolg erzielen zu können, ist – neben sauberen und desinfizierten Aussaatgefäßen oder Anzuchtkästen – ein humusreiches absolut durchlässiges, steriles Substrat von nicht zu feiner Beschaffenheit Voraussetzung. TKS 1 oder ähnlich hergestellte Substrate, die nur schwach aufgedüngt sind und einen pH-Wert von 6,0 bis 6,5 aufweisen, sind geeignete Produkte. In vielen Gärtnereien wird das Aussaatsubstrat jedoch noch selber hergestellt. Ein gutes Mischungsrezept ist Folgendes:

1 Teil gut abgelagerter Kompost
1 Teil Torf oder TSK 1
und 10 bis 15 % Perlite oder Styromull
und nach Bedarf kohlensaurer Kalk = pH-Wert 6,0 bis 6,5.

Vorbereiten der Saatgefäße

Im unteren Bereich der gereinigten und desinfizierten Aussaatschalen oder -kisten kommt eine Schicht von 3 bis 4 cm von gröberem Aussaatsubstrat. Diese wird gleichmäßig, aber nicht zu stark angedrückt, im Randbereich etwas mehr. Darüber kommt zirka 5 bis 8 mm feineres Substrat. Dieses wird gleichmäßig abgestrichen und mit einem Brettchen angedrückt, und es wird gründlich angegossen. Man gießt entgegen der üblichen Gärtnerregel **vor** der Aussaat, damit sehr feines Saatgut (Lichtkeimer), das in der Regel nicht mit Erde bedeckt wird, durch das Angießen nicht verschwemmt wird, sondern an der feuchten Oberfläche leicht haften bleibt. Bei größeren Sämereien, die abgedeckt werden, bleibt zudem die Deckschicht luftdurchlässiger, was einen positivem Einfluss auf die Keimung hat. Wer kein steriles Substrat zur Verfügung hat, kann das Begießen der Saatgefäße vor der Saat mit kochend heißem Wasser vornehmen, was der Desinfektion der Oberfläche dient.

Die Aussaat

Für die Aussaat in Schalen oder Kisten wird in der Regel die Breitsaat gewählt, das heißt, das Saatgut wird gleichmäßig, aber nicht zu dicht auf die vorbereiteten Gefäße und unter leicht vibrierenden Bewegungen ausgestreut. Bei größeren und hellen Sämereien ist eine gute Kontrolle über Saatdichte und

Wunderwelt der Samenformen (Abb. Seite 14/15)
Samen sind Miniaturpflänzchen in Miniaturform und in Ruhestellung. Ein Samenkorn besteht aus der Samenhülle, dem Nährgewebe und dem winzigen Keimling. Jede Pflanzenart hat ihre spezifische Form, Größe und Farbe wie diese Bilder zeigen. Auch das Thema Samenkenntnis gehört zum Lehrprogramm einer Gärtnerin oder eines Gärtners.

△ 14a Callistephus chinensis
▽ 14b Celosia Plumosa-Gruppe

▽ 14e Erysimum × allionii

△ 14c Centaurea cyanus
▽ 14d Consolida ajacis

△ 14f Eschscholzia californica
▽ 14g Helichrysum bracteatum

△ 15a Impatiens walleriana
▽ 15b Ipomoea tricolor

△ 15c Ismelia carinata
▽ 15d Myosotis sylvatica

△ 15e Tagetes erecta
▽ 15f Tithonia rotundifolia

△ 15g Viola × wittrockiana
▽ 15h Zinnia elegans

gleichmäßige Verteilung von Korn zu Korn gegeben. Wenn das Saatgut aber sehr fein und zudem noch braun oder schwarz, d.h. ähnlich gefärbt ist wie das Substrat, ist eine Kontrolle praktisch ausgeschlossen. Der Gärtner wird seine Arbeit erst nach der Keimung überprüfen können: Stellen, die sehr dicht sind, während andere fast leer sind. Hier hilft eine einfache Maßnahme: Wir nehmen feinkörnigen gesiebten Sand von heller Farbe in einem Verhältnis von etwa 10 Teilen Sand zu 1 Teil Saatgut und mischen diese zwei Komponenten sehr gleichmäßig miteinander. Wenn wir mit einer größeren Menge Saatgut einer Sorte mehrere Gefäße besäen wollen, teilen wir dieses Sand-Samen-Gemisch in entsprechend gleichmäßige Portionen. Nun nehmen wir einen postkartengroßen Halbkarton mit glatter Oberfläche (Schreibkarte). In leicht schwingenden Bewegungen wird das mit Sand „gestreckte" Saatgut gleichmäßig auf die Gefäße verteilt. Durch die helle Körnung des Sandes hat man eine gute Kontrolle. Der Sand bietet zudem einen vorbeugenden Schutz vor Vermehrungspilzen. Er trocknet rasch ab, während das Substrat darunter feucht bleibt.

Abdecken oder nicht?

Alle sehr feinen Sämereien ab etwa 8000 Korn pro Gramm bedeckt man nicht mit Erde. Gröbere Sämereien mit etwa 100 bis 5000 Korn pro Gramm deckt man in der Regel mit einer dünnen Schicht Erde zu, Da die Samen unterschiedlich groß sind, vermeidet man Höhenangaben in Millimetern. Man hält sich an die Norm: ein- bis dreimal Samendicke mit Feinerde zudecken. Noch gröbere Sämereien von 20, 59 bis 100 Korn pro Gramm können bei lockerer Erde auch etwas höher bedeckt werden. Diese sät man oft direkt ins Freiland. Dort ist die Gefahr des Vertrocknens bis zum Zeitpunkt der Keimung groß. Zudem sind die Keimlinge in der Regel so stark, dass sie die 2 bis 3 cm hohe Erdabdeckung ohne Probleme durchbrechen. Wichtig ist ein lockeres und durchlässiges Substrat.
Statt der üblichen Abdeckerde kann besonders bei Sämereien, die beim Keimen gerne von Vermehrungspilzen befallen werden, statt Feinerde auch Sand oder Perlite verwendet werden. Diese Materialien trocknen an der Oberfläche rasch ab und verhindern so bei nicht zu dichter Saat einen Pilzbefall. Anfällig sind besonders Antirrhinum, Impatiens, Lobularia und andere.

▽ 16a Aussaat aus dem Tütchen direkt in eine Saatschale

Lichtkeimer

Bei den sehr feinkörnigen Sämereien wie Begonien (60000 bis 80000 Korn pro Gramm), Digitalis (10000 Korn pro Gramm), Lobelia erinus (30000 Korn pro Gramm) und anderen, die nicht mit Erde bedeckt werden, handelt es sich in der Regel um Lichtkeimer, das heißt, dass der Keimprozess durch Lichteinfluss verbessert wird. Dabei geht man folgendermaßen vor: Anstelle eines leichten Abdeckens mit Erde legt man über aufgelegte Holzstäbchen (Luftführung) saubere Glasscheiben, Folien oder Vliese, damit eine etwas gespannte Luftfeuchtigkeit darunter entstehen kann, die das Austrocknen verhindert und die Keimung der sehr feinen Samen fördert. Bei Sonneneinstrahlung legt man noch Seiden- oder Zeitungspapier darauf, was den Schutz vor Verbrennungen gewährleistet. Glasscheiben sind jeden Tag wegen Kondenswasserbildung für die Dauer einer Stunde zu entfernen und danach zu wenden.

Dunkelkeimer

Wie der Name sagt, bevorzugen die zu dieser Gruppe gehörenden Pflanzenarten zum Keimen geringe Lichtmengen oder sogar völlige Dunkelheit. Man wähle daher einen gut schattierten Standort oder bedecke die Aussaaten noch zusätzlich mit einer leichten Torfschicht. Eine weitere Möglichkeit ist die Verdunkelung der Aussaaten in den ersten Tagen oder Wochen mit schwarzer Folie, dichtem Schattiermaterial oder dergleichen. Die Keimung sollte jeden Tag kontrolliert werden. Beim Durchbrechen der Abdeckschicht, wenn also die Keimung eingetreten ist, muss unverzüglich mehr Licht gegeben werden. Dieser Vorgang ist vonnöten, um die Sämlinge ans Licht zu gewöhnen.
Typische Dunkelkeimer sind Viola × wittrockiana und Viola cornuta.

Frostkeimer

Einige Alpenpflanzen, die im Hochgebirge oft starken Kälteperioden ausgesetzt sind, haben gewisse Eigenschaften auch auf das Saatgut übertragen. Damit die

Samen nicht während des Sommers oder des Herbstes nach der Samenreife sofort keimen – die kleinen Sämlinge würden den bald einbrechenden Winter kaum überstehen –, sind sie mit einer Keimhemmung versehen. Erst wenn der Samen im Boden im Quellungszustand dem Frost ausgesetzt wird, kann die Keimung im kommenden Frühling beginnen. Dadurch können sich die Sämlinge bis zum Herbst zu starken und frostresistenten Pflanzen entwickeln. Die Samen von Frostkeimern werden daher nur während der kalten Winterszeit ausgesät. Zirka eine Woche nach der Aussaat werden die Saatschalen oder -kisten einige Nächte ins Freie gestellt, damit der Frost einwirken kann. Alsdann können die Sämereien wieder wärmer gestellt werden, und die Entwicklung nimmt ihren normalen Fortgang.

Aussaatarten

Breitsaat: Diese wird in Saatschalen oder -kisten vorgenommen und die Sämlinge später in andere Gefäße pikiert oder getopft. Zur Setzlingsanzucht für den Eigenbedarf kann auch in Kästen in dünner Saat breitwürfig in humoses Substrat gesät werden. Man erspart sich dadurch das Pikieren, wenn der Pflanzenabstand ausreichend groß ist.
Gemischte Blumensämereien werden für so genannte „Blumenwiesen" ebenfalls breitwürfig gesät.
Reihensaat: Diese wird im Kasten oder auf Beeten vorgenommen, damit man die Sämlinge zwischen den Reihen besser jäten und lockern kann. Die Aussaatarbeit ist dadurch aufwendiger, die Pflanzenentwicklung aber meist gleichmäßiger, besonders wenn man für die Reihensaat eine Sämaschine zu Hilfe nimmt.Auch bei Direktsaat von Schnittblumen in Beete werden viele Arten in Reihen gesät. Beispiele: Consolida ajacis, Callistephus chinensis, Centaurea cyanus und andere. Nach Bedarf wird ausgelichtet.
Stufensaat: Werden beispielsweise einjährige Schling- oder Kletterpflanzen um einen Pfahl oder Stützbalken (Pergolen) ringförmig gesät, nennt man diese Art Stufensaat. Es werden dabei je nach Pflanzenart 4 bis 8 meist grobe Samen im Kreis ausgelegt. Beispiele: Cobaea scandens, Ipomoea, Lathyrus und andere.
Direktsaat in Töpfe: Im Zeichen der Arbeitsrationalisierung können relativ viele Pflanzenarten auch direkt in die Anzuchttöpfe gesät werden. Sie müssen später nur etwas weiter gestellt, abgehärtet und gedüngt werden.
Bei Schling- und Kletterpflanzen müssen wir nach der Keimung frühzeitig „Stäbeln", sonst haben wir unsere liebe Mühe mit dem Entwirren und nachträglichen Aufbinden der sich rasch entwickelnden Pflanzen. Auch danach muss stets kontrolliert werden, und die 3 bis 5 Sämlinge eines Topfs sollten stets am „eigenen" Stab angeheftet werden!

▽ 17a Penséeaussaat mit Sämaschine

Samenbänder: Im Samenhandel werden auch Samenbänder angeboten, bei denen bestimmte Samenarten in gewählten Abständen zwischen 2 dünnen Papierstreifen geklebt sind. Das Papier löst sich im Boden restlos auf, und die Sämereien keimen genau auf Endabstand: eine einfache, aber etwas teure Aussaatmethode. Zudem ist die Auswahl beschränkt.

Die Aussaat in Frühbeetkästen

Aussaaten von nicht sehr wärmebedürftigen Pflanzenarten können je nach Lage bereits ab März/April auch direkt in einem Kasten vorgenommen werden. Von Vorteil ist eine Kastenheizung, damit auch in kalten Nächten die Keimung durch ausreichende Wärme gewährleistet ist. Auf jeden Fall sind genügend Frostschutzmatten bereitzuhalten.
Das Erdsubstrat, in der Regel mit Torf angereicherter alter Kompost, muss vor der Aussaat mit Dampf sterilisiert werden. Dies ist besonders bei der Aussaat von Callistephus chinensis im Frühjahr und bei Viola × wittrockiana im Juli/August unabdingbare Voraussetzung, denn diese Pflanzenarten sind besonders bei jahrelanger Benützung der gleichen Kästen für Pilzkrankheiten sehr anfällig. Man wählt hier meist die Breit- oder Reihensaat. Zur Vorbeugung kann mit Previcur N gegossen werden.

Keimbedingungen

Absolute Voraussetzung für eine erfolgreiche Anzucht alle Sämereien sind 4 Faktoren:
Wasser: Das keimfähige Samenkorn enthält je nach Pflanzenart und vorausgegangener Lagerung in der Regel noch 7 bis 12 % Wasser, um während längerer Zeit (oft über Jahre) lebens- und keimfähig zu bleiben. Jedes Samenkorn besteht aus einer schützenden Samenhülle (Testa), aus dem Nährgewebe (Endosperm), den Keimblättern, dem Keimling (Embryo) mit Keimknospe und Keimwurzeln. Das Nährgewebe hat den größten Anteil am Volumen des Samens. Es enthält die in konzentrierter Form gespeicherten Nähr- beziehungsweise Baustoffe, die für die Ernährung des Keimlings notwendig sind bis zur Bildung eigener grüner Keim- oder Laubblätter nach in der Regel ein bis drei Wochen Keimzeit. Die Keim- oder Laubblätter können die durch die Keimwurzeln aufgenommenen Nährstoffe mittels Photosynthese selbst in neue Baustoffe umwandeln, was das selbstständige Wachsen der Jungpflanze ermöglicht. Durch die Osmose (Salze ziehen Wasser an!) gelangt nun Wasser von außen (Aussaatsubstrat) durch die permeable Samenhülle nach innen. Die Keimblätter quellen auf und sprengen dadurch die oft zähe Samenhülle. Diesen physiologischen Vorgang nennt man Quellung. Durch die Einwirkung von Wärme und Wasser werden nun die eingelagerten Baustoffe mobilisiert (beweglich gemacht) und zum Keimling geleitet. Als erstes beginnt durch Zellteilung an der Wurzelspitze die Keimwurzel zu wachsen. Diese dringt nun positiv geotropisch nach unten in das Erdsubstrat ein, wo es sich verankert und Wasser aufnehmen will. Dazu sind feinste Wurzelhaare notwendig, die sich kurz unterhalb der Wurzelspitze ständig neu bilden und nur kurzlebig sind.

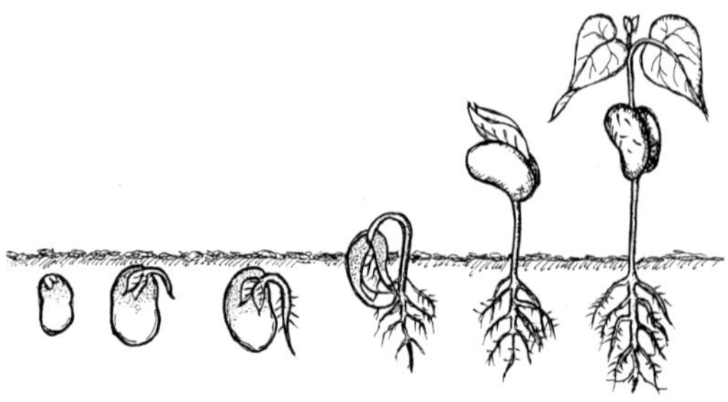

△ 18a Keimvorgang einer Feuerbohne

Mit dem Eindringen und Verankern der Wurzel im Boden beginnt die Keimknospe mit der Zellteilung und dem Wachstum. Die Keimknospe streckt sich negativ geotropisch aus dem Erdsubstrat noch oben, streift die gesprengte Samenhülle ab und entfaltet nach außen die Keimblätter in voller Größe. Die Keimung ist nun vollzogen. Der Sämling enthält nun 70 bis 90 % Wasser, das Samenkorn hat also ein Zigfaches seines ursprünglichen Gehaltes an Wasser aufgenommen und ist zudem kräftig gewachsen. Daher darf während dieser wichtigen Phase keine Trockenheit eintreten. Ständige Kontrollen sind absolut wichtig!
Ganz feine Sämereien, die durch das Gießen leicht verschwemmt werden könnten, stellt man am besten etwa ½ bis 1 Stunde in eine etwas größere, wasserdichte Unterschale, die mit 3 bis 4 cm lauwarmem Leitungswasser gefüllt ist (kein verunreinigtes Zisternenwasser!). Durch die Kapillarität steigt das Wasser von unten her auf. Nach guter Durchfeuchtung der Saatgefäße lässt man sie etwas abtropfen und stellt sie wieder an ihren Platz.
Größere Sämereien werden mit einer feinen Brause aus einer Distanz von mindestens 30 bis 50 cm gleichmäßig gegossen. Bei beginnender Trockenheit des Substrats ist ein Wiederholen des Begießens erforderlich, damit das Substrat gleichmäßig durchfeuchtet wird, denn trockener Torf saugt Wasser bekanntlich schlecht auf. Auch hier soll stets sauberes Gießwasser verwendet werden. Im Übrigen ist auf größtmögliche Hygiene zu achten.

Wärme: Je nach geographischer Herkunft der Pflanzenarten sind die spezifischen, optimalen Keimtemperaturen anzustreben – und einzuhalten! Die Wärme ist, neben dem Wasser, der Garant für eine optimale Keimung des Saatgutes. Die jeweils bevorzugten Keimtemperaturen sind in der Beschreibung der einzelnen Pflanzenarten angegeben.
Luft: Zum Atmen der jungen Sämlinge und insbesondere ihrer feinen Wurzeln ist eine gute Durchlässigkeit des Aussaatsubstrats sehr wichtig. Es darf daher nicht zu fein strukturiert sein und auch nie zu stark angedrückt werden! Deshalb ist es vorteilhaft, den Substraten durchlüftungsfördernde Stoffe wie Perlite, Styropor oder Feinleca beizumischen.
Licht: Licht- und Dunkelkeimer benötigen entsprechende Lichtverhältnisse während der Keimung. Die meisten Sämereien sind jedoch lichtneutral, das heißt, sie keimen sowohl bei Licht als auch bei Dunkelheit. Mit dem Durchbrechen der Abdeckschicht ist Licht unbedingte Voraussetzung für die Assimilation. Die Menge des zur Verfügung stehenden Lichtes bestimmt auch das Längen- und Breitenwachstum. Daher ist es von größter Bedeutung, dass nicht zu dicht ausgesät wird. Die Sämlinge können sich dann kräftiger entwickeln und müssen nicht sofort nach der Keimung pikiert oder eingetopft werden. Die Pikier- und Eintopfarbeit geht mit erstarkten Sämlingen rascher voran, und das Verlustrisiko ist wesentlich reduziert. Zudem bleiben die Sämlinge während längerer Zeit kurz und gedrungen und werden daher auch weniger von Vermehrungspilzen befallen.
Nährstoffe von außen sind für den Keimprozess nicht nötig, da sie im Samenkorn für die ersten Tage oder Wochen (je nach Keimzeit) in genügendem Maße vorhanden sind. Erst mit der Entwicklung der ersten grünen Blättchen können verabreichte Nährstoffe aufgenommen werden.
Die Aussaatsubstrate sind daher nährstoffarm aufzubereiten. Zudem ist eine bessere Wurzelbildung gewährleistet. Nach erfolgter Keimung und Erstarkung der Sämlinge können flüssige Düngergaben nach Bedarf sofort aufgenommen werden.

Das Pikieren

Mit dem Pikieren wird bezweckt, dass die Sämlinge mehr Platz erhalten. Sie entwickeln sich in der Folge kompakter und eher breit verzweigt. Das Substrat muss nun mehr Nährstoffe enthalten als die Aussaatphase dies erlaubte. Zudem werden beim Pikiervorgang die Wurzelspitzen pinziert, wodurch die Wurzelentwicklung und dadurch die Ballenbildung wesentlich verbessert werden.
Durch die eingetretene Wachstumsstörung muss vorübergehend etwas schattiger und wärmer kultiviert werden, damit sich rasch neue Wurzeln bilden und das Wachstum aktiviert wird.

△ 19a Gleichmäßige Keimung
▽ 19b Aussaat in Styroporschalen

▽ 19c Schablonen erleichtern das Pikieren

△ 20a Aussaat zum Pikieren bereit
▽ 20b Pikierte Semperflorens-Begonien

Vegetative Vermehrung

Die Vermehrung durch Stecklinge

Verschiedene Pflanzenarten, besonders aus der breiten Palette der sogenannten Gruppen- und Balkonpflanzen, können nur durch Stecklinge befriedigend vermehrt werden. Die Züchter bemühen sich jedoch stetig, durch Verbesserung der Sorten vermehrt Samen anbieten zu können. So steht uns bei Plargonium zonale mit den neuen F_1-Hybriden bereits ein breites Sortiment zur Verfügung. Auch bei anderen Pflanzenarten unterliegt das Sortiment einem steten Wandel. Trotz allen Bemühungen, Samen anbieten zu können, ist die Gruppe der Pflanzenarten, die vegetativ vermehrt wird, recht groß; sei es, weil viele Pflanzen keine Samen ansetzen oder weil sie durch Kreuzungen nicht samenecht zu vermehren sind. Denken wir dabei nur an Fuchsien, unsere altbekannten Geraniensorten, Impatiens Neuguinea Gruppe, Helichrysum petiolare, Iresinen, Alternanthera, Pilea microphylla und andere.

Vorteile der vegetativen Vermehrung

- Von gut selektionierten Mutterpflanzen gewinnt man eine sehr einheitliche Nachkommenschaft. Die Pflanzenbestände sind in der Folge sehr ausgeglichen und in der Regel einheitlicher und früh blühender als bei entsprechender Vermehrung durch Samen. Eine Ausnahme davon bilden die F_1-Hybriden.
- Die Kulturzeit wird um Wochen bis gar Monate verkürzt.
- Der Lehrling im Betrieb hat noch die Möglichkeit, Stecklingsarbeiten selbst durchführen zu können.

Nachteile der vegetativen Vermehrung

- Wir benötigen einen großen Mutterpflanzenbestand aus bester Selektion, mehr Gewächshausfläche und aufwändigere Vermehrungseinrichtungen.
- Die Mutterpflanzenpflege und die Stecklingsvermehrung beanspruchen für Pflanzenschutz, Hygiene, Düngung, Temperaturführung und anderes erhöhten Arbeitsaufwand und gut ausgebildetes Personal.
- Da in der Regel von den Mutterpflanzen nicht sehr viele Stecklinge auf einmal anfallen, müssen im Gegensatz zur Aussaat verschiedene Nachvermehrungen durchgeführt werden, bis man die gewünschten Pflanzenmengen erreicht hat. Die Vermehrungsarbeit erstreckt sich demnach über längere Zeit, es sei denn, wir beziehen aus einem größeren Vermehrungsbetrieb bewurzelte Jungpflanzen.
- Wenn die Mutterpflanzen nicht 100-prozentig gesund sind, können durch den Stecklingsschnitt Krankheiten wie Verticillium-Pilze oder Xanthomonats-Bakteriose mit dem Messer auf die Stecklinge übertragen werden.

Selektion der Mutterpflanzen

Aus den bisherigen Ausführungen über die Bedeutung gesunder und einheitlicher Mutterpflanzen ersehen wir die Notwendigkeit einer seriösen Selektion. Wir kennen dabei drei Möglichkeiten:

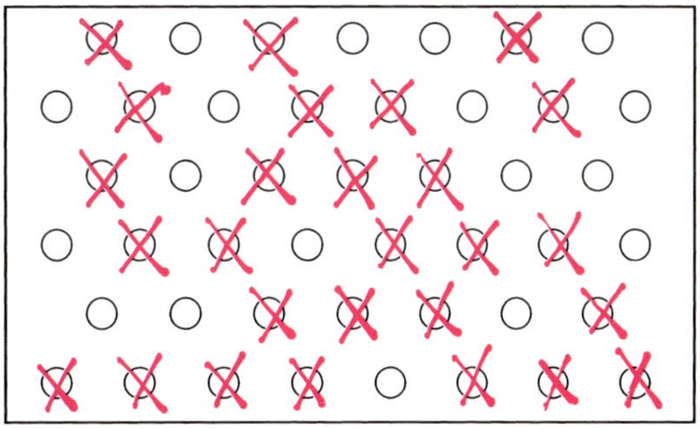

△ 21a Negative Selektion
▽ 21b Positive Selektion

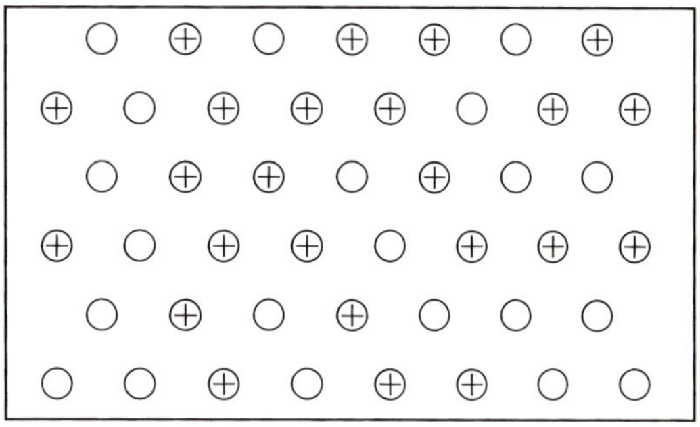

Negative Selektion: Aus einem größeren Pflanzenbestand werden die Pflanzen mit negativen Eigenschaften wie ungleichmäßigem Wuchs, sehr später Blüte, blassen Blütenfarben, kleinen Blüten und anderem aussortiert. Der verbleibende Pflanzenbestand gewährleistet in der Folge mehr Ausgeglichenheit in Bezug auf positive Eigenschaften bei der Nachkommenschaft.

Positive Selektion: Aus einem größeren Pflanzenbestand werden die Pflanzen mit den besten sortentypischen Eigenschaften und gleichmäßigem Wuchs ausgelesen und mittels Etiketten mit einem „S" (Selektion) gekennzeichnet. Die Nachkommenschaft ist

△ 22a Kopfstecklinge in Schalen

▽ 22b Vliesabdeckung bei Stecklingen

nun sehr ausgeglichen und stellt über Jahre hinaus eine ständige Verbesserung der Sorteneigenschaften dar.

Einzel- oder Klonauslese: In jedem größeren Pflanzenbestand stellen wir immer wieder kleine Unterschiede fest, sei es nun im negativen oder im positiven Sinne. Wenn wir in einem Bestand eine einzelne Pflanze mit außerordentlich guten Eigenschaften wie „sehr kompakter Wuchs", „früh blühend", „sehr reich blühend", „großblumig", „farbintensiv", „panaschierte Blätter" und anderes mehr finden, so stellt diese gegenüber den üblichen Sorteneigenschaften

▽ 22e Klonauslese

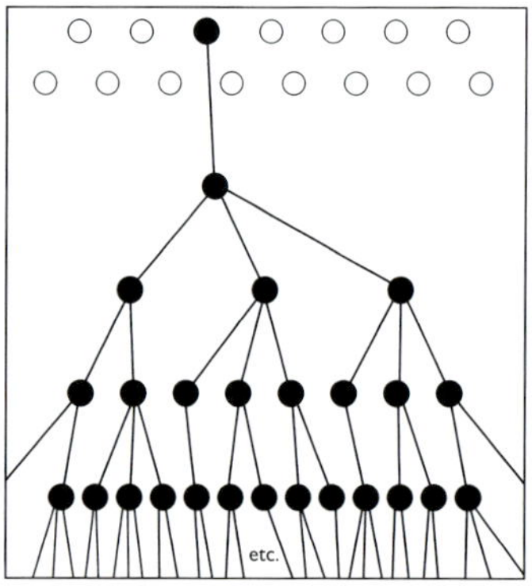

△ 22c Kopfstecklinge von Geranien

▽ 22d Blattstecklinge von Echeveria elegans

eine wesentliche Verbesserung dar. Diese Einzelpflanze wird aus dem Bestand genommen, unter besten Bedingungen weiterkultiviert und mit einem „K" (Klon) bezeichnet. Die durch Stecklinge vermehrten Nachkommen dieser einzelnen Pflanze bilden in der Folge einen Klon. So können unsere Pflanzenbestände durch gezielte Auslese wesentlich verbessert werden.

Stecklingsschnitt

Beim Stecklingsschnitt sind ausgereifte Triebe und ein scharfer Schnitt mit einem sauberen und gut geschliffenen Messer oder einer guten Stahlklinge wichtig. Bei Pflanzenarten, bei denen eine Übertragung von Bakteriosen, Virosen oder Pilzkrankheiten mit dem Messer zu befürchten ist (Beispiel Pelargonien), müssen die Messer in 70 % Äthylalkohol desinfiziert werden. Man arbeitet dabei am besten mit drei Stecklingsmessern, wobei zwei in Alkohol desinfiziert werden, während mit dem dritten geschnitten wird. Für eine gründliche Desinfektion in Alkohol muss mit einer Zeitdauer von 20 bis 30 Sekunden gerechnet werden. Es ist trotz alter Gärtnermeinung **nicht** entscheidend, ob der Schnitt direkt unter dem Knoten oder weit oberhalb desselben durchgeführt

△ 23a Nebelwaage in Vermehrungshaus
▽ 23b Stecklinge von Geranien

wird. Neuere Erkenntnisse sprechen sogar eindeutig gegen den Knotenschnitt! Bei Pelargonien beispielsweise entstehen durch den Knotenschnitt mit dem Entfernen der unteren Blatt- oder Blütenstiele und der seitlichen Schuppenblätter vier bis fünf Wunden gleichzeitig. Wunden sind aber immer Eintrittspforten von Krankheitserreger (Bakterien, Viren, Pilze)! Wenn wir den Schnitt knapp *über* dem Knoten durchführen, benötigen wir weniger Arbeitszeit. Wir verursachen nur eine Wunde, und wir belasten den Mutterpflanzen gleichzeitig mehr Blätter zur Assimilation und Knospen im weicheren Bereich zum raschen Neuaustrieb. Zudem neigt man heute eher zu kurzen Stecklingen mit kurzen Internodien. Diese versprechen einen kompakteren Wuchs und Pflanzenaufbau als lange Stecklinge mit langen Internodien. Zu große Stecklinge sind zudem oft hart und bewurzeln langsamer, und die Mutterpflanzen treiben aus „hartem Holz" schlechter aus, d.h. es können in der Folge weniger Stecklinge geschnitten werden. Anderseits faulen zu weiche Stecklinge gerne. Man wähle also das Mittelmaß zwischen weich und hart. Durch entsprechende Kulturführung und periodischen Stecklingsschnitt kann ein idealer Zustand erreicht werden.

Das Vermehrungssubstrat

Dieses muss humos, durchlässig, steril und sollte nur schwach gedüngt sein! Eine Mischung aus einem Teil sterilem altem Kompost, einem Teil Floratorf und einem Teil Perlite erfüllt diese Anforderungen weitgehend. Perlite kann „gedämpft" werden. Hier wäre Styromull eher ungeeignet, weil er durch die Hitzeeinwirkung schmilzt, es sei denn, wir mischen ihn nach dem Dämpfen bei. Daneben kennt der erfahrene Gärtner natürlich noch eine Reihe anderer Rezepte. Wichtig jedoch bleiben die eingangs erwähnten Eigenschaften.

Bis zur Bewurzelung

Die Stecklinge sollten nie welken! Sie werden nach dem Schnitt raschmöglichst in sterile Vermehrungsschalen oder in Töpfe gesteckt. Es darf nie zu tief gesteckt und auch nicht zu hart angedrückt werden! (Luftführung zu den neuen Wurzeln!) Besonders für Vermehrungspilze anfällige Pflanzenarten werden am besten in Vermehrungsschalen gesteckt, deren obere 2 bis 3 mm mit Perlite abgedeckt werden. Perlite hemmt die Entwicklung dieser Schadpilze, zudem kann auch mit Previcur N angegossen werden.
Ideal ist eine Sprühnebelvermehrung mit steuerbarem Impulssystem, wobei die Sprühintervalle je nach Witterung, Tag- und Nachtzeit sowie Bewurzelungszustand variiert werden können (siehe Bild 23 a).

▽ 24a Vermehrung unter Folienzelt

Aber auch durch ein Abdecken mit Fenstern, sauberen Folien oder mit Vliesen macht man gute Erfahrungen. Günstig ist eine Bodenheizung. Die Bodentemperatur sollte in der Regel 2 °C über der Lufttemperatur sein. Des Weiteren achte man auf gleichmäßige Luftfeuchtigkeit, Vermeiden von Zugluft, sterile Materialien und auf saubere Gärtnerhände und Kleider. Aber auch eine tägliche Kontrolle im Vermehrungsraum sollte eine eiserne Regel sein. Im Bereich des Kambiums bildet sich nun das Wundgewebe, der so genannte Kallus. Daraus entwickeln sich neue Wurzeln. Etwa 10 bis 20 Tage nach dem Stecken hat die Bewurzelung voll eingesetzt, der Setzling beginnt nun zu wachsen. In der Folge muss der Steckling abgehärtet und nach Bedarf pinziert werden. Ein frühzeitiges Umpflanzen oder Eintopfen in nährstoffreicheres Substrat verhindert ein Vergeilen oder Verhungern der bewurzelten Stecklinge.

Anzucht

Das Pinzieren

Sowohl Sämlinge wie auch Stecklinge wachsen von Natur aus meist eintriebig. Für den Pflanzenverkauf und das Auspflanzen im eigenen Garten werden aber buschige und kompakte Pflanzen bevorzugt, die später eine Fülle von prächtigen Blüten oder auch farbigen Blättern entwickeln. Deshalb ist ein frühzeitiges weiches Entspitzen, das so genannte Pinzieren notwendig. Von Pflanzen aus Stecklingsvermehrung können bei Bedarf weitere Stecklinge gewonnen werden; aber auch Sämlingspflanzen wie Salvien, Verbenen und andere lassen sich bei größerem Bedarf nachträglich noch durch Stecklinge vermehren. Bei den vorgestellten Pflanzen ist das gegebenenfalls empfohlene Pinzieren immer vermerkt. Bei einer Reihe von Pflanzen ist das Pinzieren nicht nötig, weil sie entweder ihrem Wuchscharakter entsprechend schlank in die Höhe wachsen und daher immer in Gruppen verwendet werden (Lobelia cardinalis, Cleome spinosa, Sonnenblumen und andere) oder weil sie einen eher kriechenden Wuchs mit guter Verzweigung aufweisen (Lobelia erinus, Lobularia maritima, Sanvitalia procumbens und andere).

Das Eintopfen

Da heute sehr viele Sommerblumen- und Gruppenpflanzenarten über Gartencenter, Samenhandlungen, Blumengeschäfte, Gärtnereien und sogar Großkaufhäuser verkauft werden, wird die Anzucht in Töpfen bevorzugt. Dazu stehen uns neben den traditionellen Tontöpfen vermehrt auch Kunststofftöpfe und so genannte Multitopfschalen zur Verfügung. Diese letzteren sind in Einheiten für 4, 6, 10, 12, 15 und mehr Pflanzen in verschiedenen Größen und Materialien im Handel. In Töpfen leiden die Pflanzen auf dem Verkaufstisch weniger, die Wurzelballen bleiben unbeschädigt und wachsen später beim Kunden besser an. Ein Nachteil ist der größere Platzbedarf beim Einkauf und das spätere Abfallproblem mit diesen Einwegschalen.

Je nach Pflanzenart kann auch direkt in Töpfe gesät oder aus der Saatschale in Töpfe pikiert werden. Dies wird in der Regel bei relativ raschwüchsigen Pflanzenarten im Sinne einer Rationalisierungsmaßnahme angestrebt.

Das Eintopfsubstrat muss dem gesteigerten Nährstoffbedarf dieser Pflanzen entsprechend höhere Nährstoffreserven aufweisen. Drei Kilogramm eines organischen Volldüngers oder eines bewährten Langzeitdüngers pro Kubikmeter Substrat sind die Regel. Auf jeden Fall muss auch der Flüssigdüngung während der Anzucht die nötige Beachtung geschenkt werden.

Das Abhärten

Vor dem Verkauf und dem Auspflanzen ins Freie, welches in der Regel ab Mitte Mai der Fall sein wird, müssen die meist in Kästen oder Gewächshäusern angezogenen Pflanzen sukzessive an mehr Licht und an kühlere Temperaturen gewöhnt werden. Es wird zunehmend weniger schattiert, und schließlich werden die Fenster ganz weggenommen. Die Pflanzen

▽ 25a Bodendesinfektion mit Dampf

△ 26a Viola in Multitöpfe pikiert
▽ 26b Deckmaterial als Frostschutz

sollten mindestens 8 bis 14 Tage vor dem Verkauf Freilandverhältnissen angepasst werden. Vorbehalten bleibt natürlich ein eventuell notwendiges Zudecken bei Frostgefahr. Eine Ausnahme bilden auch die Schatten liebenden Impatiens, doch muss auch bei ihnen eine weitgehende Abhärtung stattfinden.

Die Anzucht auf Freilandbeeten

Bei Frühjahrsblühern wie Bellis, Myosotis, Viola × wittrockiana und anderen, die erst im Juli/August ausgesät werden und im Freien überwintern, geschieht die Anzucht zu verkaufsfertigen starken Pflanzen meist direkt auf Freilandbeeten oder in leeren Frühbettkästen. Vor allem bei Viola (Pensees) ist es wichtig, dass die Pflanzflächen jedes Jahr gewechselt werden, weil wir sonst mit Fußpilzkrankheiten rechnen müssen, die große Verluste verursachen könnten. Oder man desinfiziert die zum Pflanzen vorbereiteten Beete mit Dampf oder chemisch mit Basamid. Je nach Vorkultur gibt man eine schwächere bis mittlere Grunddüngung von 40 bis 60 g eines nicht N-betonten organischen Volldüngers pro Quadratmeter.

Vor allem sollten die Pflanzenflächen weitgehend unkrautfrei sein. Die Kosten für die Jätarbeit sind sonst in der Folge eventuell höher als der Verkaufserlös. Zudem leidet die Qualität, zumal auch Krankheiten vom Unkraut übertragen werden können.

Die Beete werden tiefgründig gefräst, durchgekräuelt und desinfiziert. Mit einem Reihenzieher werden die Reihen dann kräftig auf 10 bis 12 cm vorgezeichnet. In einem Reihenabstand von 15 cm werden kräftige Sämlinge auf die 1,2 m breiten Beete pikiert. Bis zum Anwachsen sind Beregnungsanlagen ein gutes Hilfsmittel, später bewässert man nur noch bei extremer Trockenheit. Bei etwas schwerem Boden ist ein Lockern nach dem Anwachsen von Vorteil, es fördert die Wurzelbildung (Durchlüftung).

Pflanzenschutz

Bei der Anzucht von Sommerblumen und Balkonpflanzen ist der Schutz der Pflanzen vor physiologischen Störungen, Krankheiten und Schädlingen von größter Bedeutung. Es ist entscheidend, wie wir die Sämlinge oder die bewurzelten Stecklinge durch geeignete Kulturmaßnahmen vor einem Befall schützen oder durch frühzeitige, direkte Pflanzenschutzmaßnahmen größere Verluste verhindern können. Bei der Beschreibung der einzelnen Pflanzenarten sind die wichtigsten auftretenden Krankheiten oder Schädlinge vermerkt. Es gibt eine Reihe von Vorbeugungsmaßnahmen, die eigentlich als selbstverständlich gelten, welche aber in der Praxis durch Nichtbeachtung immer wieder zu Verlusten führen.

Beachten wir also die folgenden Punkte:

△ 27a Ausgepflanzte Violasämlinge

△ 27b Ausgepflanzte Myosotis
▽ 27c Ausgepflanzte Bellis

Vorbeugende Maßnahmen:

- Aussaat- und Vermehrungssubstrat während indestens 15 bis 20 Minuten bei 85 bis 90 °C dämpfen.
- Aussaat- und Vermehrungsgefäße vor dem Gebrauch mit der Reisbürste und heißem Wasser gründlich reinigen und eventuell ebenfalls dämpfen (Vorsicht bei Kunststoffschalen).
- Saubere Hände und Arbeitskleider, Werkzeuge, Tische und Transportfahrzeuge, die mit dem Substrat in Berührung kommen.
- Sauberes Gießwasser direkt ab Wasserversorgung, kein Bassinwasser!
- Für den Stecklingsschnitt, besonders bei gefährdeten Pflanzenarten wie z. B. Pelargonien (Bakteriose), Dahlien (Virose), das Stecklingsmesser jeweils während mindestens 20 bis 30 Sekunden in 70 % Äthylalkohol eintauchen. Um laufend schneiden zu können, empfiehlt es sich, jeweils zwei bis drei Messer pro Person zu verwenden.
- Nicht zu dichte Saat.
- Nie zu feines Aussaatsubstrat.
- Die Gefäße zum Schutz vor Vermehrungspilzen mit Sand oder Perlite abdecken.
- Nicht zu nass halten, die Sämlinge oder Stecklinge sollten (nach dem Anwachsen) oberflächlich rasch abtrocknen. Bei Feinsaaten Anstaubewässerung vornehmen!

△ 28a Vorbildlich beschriftetes Etikett
▽ 28b Feld mit Violen im Großanbau

- Zu hohe Luftfeuchtigkeit meiden durch entsprechendes Lüften, Heizen, Ventilieren.
- Anderseits kann Trockenheit sowohl bei den Aussaaten wie auch bei der Stecklingsvermehrung von verheerender Wirkung sein. Stete Kontrolle jeden Tag!

Chemische Maßnahmen

- Vermehrungsbeete, Kisten und Schalen vor dem Stecken oder der Aussaat mit einer quaternären Ammoniumverbindung, zum Beispiel Algizidfluid 1 %, abbrausen. Die Einrichtungen und Gegenstände sollten dabei während mindestens 30 Minuten feucht bleiben, daher ist es ratsam, die Anwendung während dieser Zeit mehrmals zu wiederholen.
- Gefüllte Schalen, Kisten oder Töpfe ein bis zwei Stunden vor dem Stecken mit 2 bis 4 l/m² 0,5 % Algizidfluid begießen.
- Formaldehyd: 250 bis 500 cm³ mit 10 l Wasser verdünnen und die Pflanzgefäße damit abbrausen und in einen dicht schließenden Foliensack (Torfsack) einpacken und diesen Sack an einen warmen Ort stellen (eventuell an der Sonne), und zwar während mehrerer Stunden (Gaswirkung). Wirksam gegen Pilze, Bakterien und Algen.

Bodenentseuchung: Gegen Bodenpilze (Vermehrungspilze), keimende Unkrautsamen, Drahtwürmer, Engerlinge und Erdraupen 40 g Dazomet, zum Beispiel Basamid, Dazomet oder Fongosan, 40 g/m² oder 200 g/m³ in Granulatform einstreuen und gut mischen. Nach einer Behandlung ist je nach den vorhandenen Temperaturverhältnissen eine Wartefrist einzuhalten. Diese beträgt bei

über 18 °C	10 bis 12 Tage
15 bis 18 °C	12 bis 18 Tage
12 bis 15 °C	18 bis 25 Tage
8 bis 12 °C	25 bis 30 Tage.

Unter 8 °C ist eine Behandlung nicht ratsam! Durch ein Lockern oder Durchmischen nach etwa 7 Tagen Einwirkungszeit kann die Wartefrist verkürzt werden. Auf jeden Fall sollte dann der Kressetest durchgeführt werden.

Previcur N gießen:

- **Saatgefäße:** Bei feinen Sämereien ist vor der Aussaat mit 0,25 % Previcur N zu begießen, bei gröberem Saatgut nach dem Abdecken mit Erde.
- **Stecklingsvermehrung:** Die Vermehrungssubstrate sollten vor dem Stecken mit 0,15 bis 0,2 % Previcur N gegossen werden.

Andere Maßnahmen

Ausgepflanzte Jungpflanzen: 0,15 % Previcur N + 0,05 % Benlate, abwechselnd mit 0,2 % eines Zineb- + Manebpräparates, zum Beispiel M-Spezial. oder 0,12 % Folpet, zum Beispiel Ortho-Phaltan 80, begießen.

- Gegen Botrytispilze an Mutterpflanzen oder Anzuchten spritzen mit zum Beispiel 0,1 % Rovral oder stäuben mit Ortho Poudrol.
- Gegen Trauermückenlarven in Anzuchten: Substrate mit 10 g/m² Arafos G oder Dyfonate G bestreuen und einwirken lassen. Diese Mittel wirken systemisch.

Bei größeren Pflanzen, die von Schädlingen und Krankheiten befallen werden, gelten die üblichen Pflanzenschutzmaßnahmen, siehe Fachbuch „Pflanzenschutz an Zier- und Nutzpflanzen"! Mit Herbiziden sollte man größtmögliche Vorsicht walten lassen. Man halte sich grundsätzlich nur an empfohlene und bewährte Wirkstoffe und Mittel und achte auf die richtigen Dosierungen. Eine optimale Wirkung kann nur dann erzielt werden, wenn auch die äußeren Bedingungen wie Bodenbeschaffenheit, Feuchtigkeit und Klima mit berücksichtigt werden!

Wachstumsregulatoren

Wichtige Maßnahmen für eine optimale Qualität sind die richtige Klimaführung und ein ausreichender Pflanzenabstand, besonders in der Endphase. Pflanzen, die zu eng stehen, zum Beispiel Topf an Topf, schießen bei warmer Witterung relativ rasch in die Höhe, sie vergeilen! Dem kann durch frühzeitiges Rücken entgegengewirkt werden. Doch oft hat man dafür in dieser kritischen Anzuchtphase zu wenig Platz oder auch keine Zeit; dann können Wachstumregulatoren sehr nützliche Helfer sein, vorausgesetzt sie kommen frühzeitig genug zur Anwendung.
Auch bei verschiedenen Sommerflor-, Gruppen- und Balkonpflanzen hat sich der Einsatz von Wachstumsregulatoren als sehr wertvoll erwiesen. Die Pflanzen bleiben kompakter und dunkelgrün im Laub; sie verzweigen sich besser und sind in vielen Fällen sogar noch früher und reicher blühend als unbehandelte. Teilweise kann das Pinzieren eingespart werden. Zudem ist besonders im Frühjahr bei relativ dichtem Stand und längerer warmer Witterung ein Vergeilen der Pflanzen ausgeschlossen. Die Qualität bleibt über

▽ 29a Petunien mit Wuchshemmstoff behandelt

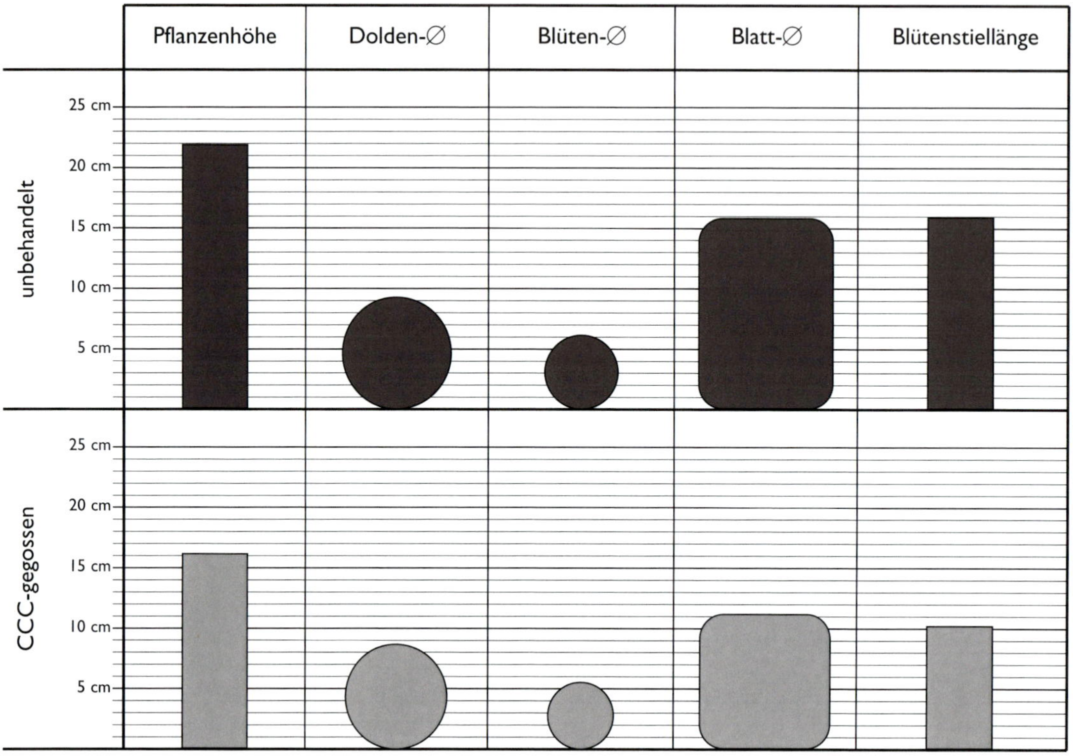

△ 30a Größenvergleich unbehandelt und behandelt bei der Pelargoniensorte 'Irene'

▽ 30b Pelargonien mit Cycocel (CCC) behandelt

mehrere Wochen erhalten. Dazu stehen uns Cycocel Extra, Atrinal, Alar und Bonzi zur Verfügung sowie auch Phosfon. Da die verschiedenen Pflanzenarten sehr unterschiedlich auf die einzelnen Wirkstoffe reagieren, ist eine kurzgefasste Empfehlung nicht möglich. Wir verweisen daher auf die detaillierten Hinweise und Anwendungstabellen ab Seite 247 in diesem Buch.

Einjährige und zweijährige Pflanzen

Bei der Auswahl der beschriebenen und abgebildeten Pflanzenarten haben wir uns nur auf einjährige und zweijährige Sommerblumen, Gruppen- und Balkonpflanzen für das Freiland konzentriert. Mehrjährige Stauden oder Polsterpflanzen sowie Blütensträucher sind daher nicht berücksichtigt worden. Eine Ausnahme bilden einige Pflanzenarten, die botanisch zwar als Stauden gekennzeichnet sind, bei uns aber nicht winterhart sind, wie Canna, Dahlien oder Halbsträucher und andere Gartenzierpflanzen, die nur während des Sommers im Garten verbleiben und im Winter frostfreie Räume zur Überwinterung benötigen (Brugmansia, Ensete, Lycianthes, Senna und andere).

Was gilt nun als einjährig und was als zweijährig?

Als einjährige Pflanzen (Zeichen ☉) gelten solche, die im gleichen Kalenderjahr ausgesät werden, wachsen, blühen, Samen bilden und wieder absterben. Als typische Vertreter kennen wir Sonnenblumen, Lobelia erinus, Salvia splendens, Tagetesarten und Zinnia.

Als zweijährige Pflanzen (Zeichen ⊙) gelten solche, die im Laufe eines Kalenderjahres ausgesät werden, zunächst vegetativ wachsen (oft Rosettenbildung), überwintern und erst nach der Winterruhe im zweiten Kalenderjahr mit dem Eintritt der Frühlingswärme generativ in die Höhe wachsen, sich verzweigen, blühen, Samen bilden und dann absterben. Als typische Vertreter dieser Gruppe kennen wir Dianthus barbatus, Campanula medium, Digitalis purpurea sowie auch Bellis perennis, Erysimum × allionii, Myosotis sylvatica und Viola × wittrockiana. Die vier letzteren Pflanzenarten werden gelegentlich auch als einjährig überwinternd beschrieben, weil sie vom Zeitpunkt der Aussaat im Juli/August bis zum Blühen und Absterben weniger als 12 Monate alt werden. Eine Ausnahme bilden die neu aufgenommenen „Herbstzauber"-Pflanzen, die meist aus den Bereichen Stauden und Kleinsträucher stammen.

▽ 31a Sommerblumen in tuffweiser Bepflanzung

Sinn und Zweck von Versuchsgärten

Größere Samenhandlungen bemühen sich jedes Jahr, die im offiziellen Verkaufssortiment aufgeführten Pflanzenarten und -sorten in reicher Fülle unter den gegebenen örtlichen Klimaverhältnissen nebeneinander auszupflanzen und zur Schau zu Stellen. Dabei können je nach Witterung und Bodenverhältnissen etwaige Schwächen oder positive Eigenschaften einzelner Sorten besser miteinander verglichen werden, als allein anhand der meist werbeträchtigen Kataloge. Auch die Farben sind original, während sie auf Bildern erheblich verändert werden können. Die effektive Blühwilligkeit, der Wuchshabitus, die Stabilität der Triebe sind Eigenschaften, über die uns nur ein realer Vergleich Auskunft gibt. Ein kritisches Beobachten der Sorten über Jahre – unter unterschiedlichen Witterungsverhältnissen – dürfte uns wertvolle Hinweise geben.
Daneben stehen aber oft noch eine Vielzahl von Pflanzenarten und -sorten im Vergleich, die noch nicht ins Sortiment aufgenommen worden sind. Diese sind mit für den Laien unverständlichen Kontrollnummern versehen. Meist handelt es sich um Neuheiten, die erst zum Vergleich zu den bisher bewährten Sorten angepflanzt werden, oder es sind Sorten von Konkurrenzfirmen. Durch eine strenge Sichtung und Bonitierung dieser Sorten soll die Spreu vom Weizen getrennt werden, denn auch hier ist das Bessere des Guten Feind!
Die Vielzahl der Sorten innerhalb einer Art, zum Beispiel bei Begonia Cultivars Semperflorens Grp., Impatiens walleriana und Viola × wittrockiana, überrascht; es können hier jeweils 50 bis 100 mehr sein! Da wird die Wahl zur Qual!
In diesem Buch sind praktisch keine Sorten vorgestellt, das würde den Rahmen des Werkes sprengen. Der Gärtner und der Pflanzenfreund merken sich ihre Lieblingssorten in einem solchen Vergleichs- oder Schaugarten ohnehin. Es geht hier vor allem um das Kennenlernen der enormen Vielzahl von Pflanzengattungen und -arten, die für einen wirkungsvollen Rabatten-, Schalen-, Gräber- oder Balkonschmuck geeignet sind. Es müssen schließlich nicht immer nur Tagetes, Sommerastern oder Zinnien sein! Neues regt an, bietet andere Möglichkeiten in der Verwendung, und mithilfe der Farbenlehre können ungeahnte Effekte erzielt werden.

„Fleuroselect"

„Fleuroselect" ist eine europäische Organisation, die Sommerblumen mit jeweils hohen Auszeichnungen

▽ 32a Versuchsgarten der Firma Wyss in Zuchwil (CH)

unter neutraler Aufsicht prüft. Die mit der Markenbezeichnung „Fleuroselect" versehenen Sorten haben unter unterschiedlichsten Klima- und Bodenverhältnissen auf über 20 Probefeldern in ganz Europa, von Norwegen, Schweden, Dänemark und England im Norden über Frankreich und Deutschland bis in die warmen Mittelmeerländer, jeweils beste Bewertungen erhalten. Sie dürfen daher als absolute Spitzensorten und -züchtungen betrachtet werden, was dem Käufer größtmögliche Sicherheit gewährt und Erfolg verspricht. Wer also absolut sicher gehen will und wem die Sortenwahl schwerfällt, wähle im Zweifelsfall „Fleuroselect"-Sorten!

△ 33a Gazania rigens var. rigens, Neuheit

△ 33b Fleuroselect-Sorten im Vergleich

▽ 33c Viola in vielen Sorten im Vergleichsanbau bei Fa. Wyss, Samen und Pflanzen AG

△ 34a Versuchsgarten der Samenzuchtfirma Benary (D)
▽ 34b „Fleuroselect"-Sorten im Vergleich

Etwas Botanik

Wenn wir uns im Bereich der botanischen (wissenschaftlichen) Pflanzennamen auf eine feste Grundlage stützen möchten, müssen wir uns heute im deutschen Sprachbereich nach dem botanischen Handwörterbuch der Pflanzennamen, Zander (letzte Ausgabe 2002), richten. In Saatgut- und Pflanzenkatalogen finden wir jedoch oft bei den gleichen abgebildeten Pflanzen drei bis vier verschiedene andere Namen, so genannte Synonyme, die entweder heute nicht mehr gültig sind oder auch nie gültig waren, so genannte Phantasienamen. Es sind Bestrebungen im Gange, diese Ungereimtheiten nach und nach zu beseitigen. Aber es wäre im Interesse einer klaren Benennung und internationalen Verständigung wünschenswert, wenn endlich in allen Katalogen diese Übereinstimmung angestrebt würde!
In diesem Buch sind alle vorgestellten Pflanzenarten nach „Zander" beschrieben. Die in Katalogen vorkommenden Synonyme sind jedoch auch aufgeführt. Das sollte dem Leser die nötige Sicherheit verleihen, um sich im Dschungel der Pflanzennamen zurechtzufinden.
Was bedeutet nun aber Gattung, Art, Familie und anderes? Dem ausgebildeten Gärtner sind diese Unterscheidungen nicht fremd, er hat dies in seiner Grundausbildung während seiner Lehrzeit gelernt. Der Pflanzenliebhaber und Hobbygärtner jedoch wird nach einigen Tastversuchen ebenfalls bald damit vertraut sein.
Der botanische Name gliedert sich in Gattung und Art. Die Gattung ist der Hauptname der Pflanze und wird immer groß geschrieben. Beispiele: Tagetes, Dahlia, Zinnia, Begonia. Seinen Ursprung hat diese Benennung in der Einführung der binären Schreibweise (2 Namen), die im Jahre 1753 vom schwedischen Botaniker Carl von Linné zwecks internationaler Verständigung eingeführt wurde. Da eine Gattung unterschiedliche Arten aufweisen kann, wird der Artname als Nebenname bezeichnet und in der Regel klein geschrieben. Eine Ausnahme gilt dann, wenn es sich um Sortengruppen handelt, zum Beispiel Celosia Spicata-Gruppe, Impatiens Neuguinea Grp. Der Artname nimmt oft Bezug auf die Blütenfarbe, zum Beispiel alba (weiß), lutea (gelb), coccinea (scharlachrot), oder auf den Wuchs oder die Herkunft, zum Beispiel pendula (hängend), indica (aus Indien stammend).
Die Gattungs- und Artnamen kommen hauptsächlich aus dem Griechischen und dem Lateinischen. Beispiel: Chrysanthemum kommt vom griechischen chrysos = Gold, und anthemos = Blume, also Goldblume.

Die Familie fasst alle Gattungen mit gleich gebauten Blüten zusammen, zum Beispiel gehören zur Familie der Korbblütler, Asteraceae: Chrysanthemum, Dahlia, Gazania, Tagetes, Zinnia und andere mehr.
Ein Synonym ist ein früher gebrauchter Name, der jedoch im Rahmen neuerer Forschungen einer anderen Benennung weichen musste.
Die Heimat der Pflanze gibt deren natürliches Verbreitungsgebiet an. dies ist für uns ein wichtiger Hinweis, unter welchen klimatischen Verhältnissen sich die beschrieben Pflanze am wohlsten fühlt.

Botanische Zeichen

Auch in der Pflanzenwelt sind prägnante Abkürzungen oder Zeichen gebräuchlich. Die wichtigsten davon sind:

⊙	= einjährige Pflanzen
⚇	= zweijährige Pflanzen
♃	= Stauden (krautig, winterhart)
♄	= Halbsträucher (erst krautig, später verholzend)
ħ	= Sträucher
ǂħ	= Bäume
⇡〰	= kletternd
〰⇣	= hängend
〰→	= kriechend
∧	= benötigt Winterschutz
☠	= Giftpflanze
∞	= Fruchtschmuck
✂	= Schnittblume
Ⓝ	= Nutzpflanze
×	= Bastard oder Hybride (durch Kreuzung unterschiedlicher Eltern entstanden)
K	= im Kalthaus überwintern
W	= Warmhauspflanze
⁞	= Einfasspflanze
▽	= nach der deutschen Bundesgartenschutzverordnung geschützte Pflanze
D	= Duftpflanze

Blattformen, Wurzelarten

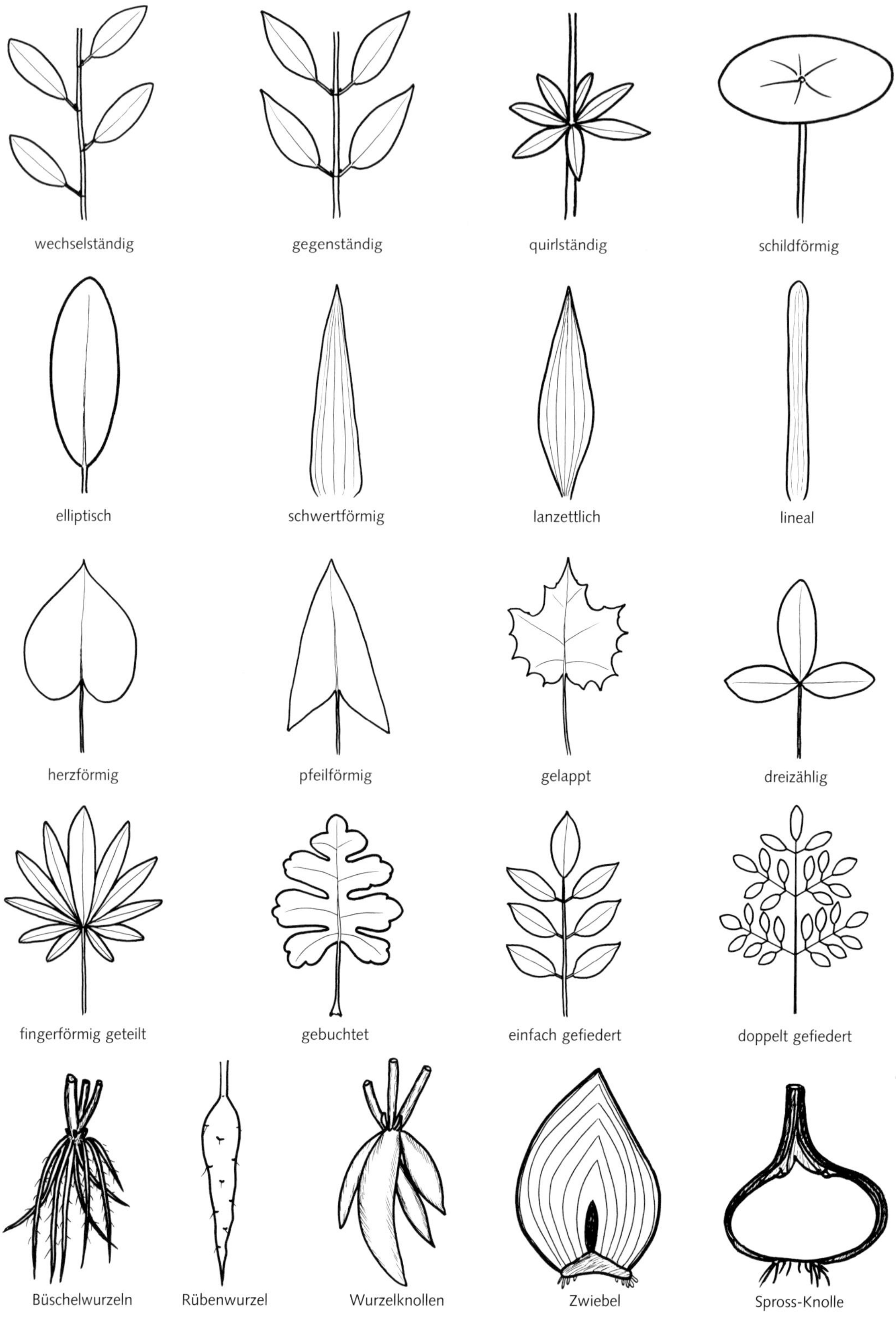

Blütenstände

Ähre

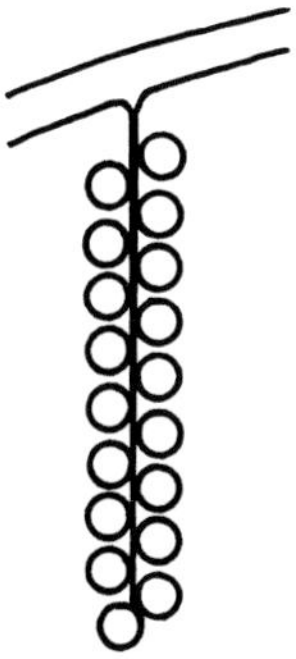

Kätzchen

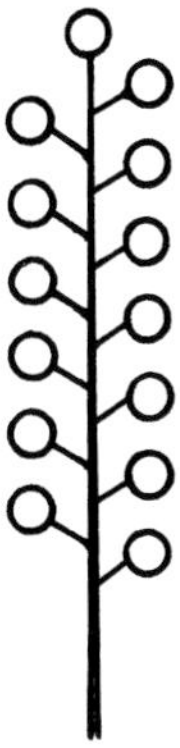

Traube

Rispe

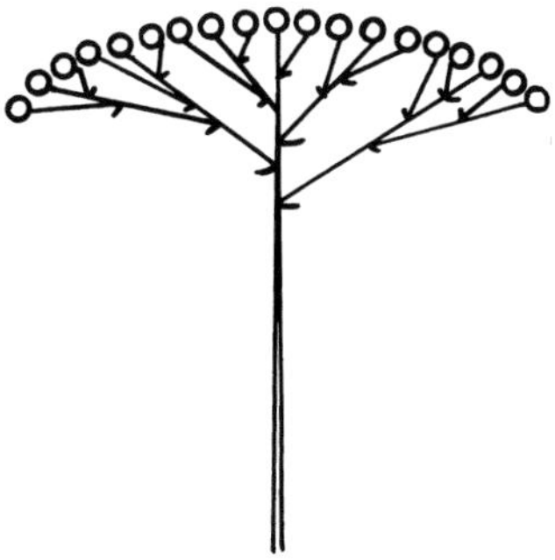

Trugdolde

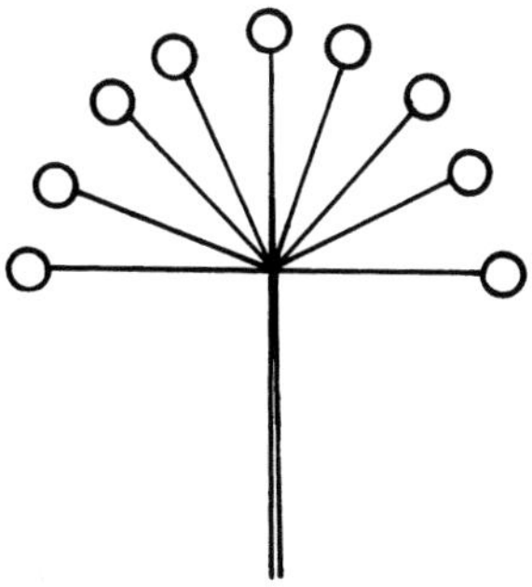

Einfache Dolde

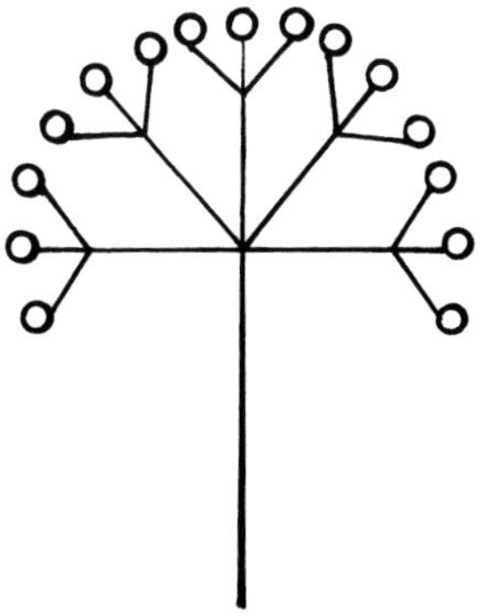

Doppeldolde

Köpfchen

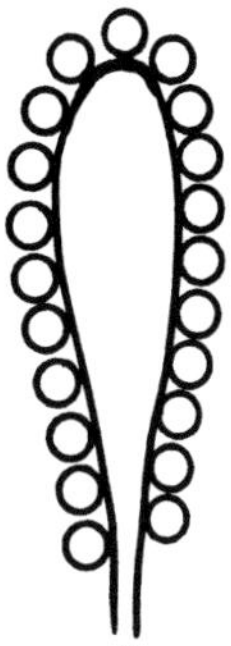

Kolben

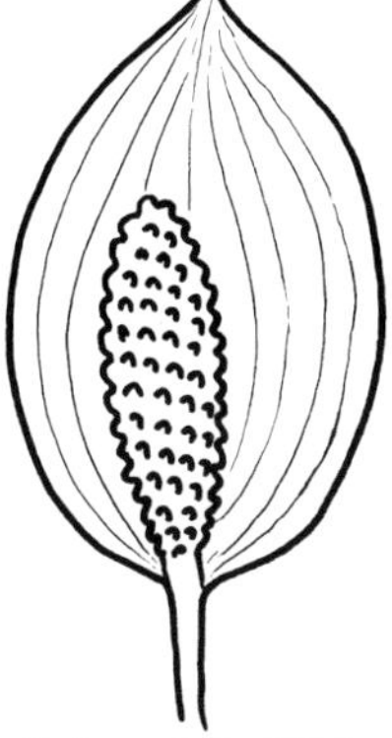

Kolben mit Hochblatt

Körbchenblütler (Asteraceae)

Sommerblumen von A–Z

In der Absicht, eine einigermaßen übersichtliche Zusammenfassung der zurzeit gebräuchlichen und zum Teil weniger bekannten ein- bis zweijährigen Gartenschmuckpflanzen zu erstellen, stand ich unverzüglich vor vielen Fragen:

- Sollen die Pflanzen nach ihrem Verwendungszweck geordnet sein?
- Sollen die Pflanzen in Blüh- und in Blattpflanzen aufgeteilt werden?
- Sollen die Pflanzen nach Wuchshöhe – niedere Beetpflanzen, mittlere Gruppenpflanzen und hohe Solitärpflanzen – aufgeteilt werden?
- Sollen die Pflanzen kunterbunt streng nach Alphabet geordnet sein?

Schließlich habe ich mich für das Letztere entschieden. Dies erleichtert das Suchen und Finden der beschriebenen Pflanzen, anderseits werden die Pflanzen doch wild durcheinander gewürfelt. Aber zum Schluss kam noch die Idee dazu, am Ende des Buches übersichtliche Tabellen zu erstellen, in denen die Pflanzen nach ihrer Verwendung, nach ihrer Höhe, nach ihrer Ansprechbarkeit auf Wachstumsregulatoren und anderen Besonderheiten aufgelistet sind. Damit hoffe ich, vielen Wünschen gerecht zu werden.

Auch die Auswahl der darzustellenden Pflanzen bereitete mir einiges Kopfzerbrechen. Sollen nur die gewöhnlichen, allseits mehr oder weniger bekannten Sommerblumen und Balkonpflanzen, die ein/e Auszubildende/r im Gärtnerberuf kennen lernen muss, beschrieben werden? Bei der Durchsicht von Schaugärten großer Samenhandlungen sieht man aber ein noch viel umfangreicheres Sortiment mit teilweise alten (wieder neuen) Pflanzen oder auch Neueinführungen und durch Züchtung entstandenen Neuheiten. So entschied ich mich für ein möglichst breit gefächertes Sortiment. Darin finden sich aber auch einige mehrjährige Pflanzenarten, die nur über den Sommer im Freien gedeihen, in der kalten Jahreszeit jedoch in einem frostfreien Keller überwintert und im Frühjahr wieder angetrieben werden müssen, die aber in etwas anspruchsvolleren Bepflanzungen wieder vermehrt Verwendung finden. Sie sollen daher auch Anregung sein, dass eine schöne Sommerblumenrabatte aus mehr als nur Begonien, Salvien, Tagetes, Verbenen und Zinnien zusammengestellt werden kann. Es dürfen auch einmal andere Kostbarkeiten in unseren Gärten Eingang finden! Neu dazu kamen noch die „Herbstzauber"-Pflanzen auf vielseitigen Wunsch! Nun, wohlan, viel Spaß beim Durchstöbern dieser schönen und vielseitigen Pflanzenwelt!

Abelmoschus manihot ☉ ⊙ ♃ Ⓝ

Synonym: Hibiscus manihot.
Familie: Malvaceae.
Deutscher Name: Manihot-Malve, Maniok-Bisameibisch
Heimat/Herkunft: Tropisches Asien.
Wuchsform: Straff aufrecht mit mäßiger Verzweigung, verholzend. Lang lanzettliche Blätter und 15 cm große Blüten.
Pflanzenhöhe: Bis 1 m.
Blütenfarbe: Cremegelb.
Blütezeit: Von Juli bis Oktober.
Verwendung: Einzelstellung oder in Gruppen in größeren Sommerblumenrabatten, Pflanzgefäßen oder als Kübelpflanze.
Standortansprüche: Sonnige Lage, mittelschwerer, aber nährstoffreicher Boden.
Vermehrungsart und -zeit: Aussaat von Februar bis März bei15 bis 18 °C. Keimzeit 10 bis 14 Tage. 95 Korn pro Gramm. Bedarf für 1 000 Pflanzen 25 g.
Anzucht: Eintopfen der Sämlinge in 9- bis 10-cm-Töpfe, nicht zu leichte Erde verwenden. Einmal pinzieren.
Besonderheiten: Die großen Blüten sind sehr auffallend und von besonderem Reiz.

◁ 38a Kontrast Gelb zu Lila und Hoch zu Nieder.

▽ 39a Abelmoschus manihot

△ 40a Abutilon × hybridum
▽ 40b Abutilon megapotamicum

Abitulon × hybridum

Synonym: A.-Hybriden.
Familie: Malvaceae.
Deutscher Name: Chinalaterne, Schönmalve.
Heimat/Herkunft: Zuchtform aus Kreuzungen verschiedener Arten. Südamerika.
Wuchsform: Strauchig aufrecht, verholzend, breit verzweit mit ahornähnlichem Laub und farbintensiven Glockenblüten.
Pflanzenhöhe: Einjährig 50 bis 80 cm, mehrjährig 1 bis 1,5 m.
Blütenfarbe: Gelb, Orange, Rot, Dunkelrot, Rosa.
Blütezeit: Mai bis Oktober.
Verwendung: Einzeln oder in Gruppen in größeren Sommerblumenrabatten, ältere Pflanzen als Büsche oder Hochstämme, einzeln in Kübeln oder in großen Pflanzengefäßen.
Standortansprüche: Sonniger und warmer Standort, aber keine extrem trockenwarme Luft. Mittelschwerer Boden mit Torf- und Landerdeanteil und guter Nährstoffversorgung.
Vermehrungsart und -zeit: Aussaat Januar bis März bei 18 bis 21 °C. Keimzeit 2 bis 3 Wochen. 280 Korn pro Gramm. Bedarf für 1 000 Pflanzen 10 g. Kopfstecklinge von Januar bis April. Bewurzelungstemperatur 20 °C.
Anzucht: Pikieren der Sämlinge. Eintopfen in 9- bis 10-cm-Topf. Temperatur 12 bis 16 °C, nicht zu nass halten. Für kompakten Wuchs pinzieren und mit Wachstumsregulatoren behandeln.

Abutilon megapotamicum

Synonym: A. vexillarium.
Familie: Malvaceae.
Deutscher Name: Hängende Schönmalve, Kriechende Samtpappel
Heimat/Herkunft: Brasilien.
Wuchsform: Strauchig, verholzend, mit langen, dünnen Trieben. Die spitzen bis eiförmigen Blätter sind gelb-grün marmoriert.
Pflanzenhöhe: Einjährig bis 1 m, mehrjährig über 1,5 m.
Blütenfarbe: Rote Kelch- und gelbe Kronblätter.
Blütezeit: Mai bis Oktober.
Verwendung: Beliebte Hängepflanze. Die Pflanzen können aber auch an Stäben aufgebunden oder als hängende Hochstämme gezogen werden.
Standortansprüche: Sonnige und warme Lage, mittelschweres Substrat.
Vermehrungsart und -zeit: Kopf- oder Teilstecklinge durch das ganze Jahr über möglich. Vermehrungstemperatur 22 bis 25 °C.
Aussaat: 2 bis 3 bewurzelte Stecklinge pro Topf in nicht zu große Töpfe. Substrat lehmig mit Torfanteil. Heller Standort begünstigt die bunte Blattfärbung.
Besonderheiten: Überwinterung bei 6 bis 10 °C.

Abutilon pictum

♄ (K)

Synonym: A. striatum.
Familie: Malvaceae.
Deutscher Name: Gefleckte Schönmalve, Bunte Samtpappel.
Heimat/Herkunft: Brasilien.
Wuchsform: Strauchiger Wuchs, verholzend, mäßige Verzweigung. Das ahornähnliche Laub ist stark mosaikartig gefleckt.
Pflanzenhöhe: 40 bis 60 cm.
Blütenfarbe: Orange bis Bronze.
Blütezeit: Juni bis Oktober.
Verwendung: Einzelstellung oder in Gruppen in Sommerblumenrabatten oder größeren Pflanzgefäßen, auch auf Gräbern.
Standortansprüche: Sonnig bis halbschattig, mittelschwerer Boden mit guter Nährstoffversorgung.
Vermehrungsart und -zeit: Kopfstecklinge von Januar bis April. Bewurzelung bei 18 bis 21 °C aus überwinterten Mutterpflanzen.
Anzucht: Einpflanzen in 8- bis 9-cm-Töpfe in mittelschweres Substrat. Heller Standort und Temperaturen von 12 bis 16 °C fördern eine intensive Blattfärbung.
Besonderheiten: Zierwert in erster Linie durch das bunte Laub.

△ 41a Abutilon pictum
▽ 41b Acmella oleracea

Acmella oleracea

♃ (K) (N)

Synonym: Spilanthes oleracea.
Familie: Asteraceae.
Deutscher Name: Parakresse.
Heimat/Herkunft: Kultiviert in Westindien, Brasilien, Indien.
Wuchsform: Aufrecht bis breit verzweigt mit dunkelgrünen, lanzettlichen Blättern. Endständig bilden sich auf dünnen Stielen locker verteilt kugelige Blütenstände. Dekorative Wirkung.
Pflanzenhöhe: 25 bis 30 cm.
Blütenfarbe: Gelborange.
Blütezeit: Mai bis September.
Verwendung: In Rabatten und sehr beliebt als Gewürzpflanze.
Standortansprüche: Sonnige Lage, mittelschwerer Boden.
Vermehrungsart und -zeit: Aussaat von Februar bis März bei 18 °C. Keimzeit 10 bis 14 Tage. Bedarf für 1 000 Pflanzen 0,5 g.
Anzucht: Pikieren und später in Töpfe pflanzen.
Besonderheiten: Gewürzpflanze mit angenehmem Duft.

△ 42a Acroclinium roseum
▽ 42b Agastache mexicana

Acroclinium roseum ⊙ ✂

Synonym: Helipterum roseum.
Familie: Asteraceae.
Deutscher Name: Rosafarbener Sonnenflügel, Papierblümchen.
Heimat/Herkunft: Australien.
Wuchsform: Krautig aufrecht, verästelt, die schmalen Blätter sitzen an straff aufrecht wachsenden Stielen, die endständig einzelne, flach ausgebreitete Blütenkörbchen tragen.
Pflanzenhöhe: Je nach Klima und Boden 30 bis 50 cm.
Blütenfarbe: Weiße, rosa bis rote Farbtöne mit heller Mitte.
Blütezeit: Juli bis September.
Verwendung: Für sonnige Rabatten und als Schnittblumen. Sehr gute Trockenblume.
Standortansprüche: Durchlässiger, nicht zu schwerer Boden und vollsonnige Lage, nicht zu hoher pH-Wert!
Vermehrungsart und -zeit: Aussaat März bis April in Kisten oder im Kasten in durchlässiges, sandhaltiges Substrat, ab Mai direkt ins Freiland bei nicht zu dichter Saat. Keimtemperatur 18 °C. Keimzeit 15 bis 20 Tage. 300 Korn pro Gramm. Bedarf für 1 000 Pflanzen 10 g.
Anzucht: Pikieren in durchlässiges, humusreiches Substrat, Freilandsaaten auslichten.

Agastache mexicana ♃

Synonym: Cedronella mexicana.
Familie: Lamiaceae.
Deutscher Name: Mexikanische Minze, Limonen-Ysop.
Heimat/Herkunft: Mexiko.
Wuchsform: Kräftig aufstrebend mit guter Verzweigung. Die breit lanzettlichen grünen Blätter stehen gegenständig. Endständig entwickeln sich daumengroße, dichte Blütenähren.
Pflanzenhöhe: 50 cm.
Blütenfarbe: Blau oder Weiß.
Blütezeit: Juli bis Oktober.
Verwendung: In Gruppen oder auch einzeln in Rabatten.
Standortansprüche: Liebt sonnigen Standort und erträgt auch vorübergehende Trockenheit. In geschützten Lagen kann sie auch überwintern.
Vermehrungsart und -zeit: Aussaat von Februar bis März bei 18 bis 20 °C. Bedarf für 1 000 Pflanzen 2,5 g.
Anzucht: Pikieren und Eintopfen in humoses Substrat mit Kompost- oder Tonanteil. Topfgröße 9 bis 10 cm ∅.
Besonderheiten: Das Laub hat einen aromatischen Duft. Gute Bienenfutterpflanze.

Ageratum houstonianum ⊙ Ⓚ

Synonym: A. mexicanum.
Familie: Asteraceae.
Deutscher Name: Leberbalsam.
Heimat/Herkunft: Mexiko, Guatemala, Belize.
Wuchsform: Krautig, aufrecht, verzweigt, Blüten endständig, leicht behaarte, frischgrüne Blätter.
Pflanzenhöhe: Niedere Sorten 10 bis 20 cm. Hohe Schnittsorten 40 cm.
Blütenfarbe: Blau, Blauviolett, Weiß, Rosa.
Blütezeit: Niedere Sorten von Mai bis Oktober, Schnittsorten von Juni bis Oktober.
Verwendung: Niedere Sorten für Rabatten, Gräber, Schalen, hohe Sorten für den Schnitt.
Standortansprüche: Sonnig bis halbschattig, nicht extrem heiße Lagen, sonst Spinnmilbenbefall.
Vermehrungsart und -zeit: Aussaat Januar bis März. Keimtemperatur 20 °C. Keimzeit 8 bis 10 Tage. 8000 Korn pro Gramm. Bedarf für 1000 Pflanzen 0,5 g. Selektionierte Pflanzen können auch durch Stecklinge vermehrt werden. November bis März.
Anzucht: Pikieren, Pinzieren, Eintopfen. Nicht zu leichte Torferde verwenden. Verkaufstopf 8 cm. Anzucht anfangs im Gewächshaus, ab April auch im Kasten.

△ 43a Ageratum houstonianum
▽ 43b Ajania pacifica

Ajania pacifica ♄ ✂

Synonym: Chrysanthemum pacificum.
Familie: Asteraceae.
Deutscher Name: Gold, Silberchrysantheme.
Heimat/Herkunft: Japan.
Wuchsform: Krautig bis leicht verholzend, kompakt aufrecht mit im oberen Bereich sparriger Verzweigung, wenn die Pflanze blüht. Das ovale bis breit eiförmige Blatt ist am Ende gebuchtet bis leicht eingeschnitten. Die Grundfarbe ist ein mattes Graugrün mit kurzer, filziger Behaaarung, der Rand ist silbrig weiß. Der Blütenstand erscheint endständig und bildet eine breite doldige Rispe.
Pflanzenhöhe: 20 bis 25 cm.
Blütenfarbe: Goldgelbe, runde Körbchen.
Blütezeit: September bis Oktober.
Verwendung: Dekorative Blatt- und Blütenpflanzen, oft auch in „Herbstzauber"-Arrangements.
Standortansprüche: Erträgt ebenso volle Sonne wie Schatten, auch bezüglich Bodenansprüche ist diese Art sehr tolerant. Erträgt leichte Fröste.
Vermehrungsart und -zeit: Teilung Winter bis Frühjahr oder durch Stecklinge aus den Bodentrieben.
Anzucht: Humoses Substrat mit 30 % Landerdeanteil. pH-Wert 6,0 bis 7,0. Während der Anzucht hell, mäßig gießen und düngen. Je heller der Standort, desto heller die Blattfarbe.

Alcea rosea L.

⊙ ⊙ ♃ ✂ Ⓝ

Synonym: Althaea rosea.
Familie: Malvaea.
Deutscher Name: Gewöhnliche Stockrose, Chinesische Stockrose, Stockmalve.
Heimat/Herkunft: Östliche Mittelmeerregion.
Wuchsform: Anfänglich bildet sich eine flache Blattrosette. Nach ausreichender Erstarkung bilden sich starke Blütentriebe, die traubig von großen, einfachen bis gefüllten Blüten besetzt sind.
Pflanzenhöhe: 1,5–2 m.
Blütenfarbe: Weiß, Gelb, Rosa, Karminrot, leuchtendes Rot, Violett.
Blütezeit: Juli bis September.
Verwendung: In größeren Rabatten, in Tuffs oder vor höheren Sträuchern und Koniferen.
Standortansprüche: Sonnig, tiefgründiger und nährstoffreicher Boden. Windgeschützte Lage.
Vermehrungsart und -zeit: Aussaat März bis April in Kisten oder ins Freiland. Keimtemperatur 18 °C. Keimzeit 3 bis 4 Wochen. 90 Korn pro Gramm. Bedarf für 1 000 Pflanzen 30 g.
Anzucht: Eintopfen in 10- bis 12-cm-Töpfe in mittelschweres, nährstoffreiches Substrat. Vorbeugend gegen Rostpilze spritzen.
Besonderheiten: Ein- bis zweijährig, in milden Gegenden ausdauernd. Samt oft selbst aus.

△ 44a Alcea rosea
▽ 44b Alternanthera ficoidea

Alternanthera ficoidea

♃ ⁞ Ⓦ Ⓝ

Synonym: A. amoena, A. bettzickiana, A. versicolor.
Familie: Amaranthaceae.
Deutscher Name: Papageienblatt.
Heimat/Herkunft: Brasilien.
Wuchsform: Krautig bis leicht verholzend, gedrungen breit verzweigt. Blätter je nach Sorte gelbgrün, olivgrün, rosa bis rot.
Pflanzenhöhe: 5 bis 10 cm.
Blütenfarbe: Unscheinbar klein, grünlich.
Blütezeit: Besonders bei Trockenheit und Nährstoffmangel Sommer bis Herbst.
Verwendung: Gräber oder dekorative Rabatten, als Teppichpflanzen oder zur Gestaltung von Schriften und Zeichnungen.
Standortansprüche: Sonnig bis halbschattig in mittelschwerer, aber durchlässiger Erde.
Vermehrungsart und -zeit: Stecklinge Februar bis April bei 18 °C in sandigem Substrat. Bei tief gepflanzten Mutterpflanzen können bereits bewurzelte Triebe abgeschnitten werden.
Anzucht: Pikieren in nährstoffreiche Komposterde. Bei frühen Vermehrungen einmal pinzieren. Anzucht bei 14 bis 15 °C. Später in Kästen auspflanzen oder in Multitopfplatten mit 7 cm ∅.
Besonderheiten: Bei Schriftbildern regelmäßig Formschnitt vornehmen.

Amaranthus caudatus ☉ ✂ Ⓝ

Synonym: –
Familie: Amaranthaceae.
Deutscher Name: Gartenfuchsschwanz.
Heimat/Herkunft: Tropisches bis subtropisches Südamerika.
Wuchsform: Krautig, anfangs straff aufrecht und zum Teil verzweigt, später, mit der Ausbildung der dichten Blütenähren, stark überhängend.
Pflanzenhöhe: Je nach Sorte 70 bis 80 cm.
Blütenfarbe: Dunkelrote oder grüne Sorten.
Blütezeit: Juli bis September.
Verwendung: Gruppenpflanze in größeren Rabatten zwischen niedere Beetpflanzen sowie für Bindereizwecke.
Standortansprüche: Nährstoffreicher, mittelschwerer Boden in sonniger Lage.
Vermehrungsart und -zeit: Aussaat Februar bis April bis 15 bis 18 °C. Keimzeit 2 bis 3 Wochen. 1500 Korn pro Gramm. Bedarf für 1000 Pflanzen 2 g.
Anzucht: Pikieren, Eintopfen in 8- bis 9-cm-Topf, mittelschwere Erde mit Torfanteil.
Besonderheiten: In den letzten Jahren für moderne Binderei sehr begehrt.

△ 45a Amaranthus caudatus
▽ 45b Amaranthus cruentus

Amaranthus cruentus ☉ Ⓝ

Synonym: A. hybridus ssp. cruentus, A. hybridus var. cruentus.
Familie: Amaranthaceae.
Deutscher Name: Aufrechter Gartenfuchsschwanz, Rispiger Gartenfuchsschwanz.
Heimat/Herkunft: In Amerika als Kulturform entstanden.
Wuchsform: Straff aufrecht, krautig, im oberen Teil verzweigt. Endständige, aufrechte kräftige Blütenstände.
Pflanzenhöhe: 60 cm.
Blütenfarbe: Dunkelrot.
Blütezeit: Juli bis September.
Verwendung: Gruppenpflanze in größeren Rabatten, Schnittblume für aparte Binderei.
Standortansprüche: Mittelschwerer Boden mit guter Nährstoffversorgung, sonnig.
Vermehrungsart und -zeit: Aussaat Februar bis März 15 bis 18 °C. Keimzeit 2 bis 3 Wochen. 2000 bis 2500 Korn pro Gramm. Bedarf für 1000 Pflanzen 2 g.
Anzucht: Pikieren, Eintopfen in 8- bis 9-cm-Topf in nicht zu torfhaltiges Substrat.

△ 46a Amaranthus tricolor
▽ 46b Ammi visnaga

Amaranthus tricolor ⊙ Ⓝ

Synonym: A. melancholicus, A. gangeticus.
Familie: Amaranthaceae.
Deutscher Name: Sternamarant, Surinamischer Fuchsschwanz.
Heimat/Herkunft: Tropisches Asien.
Wuchsform: Krautig, straff aufrecht, wenig verzweigt. Prächtiges, rotes bis bronzefarbenes Laub. Die Blüten sind unscheinbar, dafür entwickeln sich im Sommer leuchtend rote Hochblätter.
Pflanzenhöhe: 1–1,3 m.
Blütenfarbe: Dunkelrot in den Blattachseln.
Blütezeit: Juli bis Oktober.
Verwendung: Gruppenpflanze zu je 3 bis 10 Pflanzen in größeren Sommerblumenrabatten oder vor Strauch- oder Koniferengruppen.
Standortansprüche: Mittelschwerer Boden mit guter Nährstoffversorgung in voller Sonne.
Vermehrungsart und -zeit: Aussaat März bis April bei 15 bis 18 °C. Keimzeit 2 bis 3 Wochen. 1 500 Korn pro Gramm. Bedarf für 1 000 Pflanzen 2 g.
Anzucht: Pikieren, Eintopfen in 9- bis 10-cm-Topf. Vor Frost schützen.
Besonderheiten: Mit dieser Art erzielt man besondere Effekte im Garten.

Ammi visnaga ⊙ ⊙ Ⓝ

Synonym: –
Familie: Apiaceae.
Deutscher Name: Knorpelmöhre, Ammi, Zahnstocher-Ammei.
Heimat/Herkunft: Westeuropa, Vorderasien, Nordafrika, Nordamerika, Neuseeland, Australien.
Wuchsform: Krautig aufrecht mit lockerer, etwas sparriger Verzweigung. Die grünen Blätter sind doppelt gefiedert. Endständig bilden sich flach gewölbte, große Blütendolden, so genannte Doppeldolden.
Pflanzenhöhe: 80 bis 1,2 m.
Blütenfarbe: Die zahlreichen kleinen Einzelblüten sind reinweiß.
Blütezeit: Juni bis Oktober.
Verwendung: In größeren Rabatten, auch sehr beliebt als Schnittblume. Guter Kontrast zu Dunkelblau.
Standortansprüche: Sonnige Lage, nährstoffreicher Boden.
Vermehrungsart und -zeit: Aussaat ab Februar als April bei 16 bis 18 °C. Dabei werden pro 12-cm-Topf 5 bis 6 Korn gelegt.
Anzucht: Weiterkultur bei 12 bis 14 °C, also kühl und luftig.
Besonderheiten: Als Schnittblumen ziemlich viel Laub entfernen.

Ammobium alatum ⊙ ♃ Ⓝ ✂

Synonym: –
Familie: Asteraceae.
Deutscher Name: Sandimmortelle, Papierknöpfchen.
Heimat/Herkunft: Australien.
Wuchsform: Krautig, vorerst eine flache Rosette bildend, mit eiförmigen, behaarten Blättern, später aufsteigende Triebe, die endständig von 1,5 cm großen Blüten besetzt sind, die sich sehr gut zum Trocknen eignen.
Pflanzenhöhe: 60 cm.
Blütenfarbe: Innen gelb, außen weiße Hüllblätter.
Blütezeit: Juni bis September.
Verwendung: Beliebte Trockenblume. Vor dem Aufblühen schneiden und hängend trocknen lassen.
Standortansprüche: Sonnige Lage, mittelschwerer Boden mit guter Durchlässigkeit.
Vermehrungsart und -zeit: Aussaat März bis April in Kisten, in sandiges Substrat. Keimtemperatur 18 °C. Keimdauer 1 bis 2 Wochen. 2 400 Korn pro Gramm. Bedarf für 1 000 Pflanzen 1 g.
Anzucht: Pikieren in durchlässiges Substrat. Erst nach Mitte Mai ins Freie pflanzen. Abstand 20 bis 25 cm.

△ 47a Ammobium alatum
▽ 47b Anagallis monellii subsp. monellii

Anagallis monellii subsp. monellii ⊙ ♃

Synonym: –
Familie: Primulaceae.
Deutscher Name: Gauchheil.
Heimat/Herkunft: Mittelmeergebiet.
Wuchsform: Krautig aufrecht bis überhängend und verzweigt. Die spießförmig lanzettlichen Blätter stehen dicht am Trieb, sie stehen oft gegenständig bis quirlständig, bis zu 5 zusammen.
Pflanzenhöhe: Bis 25 cm.
Blütenfarbe: Tiefes Reinblau mit gelben Staubgefäßen in der Mitte. Reich blühend.
Blütezeit: Mai bis Oktober bis zum ersten Frost.
Verwendung: Als Ampelpflanze geeignet sowie in Rabatten im Freien.
Standortansprüche: Vollsonniger Standort, gleichmäßig feucht halten und öfters nachdüngen.
Vermehrungsart und -zeit: Aussaat im Januar bis April.
Anzucht: Pikieren, Eintopfen, Pinzieren nach Bedarf und Abhärten.

△ 48a Anchusa tenella
▽ 48b Anchusa capensis

Anagallis tenella

♃ ▽

Synonym: –
Familie: Primulaceae.
Deutscher Name: Zarter Gauchheil.
Heimat/Herkunft: Südeuropa bis Nordafrika.
Wuchsform: Niedrig, Polster bildend mit kleinen, dunkelgrünen, lanzettlichen bis ovalen Blättern. Die sternförmigen, kleinen Blüten erscheinen zahlreich. Auffallende Neuheit.
Pflanzenhöhe: 15 bis 20 cm.
Blütenfarbe: Orangerot.
Blütezeit: Mai bis September.
Verwendung: In niederen Rabatten, bodenbedeckend.
Standortansprüche: Sonnige Lage und nährstoffreicher, mittelschwerer Boden.
Vermehrungsart und -zeit: Kopfstecklinge von Januar bis März bei 16 bis 18 °C.
Anzucht: In 9-cm-Töpfe pflanzen, abhärten.

Anchusa capensis

⊙⊙

Synonym: –
Familie: Boraginaceae.
Deutscher Name: Kap-Ochsenauge.
Heimat/Herkunft: Südafrika.
Wuchsform: Krautig aufrecht und verzweigt, mit lanzettlichen, grünen Blättern, die etwas bestachelt sind. Ein- bis zweijährig. Die flachschaligen Blüten stehen knapp über dem Laub.
Pflanzenhöhe: Höhe 40 cm, Breite 30 cm.
Blütenfarbe: Reines Tiefblau, guter Kontrast zu Gelb und Orange.
Blütezeit: Mai bis August.
Verwendung: In lockeren Tuffs in gemischten Rabatten.
Standortansprüche: Sonnige Lage und nährstoffreicher Boden.
Vermehrungsart und -zeit: Aussaat von Januar bis Mai, nach Bedarf in Sätzen, bei 16 bis 18 °C. Bedarf für 1 000 Pflanzen 5 g.
Anzucht: Pikieren und später zu 2 bis 3 Pflanzen pro 12-cm-Topf einpflanzen. Anzucht bei 14 bis 16 °C.

Anisodontea capensis ♄ ♄ (K)

Synonym: Malva capensis, Malvastrum capense.
Familie: Malvaceae.
Deutscher Name: Fleißiges Lieschen.
Heimat/Herkunft: Süafrika.
Wuchsform: Strauchiger, halbverholzter Wuchs in pyramidaler Form, reich verzweigt. Die 3 cm großen Blüten sitzen in den Blattachseln.
Pflanzenhöhe: Im ersten Jahr 80 cm bis 1 m, bei Hochstämmen und Pyramiden 1,5–2 m.
Blütenfarbe: Rosa.
Blütezeit: Mai bis Oktober, zahlreich.
Verwendung: Höhere Gruppenpflanze in Sommerblumenrabatten. Als Kugeln oder Pyramiden bei mehrjähriger Kultur in Kübeln.
Standortansprüche: Sonniger Standort, nährstoffreicher, mittelschwerer Boden.
Vermehrungsart und -zeit: Kopf- und Teilstecklinge von Januar bis April bei 18 °C.
Anzucht: Bewurzelte Stecklinge in 10- bis 14-cm-Endtopf in mittelschwere, nährstoffreiche Erde pflanzen. Für kompakte Pflanzen 1- bis 2-mal pinzieren. Eventuell mit CCC behandeln.
Besonderheiten: Überwinterung in frostfreien Räumen bei 6 bis 10 °C. Nie austrocknen lassen! Anfällige für Weiße Fliege!

△ 49a Anisodontea capensis
▽ 49b Antirrhinum majus

Antirrhinum majus ⊙ ♃ ✂

Synonym: –
Familie: Scrophulariaceae.
Deutscher Name: Gartenlöwenmaul, Großes Löwenmaul.
Heimat/Herkunft: Südeuropa bis Nordwestafrika und Westasien.
Wuchsform: Krautig aufrecht, niedere Sorten an der Basis verzweigt. Blütenstände traubig.
Pflanzenhöhe: Niedere Beetsorten 20 bis 30 cm, mittelhohe Beetsorten 40 bis 70 cm, hohe Schnittsorten (zum Teil F_1-Hybriden) bis 1,3 m.
Blütenfarbe: Weiß, Gelb, Orange, Rosa, Rot, Dunkelrot; uni oder zweifarbig.
Blütezeit: Im Freien Juni bis Oktober, im Gewächshaus März bis Juni.
Verwendung: Niedere Sorten für Teppichbeete, mittelhohe Sorten für Rabatten und Schnitt.
Standortansprüche: Sonnige Lage, humoser bis lehmiger, durchlässiger Boden, gute Nährstoffversorgung.
Vermehrungsart und -zeit: Hauptaussaatzeit für Gartenbeete und Rabatten Februar bis März. Keimtemperatur 15 bis 18 °C. Keimzeit 3 Wochen. 5000 Korn pro Gramm. Bedarf für 1000 Pflanzen 0,5 bis 1 g.
Anzucht: Pikieren. Anzucht anfangs bei 12 bis 14 °C, später auf 10 °C absenken.
Besonderheiten: Anfällig für Rostpilzkrankheiten, Vorbeugung mit Funigiziden!

△ 50a Argyranthemum frutescens
▽ 50b Argyranthemum frutescens

▽ 50c Asteriscus maritimus

Argyranthemum frutescens ♄ Ⓚ

Synonym: Chrysanthemum frutescens.
Familie: Asteraceae.
Deutscher Name: Strauchmargerite.
Heimat/Herkunft: Kanarische Inseln.
Wuchsform: Anfangs krautig, später verholzend, aufrecht mit guter Verzweigung.
Pflanzenhöhe: Einjährig 30 cm bis 1 m, als Hochstämme mehrjährig bis 2 m hoch.
Blütenfarbe: Weiße Randblüten mit gelber Mitte.
Blütezeit: Mai bis Oktober.
Verwendung: Als weiße Kontraste in Sommerflorrabatten, Pflanzgefäßen, niedere Sorten für den Balkonschmuck. Hochstämme als Kübelpflanzen.
Standortansprüche: Sonnig bis halbschattig, mittelschwerer Boden. Reichlich nachdüngen!
Vermehrungsart und -zeit: Kopfstecklinge von Januar bis März bei 15 bis 18 °C.
Anzucht: Eintopfen der bewurzelten Stecklinge in 9- bis 11-cm-Töpfe in mittelschwere, nährstoffreiche Erde. Ein- bis zweimal pinzieren. Flüssige Nachdüngung 3 bis 4‰.
Besonderheiten: Mehrjährige Pflanzen vor Frosteintritt in kühle Räume mit 4 bis 8 °C stellen. Nie austrocknen lassen!

Asteriscus maritimus ♃ Ⓚ

Synonym: Odontospermum maritimum, Buphthalmum maritimum.
Familie: Asteraceae.
Deutscher Name: Asteriskus, Goldaster, Sternauge.
Heimat/Herkunft: Westliche Mittelmeerländer, Portugal, Kanarische Inseln, Griechenland.
Wuchsform: Krautig, flach kriechend, mit guter Verzweigung, Blätter dunkelmattgrün, dicht stehend, spatelig, an den Blütentrieben kleiner. Endständig einfache Margeritenblüten mit dichtem Zungenblütenkranz.
Pflanzenhöhe: 10 bis 15 cm, im Durchmesser 30 bis 40 cm.
Blütenfarbe: Goldgelb.
Blütezeit: Mai bis Oktober.
Verwendung: Rabatten, größere Pflanzschalen und in Ampeln, auch hängend.
Standortansprüche: Möglichst vollsonnige Lage, mittelschweres, nährstoffreiches Substrat.
Vermehrungsart und -zeit: Aussaat Anfang März bei 18 bis 20 °C Kopfstecklinge den Winter über bis April.
Anzucht: Am besten 2 bis 3 Sämlinge pro Topf pikieren. Pinzieren.
Besonderheiten: Die verblühten Blütenstände laufend entfernen.

Bassia scoparia subsp. scoparia ⊙ ⁞ Ⓝ

Synonym: Kochia scoparia.
Familie: Chenopodiaceae.
Deutscher Name: Sommerzypresse, Besen-Radmelde, Besenkraut, Dornmelde.
Heimat/Herkunft: Süd- und Ostrussland, Mittel- bis Ostasien.
Wuchsform: Krautig, starff aufrecht, mit dichter und feiner Verzweigung, zierliche schmale Blättchen, die sich bei einigen Sorten dunkelbutrot verfärben.
Pflanzenhöhe: 50 bis 80 cm.
Blütenfarbe: Grünlich, unscheinbar.
Blütezeit: Sommer bis Herbst.
Verwendung: Als Einzelexemplare oder in lockeren Gruppen in niederen Sommerblumenrabatten oder in Pflanzschalen. Auch als einjährige Hecken.
Standortansprüche: Sonnige und warme Lage mit guter Nährstoffversorgung.
Vermehrungsart und -zeit: Aussaat März bis April in Kisten, in Kästen oder je 3 bis 5 Korn direkt in 8-cm-Töpfe. Keimtemperatur 18 °C. Keimzeit 1 bis 2 Wochen. 1 200 Korn pro Gramm. Bedarf für 1000 Töpfe 5 g.
Anzucht: Bei Aussaat in Kisten oder Kästen je 3 bis 4 Sämlinge in 8- bis 9-cm-Töpfe pikieren. Substrat humos bis lehmig mit Sandzusatz. Temperatur 13 bis 15 °C. Nicht zu nass halten.
Besonderheiten: Abstand 30 bis 40 cm bei Gruppenpflanzung, bei Hecken 25 cm.

△ 51a Bassia scoparia subsp. scoparia
▽ 51b Begonia Cultivars Semperflorens Grp.

Begonia Cultivars Semperflorens Grp. ⊙

Synonym: B. × semperflorens-cultorum, B. hortensis, B. Semperflorens-Hybriden.
Familie: Begoniaceae.
Deutscher Name: Immerblühende Begonie.
Heimat/Herkunft: Zuchtformen.
Wuchsform: Krautig aufrecht mit guter Verzweigung, ovale Blätter. Einhäusig.
Pflanzenhöhe: Je nach Sorte 15 bis 30 cm.
Blütenfarbe: Weiß, Rosa, Lachs oder Rot.
Blütezeit: Von Mai bis Oktober.
Verwendung: Rabatten, Gräber, Pflanzschalen, Fenster- und Balkonschmuck.
Standortansprüche: Sonnig bis halbschattig, erträgt auch relativ große Trockenheit und starken Schatten. Begonien lieben einen humosen Boden mit mäßigem Nährstoffvorrat.
Vermehrungsart und -zeit: Aussaat Dezember bis Januar für Maiblüte. Lichtkeimer. Keimtemperatur 22 bis 24 °C. Keimdauer 2 Wochen. 60000 bis 80000 Korn pro Gramm. Bedarf für 1000 Pflanzen 2000 Korn (2 bis 4 Portionen). Vor der Saat leicht andrücken und angießen.
Anzucht: Nach dem Keimen pikieren. Temperatur 19 bis 20 °C. Torfreiches Substrat. Auspflanzen in Kästen oder Anzucht in Einwegschalen.

△ 52a Begonia Tuberhybrida-Gruppe
▽ 52b Begonia Tuberhybrida-Gruppe in Farben

Begonia Cultivars Tuberhyb. Grp. ♃ ⊙

Synonym: B. × tuberhybrida, B.-Knollenbegonien-Hybriden.
Familie: Begoniaceae.
Deutscher Name: Knollenbegonien.
Heimat/Herkunft: Zuchtformen.
Wuchsform: Bildet an der Triebachse flache runde Knollen. Die Sprosse sind krautig und leicht verzweigt, die Blätter schief herzförmig. Die Blüten sind je nach Gruppe klein-, mittel- oder großblumig, einfach bis gefüllt.
Pflanzenhöhe: Je nach Gruppe 20 bis 40 cm. Hängesorten können bis zu 1 m lang werden.
Blütenfarbe: Weiß, Gelb, Orange, Rosa oder Rot.
Blütezeit: Von Mai bis Oktober.
Verwendung: Balkonkisten, größere Pflanzgefäße, Rabatten und Gräber.
Standortansprüche: Nicht zu heiße Lagen, sonnig bis halbschattig, großblumige Sorten regengeschätzt, Substrat torfhaltig mit etwas Landerdezusatz, mäßige Düngergaben.
Vermehrungsart und -zeit: Aussaat von samenrechten Sorten November bis Dezember. Keimtemperatur 23 bis 25 °C. Keimzeit 2 bis 3 Wochen. Lichtkeimer. 50 000 Korn pro Gramm. Bedarf für 1 000 Pflanzen 2 000 Korn. Große Knollen können auch geteilt werden.
Anzucht: Sämlinge pikieren. Anzucht bei 20 °C. Eintopfen in 9bis 11-cm-Topf. Temperatur 15 bis 18 °C. Knollen im März antreiben.
Besonderheiten: Anfällig für Echten Mehltau.

Begonia foliosa var. miniata ♄ ♄ Ⓦ

Synonym: B. fuchsioides, B. miniata.
Familie: Begoniaceae.
Deutscher Name: Fuchsienblättrige Begonie, Farnblättrige Begonie.
Heimat/Herkunft: Venezuela.
Wuchsform: Krautig, straff aufrecht, verzweigt. Blätter asymmetrisch lang herzförmig. Einhäusige Pflanze mit männlichen und weiblichen hängenden Blüten.
Pflanzenhöhe: 40 bis 50 cm.
Blütenfarbe: Leuchtend orangerot.
Blütezeit: Mai bis Oktober.
Verwendung: Gruppenpflanzen in Rabatten, einzeln in Pflanzschalen und auf Gräbern. Auch dauerblühende Zimmerpflanze.
Standortansprüche: Sonnig bis halbschattig, lehmig humoser Boden mit mäßigem Nährstoff.
Vermehrungsart und -zeit: Kopfstecklinge zu jeder Jahreszeit möglich. Für Gruppenpflanzen jedoch vorwiegend Dezember bis Februar. Bewurzelungstemperatur 18 °C.
Anzucht: Eintopfen in 8- bis 9-cm-Topf in lehmig humoses Substrat. Anfänglich pinzieren. Gut abhärten.

△ 53a Begonia foliosa var. miniata
▽ 53b Begonia sutherlandii

Begonia sutherlandii ♄ Ⓚ

Synonym: –
Familie: Begoniaceae.
Deutscher Name: Kriechende Knollenbegonie.
Heimat/Herkunft: Natal, Südafrika.
Wuchsform: Aus einer flachen Knolle sprießen die relativ dünnen Zweige in großer Zahl. Die unsymmetrischen, lanzettlichen und etwas gelappten Blätter sind leuchtend grün und weisen rote Adern auf. Aus den Blattachseln entwickeln sich einfache männliche und weibliche Blüten von großem Zierwert. Die Triebe sind später kriechend bis überhängend.
Pflanzenhöhe: Trieblänge 50 bis 80 cm.
Blütenfarbe: Orange.
Blütezeit: Mai bis Oktober.
Verwendung: Beliebt als Ampelpflanze.
Standortansprüche: Hell, aber nicht vollsonnig.
Vermehrungsart und -zeit: Kopfstecklinge vom Spätherbst bis März oder Knollenteilung.
Anzucht: Eintopfen der bewurzelten Stecklinge einzeln oder zu 3er-Tuffs bei 16 bis 18 °C. Abhärten.
Besonderheiten: Anfällig für den Echten Mehltau, vorbeugend mit Fungiziden behandeln. Wie Knollenbegonien überwintern.

△ 54a Bellis perennis
▽ 54b Bellis perennis, 'Pomponette'

▽ 54c Bidens ferulifolia

Bellis perennis ♃

Synonym: –
Familie: Asteraceae.
Deutscher Name: Gänseblümchen, Maßliebchen, Gartenbürsteli.
Heimat/Herkunft: Europa, Kleinasien bis Iran.
Wuchsform: Krautig, grundständige Rosetten mit an der Basis guter Verzweigung.
Pflanzenhöhe: 10 bis 15 cm.
Blütenfarbe: Weiß, Rosa, Rot.
Blütezeit: März bis Mai, in Höhenlage bis Juni/Juli.
Verwendung: Verwendung: Rabatten, Gräber, Pflanzschalen, Schnittblumen.
Standortansprüche: Winterhart, in schneefreien kalten Wintern Schattierung mit Vlies empfehlenswert. Sonnig bis halbschattig, liebt mittelschweren Boden mit guter Nährstoffversorgung.
Vermehrungsart und -zeit: Aussaat in sterile Erde mit Torfanteil von Juni bis Juli in Kisten. Nicht zu dichte Saat! Gleichmäßig feucht halten. Keimtemperatur 18 °C. Keimzeit 8 bis 14 Tage. 5000 Korn pro Gramm. Bedarf für 1000 Pflanzen 2 Portionen, also 0,5 g.
Anzucht: Auspflanzen auf Freilandbeete, die vorher sterilisiert wurden (Unkraut!). 25 Pflanzen pro m^2 oder in 8- bis 9-cm-Töpfe.

Bidens ferulifolia ⊙ ⊙⊙

Synonym: Coreopsis ferulifolia.
Familie: Asteraceae.
Deutscher Name: Zweizahn, Goldmarie.
Heimat/Herkunft: Südarizona bis Mexiko.
Wuchsform: Krautig, kriechend bis überhängend, Endtriebe aufstrebend. Sehr feines, gefiedertes Blatt. Endständig in lockerer Verzweigung flache Margeritenblüten mit breiten Zungenblättern.
Pflanzenhöhe: Vom Boden aufstrebend 20 cm, in der Länge 50 bis 80 cm.
Blütenfarbe: Gelb mit goldbrauner Mitte.
Blütezeit: Mai bis Oktober.
Verwendung: Rabatten in Hanglagen, Ampel- und Balkonpflanze, größere Pflanzschalen.
Standortansprüche: Sonnig warme Lage, mittelschwerer, nährstoffreicher Boden.
Vermehrungsart und -zeit: Kopfstecklinge Herbst mit März. Aussaat bei16 bis 18 °C ab Februar.
Anzucht: Pinzieren, Anzuchttöpfe regelmäßig gießen und düngen. Am besten 2 bis 3 Stecklinge pro Topf pflanzen.
Besonderheiten: Im Sommer gut nachdüngen.

Brachyscome iberidifolia

☉ 💧💧💧

Synonym: –
Familie: Asteraceae.
Deutscher Name: Kurzschopf, aufrechtes blaues Gänseblümchen.
Heimat/Herkunft: Australien.
Wuchsform: Krautig, aufrechter, fein verästelter Wuchs mit gefiederten, schmalen, grünen Blättchen. Endständig flache Margeritenblüten mit dicht stehenden Randblüten, Mitte schwarz.
Pflanzenhöhe: 20 bis 30 cm.
Blütenfarbe: Blau, Violett, Purpur, Rosa und Weiß, z. T. mit weißem Ring.
Blütezeit: Juni bis September.
Verwendung: Rabatten, Pflanzschalen.
Standortansprüche: Sonnige, warme Lage und mittelschwerer, aber durchlässiger Boden.
Vermehrungsart und -zeit: Aussaat Februar bis April, Keimtemperatur 20 bis 22 °C, Keimzeit 2 Wochen. 5000 Korn pro Gramm. Bedarf für 1000 Pflanzen 0,5 g.
Anzucht: Pikieren, Eintopfen in 8-cm-Topf. Sonnig halten und Nässe meiden.
Besonderheiten: Verschiedene Blautöne, sehr reich und dicht blühend.

△ 55a Brachyscome iberidifolia
▽ 55b Brachscome multifida

Brachyscome multifida

☉

Synonym: –
Familie: Asteraceae.
Deutscher Name: Blaues Gänseblümchen.
Heimat/Herkunft: Südaustralien.
Wuchsform: Krautig aufrecht bis überhängend, sehr fein verzweigt mit zierlichen, gefiederten Blättchen. Die 2,5 bis 3 cm großen Margeritenblüten verteilen sich locker über die Pflanze.
Pflanzenhöhe: 20 bis 30 cm.
Blütenfarbe: Blau; weiße und rote Varietäten.
Blütezeit: Dauerblüher von Mai bis Oktober.
Verwendung: Infolge des eher überhängenden Wuchses eignet sich diese besonders gut für Balkonkisten, Ampeln und Säulen (Mooskultur).
Standortansprüche: Sonnig bis halbschattig, mit Vorliebe für eher sonnigen, aber nicht zu heißen Standort. Mittelschwerer Boden, konstante Feuchtigkeit und regelmäßige, aber nicht zu hohe Nährstoffzufuhr. Bei starker Grunddüngung und Trockenheit Salzschäden!
Vermehrungsart und -zeit: Aussaat Februar bis April bei 18 bis 20 °C. Keimzeit 15 bis 25 Tage. 5 600 Korn pro Gramm. Bedarf für 1000 Töpfe 1 bis 2 g. Vermehrung durch Kopfstecklinge bei 20 bis 22 °C, November bis März.
Anzucht: Je 2 bis 3 Sämlinge oder Stecklinge in Multitopfplatten pikieren, später in 8- bis 9-cm-Töpfe! Temperatur 14 bis 16 °C.

Brassica oleracea var. acephala ⊙ (W)

Synonym: –
Familie: Brassicaceae.
Deutscher Name: Farbiger Zierkohl.
Heimat/Herkunft: Kulturformen, meist F_1-Hybriden.
Wuchsform: Krautig aufrecht, auf etwa 30 cm hohem Strunk bilden sich kompakte Blattrosetten, die gegen Herbst intensiv ausgefärbt sind.
Pflanzenhöhe: 30 bis 40 cm.
Blütenfarbe: Gelb.
Blütezeit: Erst im zweiten Jahr.
Verwendung: Zur Ausschmückung von Schalen, Rabatten und für Dekorationen. Die in Töpfen kultivierten Pflanzen werden tief eingesenkt.
Standortansprüche: Sonnige Lage, mittelschwerer Boden mit guter Nährstoffversorgung. Erträgt im Herbst auch leichte Fröste.
Vermehrungsart und -zeit: Aussaat April bis Juni in Folgesaaten bei 15 °C. Keimdauer 1 Woche. 350 Korn pro Gramm. Bedarf für 1000 Pflanzen 10 g.
Anzucht: Pikieren in Kisten oder Frühbeetkästen. Später Anzucht in 15-cm-Töpfen in nährstofffreiches Substrat mit Lehmanteil. Kühle Herbsttemperaturen intensivieren die Ausfärbung.
Besonderheiten: Anfällig für Kohlhernie, daher Standortwechsel notwendig.

△ 56a Brassica oleracea var. acephala
▽ 56b Brassica oleracea var. acephala

▽ 56c Brassica oleracea var. acephala

Brassica oleracea var. sabellica ⊙ ♃ Ⓝ

Synonym: B. Sabellica-Gruppe.
Familie: Brassicaceae.
Deutscher Name: Hoher, gekrauster Zierkohl, Braunkohl, Federkohl.
Heimat/Herkunft: Zuchtform.
Wuchsform: Kräftiger Spross, der seitlich ausladend leicht überneigende Blätter hervorbringt. Die Blätter sind dicht gekraust und in der Farbe dunkelgrün mit purpurrotem Einschlag.
Pflanzenhöhe: 60 bis 70 cm.
Blütenfarbe: –
Blütezeit: –
Verwendung: Dekorative Blattpflanze in Einzelstellung oder in kleinen Gruppen in größeren, niederen bis halbhohen Rabatten mit Sommerblumen gemischt.
Standortansprüche: Sonniger Standort, frischer, nährstoffreicher Boden.
Vermehrungsart und -zeit: Aussaat April bis Mai bei 15 °C. Bedarf für 1 000 Pflazen 10 g.
Anzucht: Pikieren direkt in Endtopf von mind. 12 cm ∅. Hohen pH-Wert von 6,5 bis 7,3 beachten. Wegen Kohlhernie nur steriles Substrat verwenden.
Besonderheiten: Neuere, sehr dekorative Pflanzenart, die auch als Gemüse wie Grünkohl (Federkohl) Verwendung findet.

△ 57a Brassica oleracea var. sabellica
▽ 57b Browallia speciosa

Browallia speciosa ⊙ ♃ ♄ Ⓚ

Synonym: B. major.
Familie: Solanaceae.
Deutscher Name: Ansehnliche Browallie, Veilchenbusch, Saphir-Veilchenbusch.
Heimat/Herkunft: Kolumbien.
Wuchsform: Krautig aufrecht, verzweigt mit lanzettlichen Blättern. Aus den oberen Blattachseln erscheinen die glockenförmigen Blüten.
Pflanzenhöhe: 15 bis 25 cm.
Blütenfarbe: Blau, Weiß.
Blütezeit: Mai bis Oktober.
Verwendung: Als Gruppenpflanze in Rabatten, Schalen oder auf Gräbern. Auch beliebte Topfpflanze.
Standortansprüche: Halbschattige Lage, durchlässiger, mittelschwerer nährstoffreicher Boden.
Vermehrungsart und -zeit: Aussaat für Freilandschmuck Januar bis Februar in Kisten bei 18 bis 20 °C. Für Topfpflanzen Aussaat in Sätzen das ganze Jahr durch. Keimzeit 20 bis 25 Tage. 4 200 Korn pro Gramm. Bedarf für 1 000 Pflanzen 1 g.
Anzucht: Pikieren in Kisten, je 3 Sämlinge zusammen. Eintopfen in 8- bis 10-cm-Töpfe in lehmig humoses Substrat. Pinzieren bringt buschige Pflanzen.
Besonderheiten: Diese Art kann auch aus Stecklingen vermehrt werden.

△ 58a Brugmansia × candida
▽ 58b Brugmansia suaveolens

Brugmansia × candida ♄ ♄ D Ⓚ

Synonym: Datura × candida.
Familie: Solanaceae.
Deutscher Name: Engelstrompete
Heimat/Herkunft: Kreuzung aus B. aurea × B. versicolor.
Wuchsform: Strauch mit starkem, aufrechtem bis leicht verzweigtem Wuchs. Die bis 30 cm langen Blätter sind lanzettlich, grün und weich. Die langen trompetenförmigen Blüten weisen lange, dünne Zipfel auf. Die Blüten sind einfach bis gefüllt.
Pflanzenhöhe: Bis über 1,5 m.
Blütenfarbe: Weiß und Gelb.
Blütezeit: Ab Juni bis Oktober.
Verwendung: Als Kübelpflanze oder als Solitär in Sommerblumenrabatten.
Standortansprüche: Erträgt volle Sonne bis Halbschatten. Gut düngen, nicht zu torfige Erde verwenden.
Vermehrungsart und -zeit: Durch Teil- und Kopfstecklinge das ganze Jahr über möglich, jedoch besser während der Winterruhe von November bis März.
Anzucht: Nährstoffreiches, lehmhaltiges Substrat verwenden. Nach Bedarf in größere Töpfe umpflanzen. Frostfrei überwintern, auch ohne Licht möglich. Nicht austrocknen lassen. Temperatur 4 bis 12 °C.
Besonderheiten: Die Blätter sind giftig. Gelbe Blätter weisen auf Nährstoffmangel hin. Reichlich düngen!

Brugmansia suaveolens ♄ ☠ D Ⓚ

Synonym: Datura suaveolens.
Familie: Solanaceae.
Deutscher Name: Stechapfel, Engelstrompete, Duftende Engelstrompete.
Heimat/Herkunft: Brasilien.
Wuchsform: Aufrecht, dickstämmig, mit weichem Holz oder krautig, verzweigt. Lanzettliche Blätter in frischem Grün. Blüten glockenartig, bis 30 cm lang, hängend.
Pflanzenhöhe: Je nach Alter 80 cm bis 1,5 m.
Blütenfarbe: Weiß, Gelblich, Rosa.
Blütezeit: August bis Oktober.
Verwendung: Meist als Kübelpflanze, aber auch als Solitär in größeren Sommerblumenrabatten.
Standortansprüche: Sonnig bis halbschattig, sehr nährstoffreiches, eher mittelschweres Substrat. Im Winter im kühlen Keller oder Wintergarten. Den Sommer über stets feucht halten und fleißig düngen. In Rabatten mit den Kübeln einsenken.
Vermehrungsart und -zeit: Februar bis April, durch nicht zu weiche Teilstecklinge bei 20 bis 22 °C. Ideal Sprühnebelvermehrung. **Anzucht:** Bewurzelte Stecklinge in mittelschweres, gut mit Nährstoffen versorgtes Substrat in 9-cm-Töpfe pflanzen, später in größere. Jeweils im Frühjahr beim Austrieb starker Rückschnitt und Umpflanzen.

Calceolaria integrifolia

♄ (K)

Synonym: C. rugosa.
Familie: Scrophulariaceae.
Deutscher Name: Pantoffelblume, Pantöffeli.
Heimat/Herkunft: Chile.
Wuchsform: Krautig bis halbstrauchig, aufrecht, verzweigt mit rispigen Blütenständen.
Pflanzenhöhe: 30 bis 40 cm.
Blütenfarbe: Gelb, neuerdings auch Rot.
Blütezeit: Juni bis Oktober.
Verwendung: Fenster- und Balkonschmuck, Gräber, Pflanzschalen, guter Farbkontrast zu Blau und Violett.
Standortansprüche: Sonnig bis halbschattig, nicht geeignet für extrem heiße Lagen, dafür sehr gut in kühleren Höhenlagen von 800 bis 1 500 m ü. M. Gleichmäßige Feuchtigkeit und Nährstoffzufuhr!
Vermehrungsart und -zeit: Das es heute sehr gute F_1-Hybridsorten gibt, wird die Aussaat von November bis Januar vorgezogen. Keimtemperatur 18 °C. Keimzeit 20 Tage. 36 000 Korn pro Gramm. Bedarf für 1 000 Pflanzen 2 Portionen, d. h. 0,125 g. Bei ausgeglichenen Selektionen Stecklingsvermehrung von Januar bis Februar bei 14 bis 15 °C.
Anzucht: Pikieren, Pinzieren, Eintopfen in 9-cm-Topf. Nur mäßig gedüngte Substrate verwenden.

△ 59a Calceolaria integrifolia

Calendula officinalis

⊙ ⊙⊙ (N)

Synonym: –
Familie: Asteraceae.
Deutscher Name: Ringelblume, Garten-Ringelblume.
Heimat/Herkunft: Südeuropa.
Wuchsform: Krautig aufrecht, verzweigt mit spatelförmigen Blättern und endständigen Blüten.
Pflanzenhöhe: 20 bis 30 cm, je nach Sorte.
Blütenfarbe: Gelb, Orange.
Blütezeit: Juni bis Oktober.
Verwendung: Für Rabatten und Schnittkultur. Altbewährte Arzneimittelpflanze.
Standortansprüche: Mittelschwerer, durchlässiger Boden mit guter Nährstoffversorgung bei sonnigem bis halbschattigem Standort. Calendula bereits im April ins Freie pflanzen.
Vermehrungsart und -zeit: Aussaat von Februar bis Mai in Kisten oder später direkt ins Freiland. Folgesätze bis Juni. Keimtemperatur 14 bis 16 °C. 150 Korn pro Gramm. Bedarf für 1 000 Pflanzen 15 g. Samt sich im Garten oft selbst aus.
Anzucht: Pikieren oder Eintopfen in 8- bis 9-cm-Topf. Anzuchttemperatur relativ kühl bei 6 bis 8 °C. Nicht zu nass halten. Die Pflanzen bleiben dadurch kompakter und blühen früher.

△ 59b Calendula officinalis
▽ 59c Calendula officinalis

△ 60a Calibrachoa 'Million Bells'
▽ 60b Calibrachoa 'Million Bells'

△ 60c Calistephus chinensis, einfach
▽ 60d Calistephus chinensis, niedere Beetsorte

Calibrachoa 'Million Bells' ⊙

Synonym: Bis jetzt als Petunia 'Million Bells' im Handel.
Familie: Solanceae.
Deutscher Name: Millionenblütige Petunie.
Heimat/Herkunft: Zuchtform aus Japan.
Wuchsform: Krautig, breit verzweigt und kompakt wachsend. Die lanzettlichen bis ovalen Blätter sind kleiner als bei Petunien. Es bilden sich zahlreiche kleine Trichterblüten, die die Pflanzen bei guter Nährstoffversorgung oft komplett überdecken.
Pflanzenhöhe: 30 bis 50 cm.
Blütenfarbe: Weiß, Champagnerfarben, Rot und Blau.
Blütezeit: Mai bis Oktober.
Verwendung: In Balkonkisten, Pflanzschalen und „Hanging Baskets".
Standortansprüche: Sonnig bis halbschattig, erträgt windige Lagen.
Vermehrungsart und -zeit: Nur durch Stecklinge aus lizenzierten Jungpflanzenbetrieben; diese Sorten sind geschützt.
Anzucht: Erhaltene Jungpflanzen in 8- bis 9-cm-Töpfe pflanzen und genügend Abstand lassen, damit sie sich breit entwickeln können.
Besonderheiten: Diese Art ist sehr nährstoffbedürftig und muss daher nachhaltig mit Nährstoffen versorgt werden. Auch fördert ein teilweiser Rückschnitt neue Jungtriebe mit erhöhter Blühwilligkeit.

Callistephus chinensis ⊙ ✂

Synonym: Aster chinensis.
Familie: Asteraceae.
Deutscher Name: Sommer- oder Chinaaster.
Heimat/Herkunft: Mittel-, Nord- bis Ostasien.
Wuchsform: Krautig aufrecht, verzweigt. Blütenformen je nach Gruppe verschieden: einfach, pompon oder strahlenförmig, dicht gefüllt.
Pflanzenhöhe: Je nach Gruppe von 20 bis 80 cm.
Blütenfarbe: Weiß, Cremegelb, Rosa, Rot, Blau.
Blütezeit: Von August bis September.
Verwendung: Je nach Pflanzenhöhe reine Beetsorten (niedere) und reine Schnittsorten.
Standortansprüche: Jedes Jahr Standortwechsel oder den Boden vorher gut desinfizieren wegen Fusariumwelke- und Fußkrankheiten. Nur resistente Sorten anbauen. Mittelschwerer, durchlässiger und mäßig mit Nährstoffen versorgter Boden. Sonnig bis halbschattig.
Vermehrungsart und -zeit: Aussaat Ende März bis April, Folgesätze eventuell Mai bis Juni in Kästen. Sterile Erde. Keimtemperatur 15 °C. Keimzeit 8 bis 14 Tage. 450 Korn pro Gramm. Bedarf für 1 000 Pflanzen 3 bis 5 g.
Anzucht: Sämlinge pikieren oder weite Saat in Kästen. Eintopfen in Multitopfplatten für Verkauf. Pflanzen ins Freie ab Mitte Mai.
Besonderheiten: Bei Direktsaat ins Freie zeigt sich weniger Ausfall durch die Asternwelke.

Campanula medium

Synonym: –
Familie: Campanulaceae.
Deutscher Name: Marienglockenblume.
Heimat/Herkunft: Nord- bis Mittelitalien, Südostfrankreich.
Wuchsform: Ein- bis zweijährig, krautig aufrecht, an der Basis verzweigt. Die lanzettlichen Blätter sind grün, weich und leicht behaart. Endständig entwickeln sich aus den Blattachseln große, glockige Blüten, deren Ränder ausgerollt sind.
Pflanzenhöhe: Pflanzenhöhe: Je nach Sorte 40 bis 80 cm.
Blütenfarbe: Blütenfarbe: Weiß, Rosa und Dunkelblau.
Blütezeit: Juni bis August.
Verwendung: In lockeren Gruppen in Rabatten, hohe Sorten als gute Schnittblumen.
Standortansprüche: Sonnige bis halbschattige Lage, jedoch keine zu große Hitze. Nährstoffreicher, mittelschwerer Boden.
Vermehrungsart und -zeit: Ausaat März bis April bis 20 °C.
Anzucht: Nach dem Eintopfen zerst relativ warm kultivieren bei 15 bis 18 °C, später bei 8 bis 10 °C, also deutlich kühler und luftiger halten.

△ 61a Capanula medium
▽ 61b Canna Cultivars 'Tropicana'

Canna Cultivars 'Tropicana'

Synonym: C. indica.
Familie: Cannaceae.
Deutscher Name: Indisches Blumenrohr mit gestreiften Blättern.
Heimat/Herkunft: Kulturform, Wildform aus Indien.
Wuchsform: Aus dicken, knolligen Wurzelrhizomen entwickeln sich straff aufstrebende, große, ovale bis breit lanzettliche Blätter, die im Gegensatz zur Urform schmal gestreift sind. Grundfarbe orange- bis kupferrot. Im Sommer bis Herbst erscheinen kräftige Blütenähren mit großen Blüten.
Pflanzenhöhe: 1 bis 1,5 m.
Blütenfarbe: Orange bis Rot.
Blütezeit: Ab Juli bis Oktober.
Verwendung: In großen Pflanzschalen oder in Tuffs in größeren Rabatten.
Standortansprüche: Sonnige Lage und sehr nährstoffreicher, mittelschwerer Boden.
Vermehrungsart und -zeit: Teilung der Rhizomknollen.
Anzucht: Frühzeitig (ab Februar) antreiben und in 14-cm-Töpfe pflanzen. Anzucht bei 18 bis 20 °C, später abhärten.
Besonderheiten: Nur durch frühes Antreiben ist eine Sommerblüte zu erreichen. Auffallendes, dekoratives Laub.

Canna indica

♃ K N

Synonym: C. × generalis, C.-Indica-Hybriden.
Familie: Cannaceae.
Deutscher Name: Westindisches Blumenrohr.
Heimat/Herkunft: Westindien.
Wuchsform: Nicht winterharte Staude mit dicken Rhizomknollen. Die Triebe wachsen straff aufrecht mit breit lanzettlichen, grünen oder dunkelroten Blättern. Die leuchtenden Blüten sitzen endständig in dichten Ähren.
Pflanzenhöhe: Je nach Sorte 40 cm bis 1,5 m.
Blütenfarbe: Gelb, Orange, Rosa, Rot, zum Teil gefleckte Sorten.
Blütezeit: Juli bis Oktober.
Verwendung: Markante Gruppenpflanze in Sommerflorrabatten oder großen Pflanzenschalen.
Standortansprüche: Sonnige und warme Lage mit sehr nährstoffreichem Boden, humos bis lehmig.
Vermehrungsart und -zeit: Von Februar bis März überwinterte Rhizomtriebe in Einzelstücke mit je 2 bis 3 gut entwickelten Augen teilen.
Anzucht: Antreiben in flachen Kisten in torfhaltigem Substrat bei 15 bis 16 °C. Bei 15 bis 20 cm Trieblänge eintopfen in 13 bis 14-cm-Töpfe in mittelschweres Substrat. Heller Standort, reichlich düngen. Auspflanzen erst Ende Mai, da sehr frostempfindlich!
Besonderheiten: Im Spätherbst handbreit über dem Boden abschneiden. Rhizomknollen kühl bei 4 bis 8 °C überwintern.

△ 62a Canna indica, grünlaubig
▽ 62b Canna indica, dunkellaubig

Carthamus tinctorius ⊙ ☠ Ⓝ

Synonym: –
Familie: Asteraceae.
Deutscher Name: Färber-Distel, Färber-Saflor, Falscher Safran.
Heimat/Herkunft: Westasien, auch in Südeuropa natürlich vorkommend.
Wuchsform: Krautig aufrecht, verzweigt mit sitzenden lanzettlichen, grünen Blättern, die am Rande deutlich gezähnt sind. Endständig entwickeln sich runde, kugelige Blütenkörbe, die von zahlreichen Hüllblättern umgeben sind.
Pflanzenhöhe: 20 bis 60 cm.
Blütenfarbe: Gelborange.
Blütezeit: Juli bis August.
Verwendung: Als Schnitt- und Trockenblume sowie Farbstoffgewinnung aus den Blüten.
Standortansprüche: Sonniger Standort in mittelschwerem, aber durchlässigem Boden.
Vermehrungsart und -zeit: Aussaat März bis April bei 18 bis 20 °C. Keimzeit 10 bis 14 Tage. Für 1 000 Pflanzen 10 g Samen.
Anzucht: Pikieren und Eintopfen, mäßig warm halten.
Besonderheiten: Auch Arzneipflanze: Abführende Wirkung bei Verstopfung.

△ 63a Carthamus tinctoria
▽ 63b Celosia argentea Cristata-Grp.

Celosia argentea Cristata-Grp. ⊙ Ⓝ

Synonym: C. argentea var. 'Cristata'.
Familie: Amaranthaceae.
Deutscher Name: Hahnenkammcelosie, Silber-Brandschopf.
Heimat/Herkunft: Kulturformen.
Wuchsform: Krautig aufrecht mit hellgrünem, lang lanzettlichem Laub. Nach der Anlage von endständigen Blütenanlagen entwickeln sich runde, halbkugelige Blütenköpfe durch Verbänderungen (Hahnenkammform).
Pflanzenhöhe: 20 bis 25 cm, hohe Sorten 60 cm bis 1,2 m.
Blütenfarbe: Gelb, Orange, Rosa, Rot.
Blütezeit: Von Mai bis September/Oktober.
Verwendung: Vorwiegend als Topfpflanze, zum Teil auch in Rabatten und Pflanzschalen, hohe Sorten für den Schnitt.
Standortansprüche: Sonnige und warme Lage, tiefgründiger, durchlässiger, eher sandig- lehmiger Boden, pH-Wert bei 6,5 bis 7,5. Hohe Nährstoffgaben und Trockenheit meiden.
Vermehrungsart und -zeit: Aussaat Februar bis April in Kisten. Keimtemperatur 18 °C. Keimzeit 8 bis 14 Tage. 2 000 Korn pro Gramm. Bedarf für 1 000 Pflanzen 1,5 bis 2 g.
Anzucht: Pikieren in Kisten oder in Endtopf 8 bis 9 cm ∅. Für Topfkultur 10- bis 11-cm-Topf wählen. Nur mäßig gedüngtes Substrat (Salzschäden!).
Besonderheiten: Nässestau vermeiden. Auch für Trockenbinderei verwendbar.

△ 64a Celosia argentea Plumosa-Grp.
▽ 64b Celosia argentea Plumosa-Grp.

Celosia argentea Plumosa-Gruppe ⊙ Ⓝ

Synonym: C. plumosa, C. argentea var. plumosa, C. cristata 'Plumosa'.
Familie: Amaranthaceae.
Deutscher Name: Federbuschcelosie, Brandschopf.
Heimat/Herkunft: Kulturformen.
Wuchsform: Krautig aufrecht mit dichter Verzweigung und pyramidalen Blütenständen.
Pflanzenhöhe: Je nach Sorte 25 bis 80 cm.
Blütenfarbe: Cremegelb, Goldgelb, Orange, Rot.
Blütezeit: Nach Anzuchttermin Mai bis September.
Verwendung: Vielseitig verwendbar. Niedere Sorten: Rabatten, Pflanzschalen. Höhere Sorten: Rabatten, Schnittblumen, Trockenblumen.
Standortansprüche: Sonnige und warme Lage, durchlässiger, humusarmer, sandiger Lehmboden mit hohem pH-Wert von 6,5 bis 7,5!
Vermehrungsart und -zeit: Aussaat in Sätzen von Februar bis April in Kisten mit sterilem, etwas sandigem Substrat. Keimtemperatur 18 °C. Keimzeit 8 bis 14 Tage. 2000 Korn pro Gramm. Bedarf für 1000 Pflanzen 1,5 bis 2 g.
Anzucht: Pikieren in durchlässiges Substrat mit nicht zu hohen Nährstoffreserven. Anzucht bei 16 °C, später 14 °C. Verkaufstopf von 8 cm ∅.

▽ 64c Celosia argentea Spicata-Grip.

Celosia argentea Spicata-Gruppe ⊙

Synonym: C. spicata.
Familie: Amaranthaceae.
Deutscher Name: Celosie 'Venezuela'.
Heimat/Herkunft: Tropisches Afrika, Zuchtformen.
Wuchsform: Straff aufrecht mit etwas sparriger Verzweigung. Die dunkelgrünen, schmal lanzettlichen Blätter stehen gegenständig. Die ährigen, kompakten Blütenstände bilden sich endständig, sie sind etwas strohig.
Pflanzenhöhe: Je nach Sorte 20 bis 50 cm.
Blütenfarbe: Meist Zartrosa, mitunter auch in Weiß.
Blütezeit: Mai bis Oktober.
Verwendung: Meist als Zimmerpflanze, aber auch in Rabatten und als Schnitt- und Trockenblume beliebt.
Standortansprüche: Sonnig warme Lage und durchlässiger Boden. Dauernde Nässe meiden!
Vermehrungsart und -zeit: Kopfstecklinge, ab Februar bei 18 bis 20 °C.
Anzucht: Durchlässiges Substrat, frühzeitig pinzieren, um kompakte Pflanzen zu erzielen.

Centaurea cyanus

⊙ ✂

Synonym: Cyanus arvensis.
Familie: Asteraceae.
Deutscher Name: Kornblume, Flockenblume.
Heimat/Herkunft: Mittelmeerregion.
Wuchsform: Krautig aufrecht, verzweigt, mit lang lanzettlichen Blättern, Blüten endständig. Benötigt Stütze.
Pflanzenhöhe: Je nach Sorte 30 bis 90 cm.
Blütenfarbe: Hauptfarbe Tiefblau, außerdem Weiß, Rosa, Purpurrot.
Blütezeit: Juni bis September.
Verwendung: Zur Auflockerung von größeren Sommerblumenrabatten, aber besonders beliebt als Schnittblume.
Standortansprüche: Mittelschwerer, nährstoffreicher Boden, sonnig bis halbschattig.
Vermehrungsart und -zeit: Aussaat für Freilandanbau von März bis April. Keimtemperatur 15 °C, Keimdauer 14 bis 20 Tage. 220 bis 250 Korn pro Gramm. Bedarf für 1000 Pflanzen 10 g.
Anzucht: Pikieren in Multitopfschalen mit 7 bis 8 cm Ø in humoses Substrat mit Landerdeanteil. Anzucht kühl bei 10 bis 12 °C.
Besonderheiten: Kornblumen ertragen auch mittlere Fröste, daher ist bei guter Abhärtung eine frühe Pflanzung ab April möglich.

△ 65a Centaurea cyanus
▽ 65b Centradenia floribunda 'Cascade'

Centradenia floribunda 'Cascade'

♄ Ⓦ ⊙ ✂

Synonym: –
Familie: Melastomataceae.
Deutscher Name: Kaskadenblume, Centrademia.
Heimat/Herkunft: Urform aus Zentralamerika.
Wuchsform: Krautig aufrecht bis später überhängend, locker verzweigt. Die langovalen, gegenständigen Bätter von 5 bis 7 cm Länge und 2 cm Breite sind weich, kupferfarbig und flaumig behaart. Mit zunehmendem Alter verholzen die Triebe etwas.
Pflanzenhöhe: 50 bis 80 cm im Ø.
Blütenfarbe: Die 10 bis 15 mm großen, intensiv rosafarbenen Blüten besitzen 4 Blütenblätter und gebogene, krallenartige Staubblätter.
Blütezeit: Ab April bis in den Oktober mit Hauptblüte von Mai bis Juni. Nach kurzen Ruhezeiten erscheinen neue Blüten, auch an älteren Trieben.
Verwendung: Als Ampelpflanze, in größeren Balkongefäßen oder als Unterpflanzung bei Kübelpflanzen.
Standortansprüche: Sonnig bis halbschattig, jedoch nicht zu heißer Standort, regelmäßig nachdüngen.
Vermehrungsart und -zeit: Kopf- und Teilstecklinge von März bis Mai.
Anzucht: Bewurzelte Stecklinge einzeln oder zu 3 bis 4 in humoses Substrat mit Landerdeanteil pflanzen, anfänglich öfteres pinzieren. Überwinterung: Im Spätherbst mäßig starker Rückschnitt, kühl, aber frostfrei halten. Im Frühjahr bei Neuaustrieb umpflanzen.
Besonderheiten: Anfällig für Weiße Fliege.

△ 66a Clarkia amoena
▽ 66b Clarkia amoena

▽ 66c Cleome hassleriana

Clarkia amoena ☉

Synonym: Godetia grandiflora.
Familie: Onagraceae.
Deutscher Name: Godetie, Atlasblume, Sommerazalee, Clarkie.
Heimat/Herkunft: Kalifornien (USA).
Wuchsform: Krautig, aufrecht verzweigt mit linealischen bis lang lanzettlichen Blättern. Aus den oberen Blattachsen entwickeln sich bis 8 cm große Blüten mit reichem Farbenspiel.
Pflanzenhöhe: 40 bis 50 cm.
Blütenfarbe: Weiß, rosa bis rote Farbtöne.
Blütezeit: Juni bis September.
Verwendung: In Rabatten, größeren Schalen und als dankbare aparte Schnittblumen.
Standortansprüche: Sonniger und warmer Standort, nährstoffreicher Boden mit nicht zu frischer Düngung.
Vermehrungsart und -zeit: Aussaat in Kisten von März bis April oder im Mai direkt ins Freiland. Keimtemperatur 15 °C. Keimzeit 8 bis 14 Tage. 1500 Korn pro Gramm. Bedarf für 1000 Pflanzen 5 g.
Anzucht: Pikieren in Schalen oder in 7- bis 8-cm-Töpfe in lehmig humoses Substrat. Direktsaaten ins Freie, auf 20 bis 25 cm auslichten.

Cleome hassleriana ☉

Synonym: C. pungens, C. spinosa.
Familie: Capparaceae.
Deutscher Name: Spinnenblume, Spinnenpflanze.
Heimat/Herkunft: Südamerika.
Wuchsform: Krautig bis leicht verholzend, straff aufrecht mit leichter Verzweigung und langen aufstrebenden Blütentrauben, die ununterbrochen neue Blüten mit langen Staubfäden hervorbringen. Das Blatt ist handförmig geteilt.
Pflanzenhöhe: 80 cm bis 1 m.
Blütenfarbe: Je nach Sorte Weiß, Rosa, Karminrot und Tiefviolett.
Blütezeit: Juli bis Oktober.
Verwendung: Als dominierende Gruppenpflanzen in Tuffs zu 3 bis 5 Stück in größeren Sommerblumenrabatten oder großen Pflanzschalen.
Standortansprüche: Vollsonnige Lage in mittelschweren, nährstoffreichen Böden.
Vermehrungsart und -zeit: Aussaat Mitte März bis Mitte April in Kisten bei 18 bis 20 °C. Keimzeit 2 bis 3 Wochen. 450 Korn pro Gramm. Bedarf für 1000 Pflanzen 5 g.
Anzucht: Pikieren der einzelnen Sämlinge direkt in 8- bis 9-cm-Töpfe in mittelschweres Substrat. Anzucht bei 15 °C an hellem Standort.

△ 67a Cleome hassleriana, weiss

△ 67b Cleome hassleriana, 'Rosakönigin'
▽ 67c Cobaea scandens

Cobaea scandens

⊙ ♄

Synonym: –
Familie: Cobaeaceae.
Deutscher Name: Glockenrebe.
Heimat/Herkunft: Mexiko.
Wuchsform: Einjährige Kletterpflanze mit starkem Wuchs, krautig, gut verzweigt. Die Blüten sind glockenförmig
Pflanzenhöhe: Je nach Standort und Bodenbeschaffenheit 2 bis 4 m.
Blütenfarbe: Blauviolett bis Weinrot.
Blütezeit: Juli bis Oktober.
Verwendung: Starker Kletterer an Stäben, Schnüren, Drähten oder an Mauern, zur Begrünung oder Beschattung von Balkonen, Wänden, Pergolen.
Standortansprüche: Unbedingt nährstoffreiche, mittelschwere Substrate und nicht zu kleine Pflanzgefäße. Von Sommer bis Herbst laufend flüssig nachdüngen. Sonnig bis halbschattig.
Vermehrungsart und -zeit: Direktaussaat von März bis April je 3 bis 4 Korn in 10- bis 12-cm-Töpfe. Keimtemperatur 18 bis 22 °C. Keimdauer 2 bis 3 Wochen. 15 Korn pro Gramm. Bedarf für 1 000 Töpfe 120 g.
Anzucht: Stäbe von mindestens 80 cm frühzeitig einstecken und die Triebe laufend anheften. 14 bis 15 °C.
Besonderheiten: Im Schatten unterbleibt die Blütenbildung. Haftet an Mauern selbst.

△ 68a Coleostephus multicaulis
▽ 68b Consolida ajacis

Coleostephus multicaulis ⊙

Synonym: Chrysanthemum multicaule.
Familie: Asteraceae.
Deutscher Name: Gelbe, vielstielige Zwergmargerite.
Heimat/Herkunft: Algerien.
Wuchsform: Krautig, flach liegend, gut verzweigt mit aufrechten Blütenstielen.
Pflanzenhöhe: 20 bis 25 cm.
Blütenfarbe: Goldgelb.
Blütezeit: Juni bis Oktober.
Verwendung: Bodendecker für Rabatten, Einfassungen, Pflanzschalen, Gräber und als Balkonschmuck.
Standortansprüche: Sonnige Lage, Trockenperioden werden gut ertragen. Sandige und durchlässige Böden sind daher gut geeignet.
Vermehrungsart und -zeit: Aussaat im März in Kisten. Keimtemperatur 15 °C. Keimzeit 2 Wochen. 600 Korn pro Gramm. Bedarf für 1000 Pflanzen 5 g.
Anzucht: Je 2 bis 3 Sämlinge pikieren, in Kisten oder direkt in 7- bis 8-cm-Töpfe. Erde humos bis mittelschwer. Temperatur 8 bis 10 °C.
Besonderheiten: Mit Alar-Behandlungen kann der Wuchs niedriger gehalten werden. Anfällig für Miniermaden, Schneckenfraß und Echten Mehltau. Vorbeugend Pflanzenschutz betreiben.

Consolida ajacis ⊙ ✂

Synonym: C. ambigua, Delphinium ajacis.
Familie: Ranunculaceae.
Deutscher Name: Einjähriger Rittersporn, Hyazinthenblütiger Sommerrittersporn.
Heimat/Herkunft: Mittelmeerregion.
Wuchsform: Krautig, straff aufrecht mit ästiger Verzweigung. Sehr fein gefiedertes Laub. Die gefüllten Blüten sitzen an langen Blütenähren.
Pflanzenhöhe: 1–1,2 m.
Blütenfarbe: Weiß, Rosa, Karminrot, Blau.
Blütezeit: Juni bis September.
Verwendung: Als Gruppenpflanze beliebt, wie auch als Schnitt- und Trockenblume.
Standortansprüche: Sonnig bis halbschattig, durchlässiger, mittelschwerer, aber nährstoffreicher Boden.
Vermehrungsart und -zeit: Aussaat Februar bis April in Kisten oder im Kasten bei 10 °C. Keimzeit 20 bis 30 Tage. 500 Korn pro Gramm. Bedarf für 1000 Pflanzen 5 g.
Anzucht: Pikieren in 6- bis 7-cm-Töpfe in lehmig humoses Substrat. Kühle Anzucht, erträgt sogar leichte Fröste. Muss gut ernährt werden.
Besonderheiten: Für Trockenblumen beim Aufblühen schneiden und hängend trocknen lassen.

Convolvulus sabatius ♃ ♄

Synonym: C. mauritanicus.
Familie: Convolvulaceae.
Deutscher Name: Baue Mauritiuswinde, Kriechende Winde.
Heimat/Herkunft: Küsten Italiens bis Nordwestafrikas.
Wuchsform: Staude bis Halbstrauch, vieltriebig. Die Triebe sind überhängend und tragen ovalrunde, silbergrau-grüne Blätter. Aus den Blattachseln entwickeln sich mittelgroße Trichterblüten, die sich nachts schließen.
Pflanzenhöhe: Über 1 m.
Blütenfarbe: Hellblau bis Violett.
Blütezeit: Mai bis Oktober.
Verwendung: Ampelpflanze oder für Rabatten; an Hanglagen. Unbedingt auf die Pflanzengröße Rücksicht nehmen.
Standortansprüche: Sonnig bis halbschattig, nährstoffreiches lehmig humoses Substrat. Mäßige Nachdüngung nicht vernachlässigen. Ein gelegentlicher Rückschnitt fördert die Verzweigung.
Vermehrungsart und -zeit: Aussaat von Februar bis März bei 15 bis 18 °C. Kopfstecklinge ab Herbst bis Winter bei 18 bis 20 °C.
Anzucht: Jungpflanzen pinzieren, eintopfen und abhärten.
Besonderheiten: Diese Pflanzenart kann bei 10 °C überwintert werden. Rückschnitt auf 1/3 im Spätherbst und mäßig feucht halten.

△ 69a Concolvulus sabatius
▽ 69b Concolvulus tricolor

Convolvulus tricolor ♃ ⊙

Synonym: –
Familie: Convolvulaceae.
Deutscher Name: Dreifarbige Trichterwinde.
Heimat/Herkunft: Mittelmeerländer, Portugal, Nordwestafrika.
Wuchsform: Krautig, breit verzweigt mit mittelgroßen, trichterförmigen Blüten aus den Blattachseln.
Pflanzenhöhe: 25 cm.
Blütenfarbe: Tiefblau mit weißem bis gelbem Schlund.
Blütezeit: Juni bis September.
Verwendung: Rabatten und Pflanzschalen.
Standortansprüche: Sonnige Lage, humoser bis lehmhaltiger Boden mit guter Durchlässigkeit. Der Nährstoffvorrat darf nicht zu groß sein (salzempfindlich).
Vermehrungsart und -zeit: Aussaat im März, je 3 Korn direkt in 8- bis 9-cm-Topf oder in Multitopfplatten. Keimtemperatur 15 bis 18 °C. Keimzeit 2 bis 3 Wochen. 100 Korn pro Gramm. Bedarf für 1 000 Töpfe 40 g.
Anzucht: Weiterkultur hell, bei zunächst 13 bis 15 °C, später absenken auf 8 bis 10 °C.

△ 70a Cordyline indivisa
▽ 70b Coreopsis grandiflora

Cordyline indivisa

Synonym: Dracaena indivisa.
Familie: Agavaceae.
Deutscher Name: Keulenlilie, Keulenbaum.
Heimat/Herkunft: Neuseeland.
Wuchsform: Straff aufrechter, unverzweigter Stamm, verholzend. Blätter sehr schmal lanzettlich, dunkelgrün und relativ hart, aufrecht bis leicht überhängend. Sehr dekorativ.
Pflanzenhöhe: 50 cm bis 1,5 m.
Blütenfarbe: Weiß.
Blütezeit: Nur im Alter von mehreren Jahren endständig in Rispen.
Verwendung: Zur Auflockerung in Rabatten, Pflanzschalen und auf Gräbern. Große Pflanzen als Kalthaus- und Kübelpflanze.
Standortansprüche: Sonnige bis schattige Lagen, mittelschweres, nahrhaftes Substrat. Nicht winterhart, daher Überwinterung in Töpfen oder Kübeln im kühlen Keller bei 6 bis 10 °C. Nie austrocknen lassen! Die Pflanzen mit den Gefäßen in die Erde einsenken.
Vermehrungsart und -zeit: Aussaat das ganze Jahr über möglich, in Schalen bei 18 bis 20 °C in durchlässiges Substrat. Stets feucht halten. Keimzeit 35 bis 40 Tage. 180 Korn pro Gramm. Bedarf für 1000 Pflanzen 50 g.
Anzucht: Eintopfen in 7- bis 8-cm-Töpfe in lehmig humoses Substrat. Später in größere Gefäße und etwas lehmhaltigeres Substrat.

Coreopsis grandiflora

Synonym: –
Familie: Asteraceae.
Deutscher Name: Mädchenauge, Schöngesicht, Wanzenblume.
Heimat/Herkunft: USA: Georgia, Missouri bis Texas, Florida und Neu Mexiko.
Wuchsform: Krautig, an der Basis breit verzweigt mit straffen, schlanken, teils verzweigten Blütenstielen, die einfache bis halbgefüllte, große Blüten tragen.
Pflanzenhöhe: Je nach Sorte 40 bis 90 cm.
Blütenfarbe: Reingelb und Gelb mit rotbraunem Ring.
Blütezeit: Juni bis Oktober.
Verwendung: Für größere Rabatten und Pflanzschalen sowie als dankbare Schnittblumen.
Standortansprüche: Sonnig bis halbschattig, mittelschwerer, nahrhafter Boden.
Vermehrungsart und -zeit: Aussaat Februar bis April in Kisten oder Kästen bei 15 °C. Keimzeit 15 bis 20 Tage. 450 Korn pro Gramm. Bedarf für 1000 Pflanzen 5 g.
Anzucht: Pikieren in Kisten. Später in 8- bis 10-cm-Töpfe in nahrhaftes, lehmig humoses Substrat pflanzen und bei 5 bis 10 °C weiterkultivieren.

Cosmos bipinnatus ☉ ✂

Synonym: Bidens formosa.
Familie: Asteraceae.
Deutscher Name: Schmuckkörbchen, Kosmee.
Heimat/Herkunft: Mexiko bis Brasilien.
Wuchsform: Krautig aufreht und verzweigt, starker Wuchs, doppelt gefiedertes, sehr feines und zierliches, frischgrünes Laub. Endständig einfache, flache Blüten.
Pflanzenhöhe: Je nach Sorte 1–1,3 m.
Blütenfarbe: Weiß, Rosa, Rot, zum Teil zweifarbig mit dunkler Mitte.
Blütezeit: Juli bis Oktober.
Verwendung: Für größere Pflanzenrabatten oder Pflanzgefäße, aber auch als Schnittblume für Sommersträuße.
Standortansprüche: Sonnig bis halbschattig, mittelschwerer, mit Nährstoffen gut versorgter Boden.
Vermehrungsart und -zeit: Aussaat bis Mitte April im Kasten oder Direktsaat in 7-cm-Topf. Keimtemperatur 18 °C. Keimdauer 2 bis 3 Wochen. 160 Korn pro Gramm. Bedarf für 1000 Pflanzen 10 g.
Anzucht: Sämlinge pikieren oder direkt in 7- bis 8-cm-Topf pflanzen. Anzuchtsubstrat. 15 °C bei hellem Standort, abhärten.
Besonderheiten: Verblühte Blütenstände ausschneiden erhöht die Blühwilligkeit.

△ 71a Cosmos bipinnatus
▽ 71b Cosmos sulphureus

Cosmos sulphureus ☉

Synonym: –
Familie: Asteraceae.
Deutscher Name: Gelbes Schmuckkörbchen.
Heimat/Herkunft: Mexiko bis Brasilien.
Wuchsform: Krautig aufrecht und breit verzweigt, sehr reich blühend, halbgefüllt, Blüten auf drahtigen Stielen.
Pflanzenhöhe: Je nach Sorte 35 bis 60 cm.
Blütenfarbe: Gelb, Orange, Rot.
Blütezeit: Juni bis Oktober.
Verwendung: Rabatten und größere Pflanzschalen.
Standortansprüche: Sonnig bis halbschattig, nährstoffreicher, mittelschwerer Boden.
Vermehrungsart und -zeit: Aussaat April in Kasten oder direkt in 7-cm-Töpfe. Keimtemperatur 18 °C. Keimdauer 2 bis 3 Wochen. 120 Korn pro Gramm. Bedarf für 1000 Pflanzen 20 g.
Anzucht: Sämlinge in 7-cm-Töpfe pflanzen. Anzuchttemperatur 15 °C. Anzuchtsubstrat mit mäßiger Grunddüngung.
Besonderheiten: Verblühte Blütenstände laufend ausschneiden zur Förderung eines reichen Blütenflors.

Craspedia globosa

☉ ♃ ✂ (K)

Synonym: –
Familie: Asteraceae.
Deutscher Name: Trommelschlägel, Gelber Knopf, Junggesellenknopf.
Heimat/Herkunft: Australien.
Wuchsform: Grundständige Blattrosette mit schmalen bis breit lanzettlichen, gefalteten Blättern. Auf langen, drahtigen Blütenschäften sitzen endständig einzelne, kugelige Blütenköpfe.
Pflanzenhöhe: 50 bis 70 cm.
Blütenfarbe: Gelb.
Blütezeit: Juni bis August.
Verwendung: Vereinzelt in niederen Rabatten sowie als Schnitt- und Trockenblume.
Standortansprüche: Sonnige Lage und durchlässiger, mittelschwerer Boden.
Vermehrungsart und -zeit: Aussaat Dezember bis Februar bei 15 bis 18 °C, Keimzeit 14 bis 20 Tage. Bedarf für 1 000 Pflanzen 1 500 Kern.
Anzucht: Pikieren und Eintopfen in 8- bis 9-cm-Töpfe.
Besonderheiten: Als Trockenblume sehr beliebt.

△ 72a Craspedia globosa
▽ 72b Cuphea cyanea

Cuphea cyanea

♃ (K)

Synonym: –
Familie: Lythraceae.
Deutscher Name: Aufrechtes Köcherblümchen.
Heimat/Herkunft: Mexiko.
Wuchsform: Krautig verzweigt mit aufstrebenden Trieben, rundlicher Halbstrauch mit schmalen, ovalen und stachelig behaarten kleinen Blättern. Die Triebe sind dicht mit leicht hängenden Trichterblüten besetzt.
Pflanzenhöhe: 30 cm.
Blütenfarbe: Orangerot, Gelb und Blauviolett, je nach Sorte.
Blütezeit: Mai bis Oktober.
Verwendung: In Rabatten.
Standortansprüche: Sonnige Lage und durchlässiger Boden. Trockenheit meiden.
Vermehrungsart und -zeit: Kopfstecklinge von Januar bis März bei 18 bis 20 °C.
Anzucht: Nach Bedarf Pflanzen pinzieren, eintopfen und abhärten.
Besonderheiten: Bei Trockenheit anfällig für Spinnmilben.

Cuphea ignea

♃ ♄ ♄ (K)

Synonym: C. platycentra.
Familie: Lythraceae.
Deutscher Name: Zigarettenblümchen, Köcherblümchen.
Heimat/Herkunft: Mexiko.
Wuchsform: Krautig bis verholzend, aufrecht mit breiter Verzweigung, glänzend dunkelgrünes, lanzettliches Laub, teilweise mit gelben Flecken.
Pflanzenhöhe: Einjährige Pflanzen 25 bis 30 cm. Hochstämme 1–1,5 m.
Blütenfarbe: Granatrot, Röhre mit schwarzer Zeichnung.
Blütezeit: Dauerblüher von Mai bis Oktober.
Verwendung: Gräber, Rabatten, Pflanzschalen.
Standortansprüche: Sonnig bis halbschattig, mittelschwerer, nahrhafter Boden.
Vermehrungsart und -zeit: Aussaat im März bei 16 bis 18 °C in Kisten. Keimdauer 1 bis 2 Wochen. 750 Korn pro Gramm. Bedarf für 1 000 Pflanzen 5 g. Kopfstecklinge Januar bis März von kompakt wachsenden Mutterpflanzen. Vermehrungstemperatur 18 bis 20 °C.
Anzucht: Je 2 bis 3 Sämlinge in 7-cm-Töpfe oder Multitopfplatten eintopfen. Temperatur 14 bis 16 °C, später abhärten bei 10 bis 12 °C.

△ 73a Cuphea ignea
▽ 73b Cuphea llavea var. llavea

Cuphea llavea var. llavea

♄ (K)

Synonym: C. miniata.
Familie: Lythraceae.
Deutscher Name: Rotes Köcherblümchen.
Heimat/Herkunft: Mexiko.
Wuchsform: Krautig aufrecht bis überhängend, locker verzweigt mit länglich ovalen Blättern. Aus den Blattachseln erscheinen die relativ großen, röhrigen Blüten mit breitem Schlund.
Pflanzenhöhe: 20 bis 30 cm.
Blütenfarbe: Leuchtendes Rot mit Schwarz.
Blütezeit: Mai bis Oktober.
Verwendung: In Rabatten, Pflanzschalen und auf Gräbern.
Standortansprüche: Sonnige Lage in durchlässigem, nährstoffreichem Boden. Bei Trockenheit gießen.
Vermehrungsart und -zeit: Kopfstecklinge von Januar bis März bei 18 bis 20 °C.
Anzucht: Bewurzelte Stecklinge eintopfen und nach Bedarf pinzieren.

△ 74a Dahlia × hortensis, Dekorative Form
▽ 74b Dahlia × hortensis, Pomponform

Dahlia × hortensis

♃ (K)

Synonym: D. × cultorum, D. variabilis, D.-Hybriden.
Familie: Asteraceae.
Deutscher Name: Dahlien, Georginen.
Heimat/Herkunft: Zuchtformen, meist von Arten aus Mexiko.
Wuchsform: Sehr unterschiedliche Wuchsgruppen und Blütenformen. Krautig aufrecht teilweise verzweigt. Im Boden dicht stehende Wurzelknollen. Blüten einfach, anemonenblütig, halbgefüllt und gefüllt in unterschiedlichen Größen. Das Laub ist einfach gefiedert.
Pflanzenhöhe: Zwergdahlien 20 bis 30 cm, Mignondahlien 40 bis 60 cm, Halskrausedahlien 40 cm bis 1 m, Pompondahlien, Balldahlien, Dekorative Dahlie, Seerosendahlien und Kaktus- oder Edeldahlien teilweise über 1,5 m.
Blütenfarbe: Weiß, Gelb, Orangerot, Rosa, Purpurrot, Violett.
Blütezeit: Niedere Beetdahlien ab Juni bis Oktober, höhere Sorten erst ab Juli bis Oktober.
Verwendung: Niedere Sorten für großflächige Beete und für Schalen. Höhere Sorten in größeren Rabatten und als dankbare Schnittblumen.
Standortansprüche: Sonnig warme Lage, Boden von mittelschwerer, durchlässiger Beschaffenheit.
Vermehrungsart und -zeit: Aussaat von niederen Beetsorten, meist in einfacher bis halbgefüllter Mischung, ab Februar in Kisten bei 18 bis 20 °C. Keimdauer 2 bis 3 Wochen. 110 Korn pro Gramm. Bedarf für 1 000 Pflanzen 25 g. Kopfstecklinge ab Februar bis April von angetriebenen Mutterpflanzen. Es werden aus den Wurzelknollen austreibende Sprosse knapp über der Basis abgeschnitten und in ein sandiges Vermehrungssubstrat mit Komposterdeanteil gesteckt. Bewurzelungstemperatur 18 °C. Vermehrung auch durch Teilung der mehrjährigen Wurzelknollen vor dem Pflanzen im Mai.
Anzucht: Sämlinge pinzieren und in 9-cm-Töpfe pflanzen. Bewurzelte Stecklinge pinzieren und in die 9- bis 10-cm-Töpfe pflanzen. Substrat: humose Landerde mit mäßiger Grunddüngung. Temperatur 15 °C, später abhärten und an die volle Sonne gewöhnen. Erst ab Mitte Mai ins Freiland pflanzen.
Besonderheiten: Pflanzenschutz ist unbedingt erforderlich gegen Blattläuse, Trauermückenlarven, Eulenraupen, Schnecken sowie gegen die Entyloma-Blattfleckenkrankheit. Nach dem ersten Frost Pflanzen handbreit über dem Boden abschneiden. Wurzelknollen ausgraben, Erde etwas abschütteln und in frostfreiem Raum überwintern.

Dahlia pinnata

♃ (K)

Synonym: D. rosea, D. variabilis, D.-Hybriden.
Familie: Asteraceae.
Deutscher Name: Kaktusdahlie, Edeldahlie.
Heimat/Herkunft: Mexiko.
Wuchsform: Aus verdickten Wurzelknollen entwickeln sich krautige, aufrechte Triebe, die zum Teil locker verzweigt sind. Das große Blatt ist einfach gefiedert. Endständig entwickeln sich seitlich gestellte, große Blütenstände mit gedrehten Blütenblättern.
Pflanzenhöhe: Je nach Sorte 80 cm bis 1,5 m.
Blütenfarbe: Weiß, Gelb, Orange, Rot, Rosa und Purpur, zum Teil zweifarbig.
Blütezeit: Ab Juni bis zum ersten Frost.
Verwendung: In Gruppen, als Solitär und für den Schnitt.
Standortansprüche: Sonnige Lage und nährstoffreicher Boden.
Vermehrungsart und -zeit: Nur durch Kopfstecklinge im Winter oder durch Teilung der älteren Wurzelknollen.
Anzucht: Wie bei Dahlia × hortensis, aber nur vegetativ.
Besonderheiten: Anfällig für Schneckenfraß.

△ 75a Dahlia pinnata, Kaktus- oder Edeldahlie
▽ 75d Dahlia pinnata, Halbkaktusform

△ 75b Dahlia × hortensis, Halskrauseform
▽ 75c Dahlia × hortensis, Einfache Form

△ 76a Dianthus barbatus

△ 76b Dianthus caryophyllus
▽ 76c Dianthus caryophyllus

Dianthus barbatus ☉ ♃ ✂

Synonym: –
Familie: Caryophyllaceae.
Deutscher Name: Bartnelke.
Heimat/Herkunft: Pyrenäen bis Ostkarpaten, Balkan, Südwestrussland, Mandschurei, China.
Wuchsform: Im ersten Jahr grundständige Rosetten mit lang lanzettlichen Blättern, teilweise an der Basis verzweigt. Im zweiten Jahr straff aufsteigend, endständig breite Trugdolden mit einfachen bis gefüllten Blüten.
Pflanzenhöhe: 40 bis 50 cm.
Blütenfarbe: Weiß, Rosa, Rot, Purpurviolett, ein- und zweifarbig.
Blütezeit: Ende Mai bis Juli.
Verwendung: In Sommerblumenrabatten als Gruppenpflanze oder in Rabatten als Schnittblumen.
Standortansprüche: Sonnig bis halbschattig, mittelschwerer, nährstoffreicher Boden.
Vermehrungsart und -zeit: Aussaat Mai bis Juni in Kästen nicht zu dicht. Keimtemperatur 15 °C. Keimzeit 8 bis 14 Tage. 950 Korn pro Gramm. Bedarf für 1000 Pflanzen 2,5 g.
Anzucht: Bei weiter Saat Direktpflanzung in Rabatten oder Beete, ansonsten Anzucht in 7- bis 8-cm-Töpfen.
Besonderheiten: Vorbeugend Fungizide spritzen gegen Nelkenrost.

Dianthus caryophyllus ♃ ✂

Synonym: –
Familie: Caryophyllaceae.
Deutscher Name: Gartennelke, Landnelke.
Heimat/Herkunft: Südeuropa, nur in Kulturen bekannt.
Wuchsform: Anfangs krautig, später verholzend, straff aufrecht, verzweigt mit gegenständigen lanzettlichen Blättern und endständigen, meist gefüllten Blüten mit angenehmem Duft.
Pflanzenhöhe: Je nach Sortengruppe 20 bis 80 cm.
Blütenfarbe: Weiß, Gelb, Orange, Rosa und Rot.
Blütezeit: Dauerblüher von Juni bis Oktober.
Verwendung: Gartennelken für Rabatten und den Schnitt, niedere Sorten für Fenster- und Balkonschmuck, auch überhängend.
Standortansprüche: Sonnig bis halbschattig, am besten nicht zu heiße Lagen.
Vermehrungsart und -zeit: Gartennelken durch Aussaat Januar bis Februar bei 18 °C. Keimzeit 1 bis 2 Wochen. 500 Korn pro Gramm. Bedarf für 1000 Pflanzen 3 bis 5 g. Topf- und Hängenelken durch Kopfstecklinge September bis November und Januar bis März bei 12 bis 14 °C.
Anzucht: Sämlinge pikieren. Später wie bewurzelte Stecklinge eintopfen in 8- bis 10-cm-Töpfe und pinzieren. Humoses Substrat mit Landerdeanteil. Heller Standort bei 6 bis 10 °C.

Dianthus chinensis ☉ ⊙ ♃ ✂ ▽

Synonym: D. sinsensis.
Familie: Caryophyllaceae.
Deutscher Name: Chinesernelke, Kaisernelke.
Heimat/Herkunft: China, Korea.
Wuchsform: Krautig aufrecht mit an der Basis dichter Verzweigung. Schmal lanzettliche Blätter. Endständige einfache Blüten.
Pflanzenhöhe: Je nach Sorte 10 bis 30 cm.
Blütenfarbe: Weiß, Rosa, Rot, teilweise mit hellem Rand.
Blütezeit: Dank neuen F_1-Hybriden fast ununterbrochener Blütenflor von Juni bis Oktober.
Verwendung: Rabatten, Pflanzschalen, Grabschmuck, Balkon- und Topfpflanze.
Standortansprüche: Mittelschwere, durchlässige Erde mit gutem Humusanteil.
Vermehrungsart und -zeit: Aussaat Januar bis Februar in Kisten. Keimtemperatur 15 °C. Keimdauer 1 bis 2 Wochen. 900 Korn pro Gramm. Bedarf für 1 000 Pflanzen 2 g.
Anzucht: Pikieren, Pinzieren, Eintopfen in 9- bis 10-cm-Topf. Während der Durchwurzelung 16 °C, nachher absenken auf 10 bis 12 °C. CCC-Behandlung ergibt kompaktere Pflanzen.
Besonderheiten: Vorbeugende und direkte Pflanzenschutzmaßnahmen gegen Pilzkrankheiten.

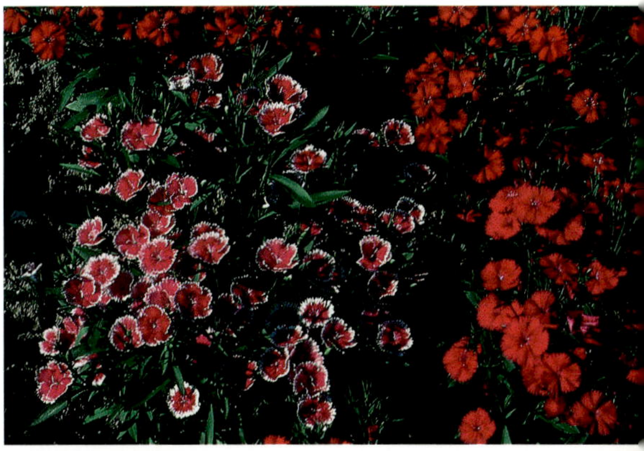

△ 77a Dianthus chinensis
▽ 77b Dianthus chinensis

▽ 77c Digitalis purpurea

Digitalis purpurea ♃ ⊙ ☠

Synonym: –
Familie: Scrophulariaceae.
Deutscher Name: Fingerhut, Roter Fingerhut.
Heimat/Herkunft: West- bis Südeuropa, Nordafrika.
Wuchsform: Zweijährige Pflanze bis mehrjährige Staude, die im ersten Jahr eine Blattrosette mit eirunden bis breit lanzettlichen, weichen Blättern bildet. In den weiteren Jahren kräftig aufsteigende Blütenschäfte mit dicht stehenden, hängenden Glockenblüten in traubigem Blütenstand.
Pflanzenhöhe: 80 cm bis 1,2 m.
Blütenfarbe: Purpurrot, Rosa, Weiß.
Blütezeit: Juni bis August.
Verwendung: In Gruppen in Rabatten, auch für den Schnitt geeignet.
Standortansprüche: Sonnig bis halbschattig, in milden Lagen mehrjährig. Digitalis samen oft selbst aus.
Vermehrungsart und -zeit: Aussaat ab April bis Juni, Keimung bei 18 bis 20 °C. Korn pro Gramm. Bedarf für 1 000 Pflanzen 2 g.
Anzucht: Pikieren zu 1 bis 3 zusammen, später Anzucht in Töpfen.

△ 78a Dimorphoteca pluvialis
▽ 78b Dimorphoteca pluvialis

Dimorphotheca pluvialis ⊙

Synonym: D. annua, Calendula pluvialis.
Familie: Asteraceae.
Deutscher Name: Regenanzeigendes Kapkörbchen.
Heimat/Herkunft: Westliches Südafrika.
Wuchsform: Krautig aufrecht, an der Basis ausgebreitet. Blätter schmal lanzettlich bis verkehrt eiförmig. Blütenkörbchen endständig.
Pflanzenhöhe: 25 bis 30 cm.
Blütenfarbe: Blaue Mitte, Zungenblüten oberseits weiß bis purpurn, unterseits purpurn.
Blütezeit: Juli bis September.
Verwendung: Sommerblumenrabatten und größere Pflanzschalen. Auch beliebte Schnittblume. In Höhenlagen sehr gute Balkonschmuckpflanze.
Standortansprüche: Sonnige und warme Lage, durchlässiger, mittelschwerer, eher sandiger Boden mit geringen Nährstoffvorräten.
Vermehrungsart und -zeit: Aussaat April bis Mai in Kisten oder im Kasten in durchlässiges Substrat oder ab Mai direkt ins Freiland. Keimtemperatur 15 °C. Keimzeit 8 bis 14 Tage. 600 Korn pro Gramm. Bedarf für 1000 Pflanzen 5 g.
Anzucht: Pikieren in Kisten oder direkt in 7- bis 8-cm-Töpfe. Ab Mai in weiter Saat direkt auf Beete. Durchlässiges, nährstoffarmes Substrat.

▽ 78c Dimorphoteca sinuata

Dimorphotheca sinuata ⊙

Synonym: D. aurantiaca, D. calendulacea.
Familie: Asteraceae.
Deutscher Name: Orangefarbenes Kapkörbchen, Buschiges Kapkörbchen.
Heimat/Herkunft: Südafrika.
Wuchsform: Krautig mit rosettenartigen Verzweigungen. Blätter an der Basis sehr groß, fleischig, lanzettlich. Die oberen Blätter sind kleiner. Auf aufstrebenden Stielen sitzen große Blütenkörbchen.
Pflanzenhöhe: 30 cm.
Blütenfarbe: Blütenscheibe gelbbraun mit braunrotem Ring, orangefarbene Zungenblüten.
Blütezeit: Juli bis September.
Verwendung: Sommerblumenrabatten, Pflanzschalen, Schnittblumen, in höheren Lagen als Balkonschmuckpflanze.
Standortansprüche: Sonnige und warme Lage und durchlässiger, eher magerer Boden.
Vermehrungsart und -zeit: Aussaat März bis Mai in Sätzen, in Kisten oder im Kasten, oder ab Mai ins Freiland. Keimtemperatur 15 °C. Keimzeit 8 bis 14 Tage. 600 Korn pro Gramm. Bedarf für 1000 Pflanzen 5 g.
Anzucht: Pikieren in Kisten oder direkt in 7- bis 8-cm-Töpfe. Kühle Anzucht bei 10 bis 12 °C.

Dorotheanthus bellidiformis ☉

Synonym: Mesembryanthemum criniflorum. D. criniflorus.
Familie: Aizoaceae.
Deutscher Name: Mittagsblume.
Heimat/Herkunft: Südafrika.
Wuchsform: Kriechender Wuchs mit guter Verzweigung und drahtigen Trieben. Die langen Blätter sind dreikantig verdickt. Die Blüten öffnen sich bei Sonne strahlig.
Pflanzenhöhe: 10 cm, kriechend bis 30 cm lang.
Blütenfarbe: Weiß, Gelb, Rosa, Karmin, Rot.
Blütezeit: Ende Juni bis September.
Verwendung: Bodendecker für Einfassungen, Rabatten, Gräber und Pflanzschalen.
Standortansprüche: Sehr sonnige und warme Lage. Mittelschwerer, durchlässiger Boden mit geringem Nährstoffvorrat. Salzempfindlich!
Vermehrungsart und -zeit: Aussaat von März bis April in Kisten in sandiges Substrat. Keimtemperatur 18 °C. Keimdauer 2 Wochen. 4000 Korn pro Gramm. Bedarf für 1000 Pflanzen 4 g. Vegetative Vermehrung durch Stecklinge von Februar bis März.
Anzucht: Sämlinge zu je 4 bis 5 als Büschel pikieren, in Kisten oder Multitopfplatten von 6 bis 7 cm ∅. Nach dem Anwachsen Temperatur auf 10 °C absenken, an hellem Standort. Reichlich Sandzugabe zum Substrat. Mäßige Wassergaben.

△ 79a Dorotheantus bellidiformis
▽ 79b Dorotheantus bellidiformis

▽ 79c Dorotheantus bellidiformis, Mischung

△ 80a Eccremocarpus scaber

Eccremocarpus scaber ⊙ ♃ ♄ ♄

Synonym: –
Familie: Bignoniaceae.
Deutscher Name: Schönranke, Hängefruchtranke.
Heimat/Herkunft: Chile.
Wuchsform: Krautig mit sehr kräftigem, verzweigtem Wuchs. Das Blatt ist grün, matt glänzend und doppelt fiederschnittig. Die röhrigen, 2 cm langen Blüten stehen lang gestielt in lockeren Trauben, vorwiegend an überhängenden Trieben, die das Wachstum eingestellt haben.
Pflanzenhöhe: Kann 3 bis 5 m hoch werden.
Blütenfarbe: Orangerot.
Blütezeit: Juni bis Oktober ohne Unterbrechung.
Verwendung: Sehr gut geeignet als flächendeckende Kletterpflanze an Hecken, Zäunen und Pergolen.
Standortansprüche: Liebt sonnige, warme Lage und nährstoffreichen Boden.
Vermehrungsart und -zeit: Aussaat im Februar bis April bei 18 °C.
Anzucht: Pro Topf je 3 Sämlinge pikieren und später an langen Stäben aufbinden. Anzucht bei 14 bis 16 °C.

△ 80b Echeveria elegans
▽ 80c Echeveria elegans

Echeveria elegans ♄ Ⓚ

Synonym: E. perlegans.
Familie: Crassulaceae.
Deutscher Name: Echeverie, Fettblattrosette.
Heimat/Herkunft: Mexiko.
Wuchsform: Grundständige Rosette mit dicken fleischigen, lanzettlich spateligen Blättern mit grauweißer Oberhaut. An der Basis bei älteren Pflanzen junge Brutpflanzen. Blüte an aufsteigenden bis überhängenden Wickeltrauben.
Pflanzenhöhe: Blühend 10 bis 15 cm.
Blütenfarbe: Rot mit gelben Spitzen.
Blütezeit: März bis Juli.
Verwendung: Rabatten, Einfassungen, Gräber, Schriftbilder, Sukkulentenschalen.
Standortansprüche: Sonnige und warme Lage. Durchlässiger, eher magerer Boden fördert eine gute Ausfärbung.
Vermehrungsart und -zeit: Aussaat in Kisten in durchlässiges, sandhaltiges Substrat von Januar bis September. Keimtemperatur 20 bis 22 °C. Keimzeit 20 bis 30 Tage. 20 000 bis 30 000 Korn pro Gramm. Bedarf für 1 000 Pflanzen 0,1 g. Auch vegetativ durch Brutpflanzen oder Blattstecklinge.
Anzucht: Keimtemperatur 20 bis 22 °C. Keimzeit 20 bis 30 Tage. 20 000 bis 30 000 Korn pro g, Bedarf für 1000 Pflanzen 1/10 g.

Ensete ventricosum

♃ (K) (N)

Synonym: Musa ensete, M. arnoldiana, M. edule.
Familie: Musaceae.
Deutscher Name: Bananenpflanze, Zierbanane.
Heimat/Herkunft: Süd-, Mittel- und Nordostafrika.
Wuchsform: Dicker, harter Stamm, straff aufrecht. Rissige, breit lanzettliche bis ovale frischgrüne Blätter, zuerst aufsteigend, später sich ausbreitend. Überhängender Blütentrieb, Deckblätter dunkelrot.
Pflanzenhöhe: Je nach Platzverhältnissen und Alter 2 bis 3 m.
Blütenfarbe: Unscheinbares Rosa mit Gelb.
Blütezeit: Nur ältere Pflanzen August bis Oktober.
Verwendung: In größeren Sommerblumenrabatten als Solitärpflanzen oder als große Kübelpflanze.
Standortansprüche: Sonnige und warme Lage, mittelschwerer, aber sehr nahrhafter Boden mit ständiger guter Bodenfeuchtigkeit.
Vermehrungsart und -zeit: Aussaat ganzjährig direkt in Töpfe in lehmig humoses Substrat. Vorquellen der großen Samen mit harter Schale. Keimtemperatur 20 bis 25 °C. Keimzeit mit Vorquellen bis 60 Tage. 65 Korn pro 100 Gramm. Bedarf für 1000 Pflanzen 3 kg.
Anzucht: Umpflanzen in nährstoffreiches Substrat, ständig nachdüngen und stets gut feucht halten. Überwinterung feucht und kühl bei 8 bis 12 °C.

△ 81a Ensete ventricosum
▽ 81b Erigeron karvinskianus

Erigeron karvinskianus

♃ ⇝ △

Synonym: –
Familie: Asteraceae.
Deutscher Name: Karvinskis Berufkraut.
Heimat/Herkunft: Mexiko bis Venezuela, in Mitteleuropa eingebürgert.
Wuchsform: Krautig sich ausbreitend, kriechend bis locker überhängend, verzweigt mit sehr dünnen, fast drahtigen Trieben. Die Blätter sind an der Basis verkehrt eiförmig, mattgrün und leicht gezähnt, sonst länglich oval und ganzrandig.
Pflanzenhöhe: 20 bis 30 cm im ∅.
Blütenfarbe: Endständig stehen einzelne, gänseblümchenartige Blütenkörbchen, die im Aufblühen weiß sind, mit zunehmendem Alter verfärben sie sich rosa bis rot, sodass ein buntes Bild entsteht.
Blütezeit: Mai bis Oktober.
Verwendung: Gut geeignet für Steingärten, in Mauerfugen sowie für sonnige Rabatten in naturnaher Bepflanzung.
Standortansprüche: In sonnig warmer Lage in mittelschweren, durchlässigen Böden. Erträgt Trockenzeit und Hitze sehr gut.
Vermehrungsart und -zeit: Aussaat ab Januar bis März bei 15 bis 18 °C. Lichtkeimer.
Anzucht: Pikieren in durchlässiges Humus-Landerde-Substrat mit Sandzusatz.
Besonderheiten: Muss gelegentlich eingekürzt werden, um einen Neuaustrieb und die Blüte zu fördern.

△ 82a Erysimum × allioinii, gelb
▽ 82b Erysimum × allioinii, orange

Erysimum × allionii ⊙

Synonym: Cheiranthus allionii, E. × marshallii
Familie: Brassicaceae.
Deutscher Name: Goldlack, Schöterich.
Heimat/Herkunft: Kreuzung aus 2 Wildformen.
Wuchsform: Auf starker Pfahlwurzel vegetativ grundständige Rosettte mit schmalen Blättern, generativ ab Frühjahr aufstrebende Sprosse mit endständigen Blütentrauben.
Pflanzenhöhe: 40 bis 45 cm.
Blütenfarbe: Goldgelb und Orangegelb.
Blütezeit: Mai bis Juni.
Verwendung: Rabatten, Pflanzschalen und Gräber, sehr guter Farbkontrast zu Blau.
Standortansprüche: Sonnig bis halbschattig, mittelschwerer Boden mit gutem Abzug.
Vermehrungsart und -zeit: Aussaat Mai bis Juli in Kästen in sterile Erde. Keimtemperatur ideal bei 15 °C. Keimdauer 2 Wochen. 650 Korn pro Gramm. Bedarf für 1 000 Pflanzen 4 g.
Anzucht: Wegen schlechter Wurzelballenbildung (Pfahlwurzel) ist ein Eintopfen in 8-cm-Töpfe ratsam. Überwinterung im Kasten oder kalten Haus mit Frostschutz in sehr kalten Nächten.

▽ 82c Erysimum cheirii

Erysimum cheiri ⊙ ♃ ♄ D ∧ ☠ ✂

Synonym: Cheiranthus cheiri.
Familie: Brassicaceae.
Deutscher Name: Goldlack.
Heimat/Herkunft: Südosteuropa.
Wuchsform: Krautig bis halbstrauchig, aufrecht und verzweigt. Starke Pfahlwurzelbildung. Traubige Blütenstände.
Pflanzenhöhe: Je nach Sorte 25 bis 50 cm.
Blütenfarbe: Gelb, Orange, Rot bis Dunkelrot.
Blütezeit: Mai bis Juni.
Verwendung: Rabattenpflanze und für Pflanzschalen, Kontrast zu blauen Vergissmeinnicht oder Gartenstiefmütterchen.
Standortansprüche: Mittelschwerer durchlässiger Boden, sonnig bis halbschattig. Nässe bewirkt Schwarzbeinigkeit.
Vermehrungsart und -zeit: Aussaat Mai bis Juli in Kästen, ideale Keimtemperatur 18 °C. Keimzeit 8 bis 15 Tage. 600 Korn pro Gramm, Bedarf für 1 000 Pflanzen 5 g.
Anzucht: Auspflanzen auf Freilandbeete oder in Töpfe von 8 bis 9 cm ∅. Diese sind in Kästen vor starken Frösten zu schützen.

Erythrina crista-galli ♄ Ⓚ ☠

Synonym: –
Familie: Fabaceae.
Deutscher Name: Korallenstrauch.
Heimat/Herkunft: Brasilien, Bolivien, Paraguay, Argentinien.
Wuchsform: Dicker, verholzter, kopfartiger Stamm, aus dem sich im Frühjahr lange, bedornte Triebe entfalten. Die Blätter sind dreiteilig, die Einzelblättchen oval. Die bis 5 cm großen Blüten stehen an endständigen Trauben.
Pflanzenhöhe: Je nach Alter und Standort 0,5 bis 1,5 m.
Blütenfarbe: Leuchtend scharlachrot.
Blütezeit: Juli bis September.
Verwendung: Solitär in Sommerblumenrabatten oder als gediegene, aparte Kübelpflanze. In Rabatten Pflanzgefäß am besten in Boden einsenken.
Standortansprüche: Sonnig bis halbschattig, mittelschwerer, nährstoffreicher Boden.
Vermehrungsart und -zeit: Aussaat in Kisten oder direkt in Töpfe in lehmig humoses Substrat bei 20 bis 22 °C. Keimzeit 20 bis 40 Tage. 2 Korn pro Gramm. Bedarf für 1000 Pflnazen 1,5 kg. Kopfstecklinge bei 15 bis 18 °C kurz nach dem Neuaustrieb.
Anzucht: Einpflanzen in Töpfe in lehmig humoses Substrat, relativ warm halten, bis die Pflanzen eine mittlere Größe erreicht haben. Überwinterung im Keller, kühl bei 5 bis 10 °C.

△ 83a Erythrinum crista-galli

Eschscholzia californica ☉ ⊙ ♃ ✂ ☠

Synonym: –
Familie: Papaveraceae.
Deutscher Name: Schlafmützchen, Kalifornischer Kappenmohn.
Heimat/Herkunft: Kalifornien, Oregon (USA).
Wuchsform: Krautig, breit verzweigt mit blaugrünen, eingeschnittenen Blättern. Auf schlanken Stielen stehen leuchtende kleine Mohnblüten.
Pflanzenhöhe: 30 bis 50 cm.
Blütenfarbe: Goldgelb mit orangerotem Grund oder Rot.
Blütezeit: Mai bis Oktober.
Verwendung: Sommerblumenrabatten und Einfassungen. In Steingärten in Pflanzlücken.
Standortansprüche: Sonnige und warme Lage, eher trockener, durchlässiger Boden.
Vermehrungsart und -zeit: Aussaat März bis Mai in Kisten oder ab Mai auch direkt ins Freiland in nicht zu dichter Saat. Keimtemperatur 15 °C. Keimdauer 14 Tage. 600 Korn pro Gramm. Bedarf für 1000 Pflanzen 5 g.
Anzucht: Sämlinge mit starken Pfahlwurzeln in 7- bis 8-cm-Töpfe in lehmig humoses Substrat pflanzen, sonnig.
Besonderheiten: Im Knospenstadium geschnitten ergeben sie dankbare Schnittblumen.

△ 83b Eschscholzia californica, gelb
▽ 83c Eschscholzia californica, rot

△ 84a Eucalyptus globulus subsp. globulus
▽ 84b Euphorbia marginata

Eucalyptus globulus subsp. **globulus**

♄ (K) (N)

Synonym: –
Familie: Myrtaceae.
Deutscher Name: Blaugummibaum, Fieberbaum.
Heimat/Herkunft: Australien, in Kalifornien eingebürgert.
Wuchsform: Verholzender Strauch bis Baum mit aufrechtem Wuchs und lockerer Verzweigung. Im Jugendstadium gegenständig eirunde Blätter, die bläulich weiß bestäubt sind. Ältere Pflanzen bilden lang ovale bis lang lanzettliche Blätter aus.
Pflanzenhöhe: Je nach Alter 50 cm bis 2 m und mehr.
Blütenfarbe: Die stark duftenden Blütenknospen sind weiß bepudert. Die Blüten sind rot.
Blütezeit: Nach 6 bis 8 Jahren jeweils von Sommer bis Herbst.
Verwendung: Als Solitär in größeren Rabatten, Zweige auch als beliebtes Schnittgrün. Kübelpflanzen. In Rabatten Gefäße einsenken.
Standortansprüche: Sonnige und warme Lage, lehmiger Boden oder lehmig humoses Substrat. Gute Nährstoffversorgung. Im Winter als Kübelpflanze kühl und relativ trocken halten.
Vermehrungsart und -zeit: Aussaat in Kisten oder direkt in Töpfe bei 20 °C. Keimzeit 14 Tage.
150 Korn pro Gramm. Bedarf für 1000 Pflanzen 8 g.
Anzucht: Umpflanzen in Töpfe in durchlässiges, lehmig humoses Substrat. Anzucht bei 15 bis 16 °C. Nachdüngen während des Sommers.

Euphorbia marginata

⊙ ⇝

Synonym: E. variegata.
Familie: Euphorbiaceae.
Deutscher Name: Schnee-auf-dem-Berge.
Heimat/Herkunft: Süden der USA.
Wuchsform: Einjährige, aparte Gruppenpflanze mit krautigem, aufrechtem Wuchs mit guter Verzweigung und reinweißen Hochblattschirmen, die dem Gruppenpflanzensortiment eine besondere Note verleiht.
Pflanzenhöhe: 50 bis 60 cm.
Blütenfarbe: Unscheinbare grünliche Blüten, Zierwert durch die weißen Hochblätter.
Blütezeit: Juli bis Oktober.
Verwendung: Als höhere Gruppenpflanzen in größeren Sommerflorrabatten zur Kontrastbildung und Auflockerung.
Standortansprüche: Sonniger und warmer Standort, mittelschwerer und nahrhafter Boden.
Vermehrungsart und -zeit: Aussaat März bis April bei 18 °C. Keimdauer 1 bis 2 Wochen. 65 Korn pro Gramm. Bedarf für 1000 Pflanzen 25 g.
Anzucht: Pikieren in 8- bis 9-cm-Topf in humoses bis lehmhaltiges Substrat. Weiterkultur hell bei 14 bis 15 °C.

Euryops abrotanifolius ♄ (K)

Synonym: Euryops athanasiae.
Familie: Asteraceae.
Deutscher Name: Eberrautenkapmargerite, Gelbe Euryops.
Heimat/Herkunft: Südafrika.
Wuchsform: Anfangs krautig, später verholzend (Halbstrauch). Aufrecht mit breiter Verzweigung und dunkelgrün glänzendem, gefiedertem Laub. Die Triebe splitten unterhalb der Blütenanlagen in je 3 Seitentriebe. Kräftiger Wuchs.
Pflanzenhöhe: Einjährig 40 bis 50 cm, mehrjährig über 1 m.
Blütenfarbe: Gelb.
Blütezeit: Von Juni bis Oktober, Dauerflor.
Verwendung: Junge Pflanzen in Sommerblumenrabatten und Pflanzschalen, mehrjährige Pflanzen als auffallende Kübelpflanzen.
Standortansprüche: Sonnige und warme Lage, tiefgründiger, mittelschwerer und nährstoffreicher Boden, gut nachdüngen.
Vermehrungsart und -zeit: Kopfstecklinge Dezember bis März bei 15 bis 18 °C. Vermehrungssubstrat mit Sand- oder Perlitezusatz.
Anzucht: Eintopfen zunächst in 9- bis 10-cm-Topf, später in 12bis 13-cm-Topf in lehmig humoses Substrat mit guter Grunddüngung. Stets feucht halten. Anzucht bei 12 bis 14 °C an hellem Standort.
Besonderheiten: Anfällig für Minierfliegen und Blütenthrips.

△ 85a Euryops abrotanifolius
▽ 85b Euryops abrotanifolius

△ 86a Felicia amelloides, kriechend
▽ 86b Felicia amelloides, aufrechte Form

▽ 86c Fuchsia Cultivars in Sorten

Felicia amelloides

⊙ ♃ ♄ (K)

Synonym: Agathaea caelestis.
Familie: Asteraceae.
Deutscher Name: Blaue Kapaster.
Heimat/Herkunft: Südafrika.
Wuchsform: Halbstrauch, zunächst krautig, dann verholzend, aufrecht bis flach wachsend mit guter Verzweigung und verdickten ovalen Blättchen. Auf 20 cm langen drahtigen Stielen stehen einzeln schöne asterähnliche Blüten.
Pflanzenhöhe: Je nach Sorte 15 bis 30 cm.
Blütenfarbe: Blau und Weiß mit gelber Mitte.
Blütezeit: Mai bis Oktober.
Verwendung: Die schmalblättrige kriechende Form eignet sich für Einfassungen, niedere Rabatten und Gräber. Die aufrecht wachsende Form eignet sich für Rabatten und Pflanzschalen.
Standortansprüche: Sonnig bis halbschattig in mittelschweren, aber nährstoffreichen Böden.
Vermehrungsart und -zeit: Kopfstecklinge Februar bis April bei 12 bis 15 °C.
Anzucht: Bewurzelte Stecklinge pinzieren, eintopfen in 8-cm-Töpfe oder für größere Büsche je 2 bis 3 Stecklinge in 11- bis 12-cm-Töpfe. Nach dem Einwurzeln auf 8 bis 10 °C absenken.

Fuchsia Cultivars in Sorten

♄ ♄

Synomym: F. × hybrida, F. speciosa, F.-Hybriden.
Familie: Onagraceae.
Deutscher Name: Gartenfuchsien.
Heimat/Herkunft: Zuchtformen.
Wuchsform: Halbstrauch bis Strauch mit aufrechten bis überhängenden Trieben (je nach Sorte) und guter Verzweigung. Ein- bis zweifarbige, einfache oder gefüllte, hängende Blüten.
Pflanzenhöhe: Einjährig 30 bis 40 cm, mehrjährig bis 1,5 m.
Blütenfarbe: Weiß, Rosa, Orange, Rot, Blau bis Violettpurpur, sehr reiches Sortiment.
Blütezeit: Mai bis Oktober.
Verwendung: Einjährig für Rabatten, Gräber, Pflanzschalen oder Ampeln, mehrjährig als Hochstämme oder Büsche in größeren Kübeln.
Standortansprüche: Halbschatten bis sonnige Lage, jedoch kein heißer Standort. Humose mittelschwere Erde mit mäßigem Nährstoff.
Vermehrungsart und -zeit: Kopfstecklinge September bis März bei 18 bis 20 °C.
Anzucht: Nach der Bewurzelung auf 16 °C absenken und gut ventilieren (Botrytisgefahr). Pinzieren. Umpflanzen in 7- bis 8-cm-Topf und später in Endtopf von 11 bis 12 cm Ø.

△ 87a Fuchsia Cultivars, einfache Blüte

△ 87b Fuchsia Cultivars, einfache Blüte, weiß gefüllt
▽ 87c Fuchsia fulgens

Fuchsia fulgens

Synonym: –
Familie: Onagraceae.
Deutscher Name: Korallenfuchsie.
Heimat/Herkunft: Mexiko.
Wuchsform: Halbstrauch, straffer aufrechter Wuchs mit mäßiger Verzweigung. Dunklelrot-grünes Laub, hängende Blüten in endständigen Trauben.
Pflanzenhöhe: 35 bis 40 cm.
Blütenfarbe: Korallenrot.
Blütezeit: Von Juni bis Oktober.
Verwendung: Gräber, Rabatten, Pflanzschalen.
Standortansprüche: Sonnig bis eher halbschattig, nicht zu heiße Lage. Boden humusreich mit Lehmzusatz und durchlässig. Mäßige Grund- und Nachdüngung.
Vermehrungsart und -zeit: Kopfstecklinge Januar bis März bei 18 bis 20 °C. Wegen Botrytisgefahr nicht zu dicht stecken!
Anzucht: Pinzieren, Eintopfen in 8- bis 9-cm-Topf in lehmig humoses Substrat. Anzucht bei 12 bis 15 °C. Gut abhärten.
Besonderheiten: Vorbeugender Pflanzenschutz gegen Botrytis, Fuchsienrost und Weiße Fliegen.

△ 88a Gaillardia pulchella var. pulchella

Gaillardia pulchella var. pulchella ☉

Synonym: G. bicolor.
Familie: Asteraceae.
Deutscher Name: Kurzlebige Kokardenblume.
Heimat/Herkunft: Südliche USA.
Wuchsform: Krautig aufrecht mit lanzettlichen, behaarten, gräulich grünen Blättern. Auf aufrechten Schäften entwickeln sich gefüllte, zweifarbige Blüten.
Pflanzenhöhe: 40 cm hoch und 30 cm breit.
Blütenfarbe: Grundfarbe Gelb, Rosa oder Rot mit dunkelrotem Rand.
Blütezeit: Juni bis Oktober.
Verwendung: In Rabatten.
Standortansprüche: Sonnige Lage und durchlässiger Boden.
Vermehrungsart und -zeit: Durch Aussaat von März bis April bei 16 bis 18 °C. Keimzeit 20 Tage. Bedarf für 1 000 Pflanzen 3 g.
Anzucht: Pikieren und später eintopfen, abhärten.
Besonderheiten: Einjährige Pflanze.

△ 88b Ganzania rigens var. rigens
▽ 88c Ganzania rigens var. rigens

Gazania rigens var. rigens ☉ ♃ (K)

Synonym: G.-Hybriden.
Familie: Asteraceae.
Deutscher Name: Mittagsgold, Gazanie, Geäugte Gazanie.
Heimat/Herkunft: Südafrika, Zuchtformen aus G. rigens, G. krebsiana ssp. serrulata, G. linearis.
Wuchsform: Aussaatsorten: grundständige Rosetten. Die Blüten sitzen einzeln auf 10 bis 25 cm langen Stielen, Blätter dunkelgrün. Vegetativ vermehrbare Sorten: kriechender Wuchs mit guter Verzweigung und weißfilzigem Laub. Die Blüten sitzen auf nur 10 bis 15 cm langen Stielen. Reine Farben.
Pflanzenhöhe: 15 bis 25 cm.
Blütenfarbe: Weiß, Gelb, Orange, Rosa, Braunrot.
Blütenzeit: Mai bis Oktober.
Verwendung: Einfassungen, Steingärten, Pflanzschalen und Rabatten. Balkonschmuck.
Standortansprüche: Sonnige und warme Lagen.
Vermehrungsart und -zeit: Aussaat Januar bis Februar in Kisten. Keimtemperatur 20 °C. Keimzeit 2 bis 3 Wochen. 650 Korn pro Gramm. Bedarf für 1 000 Pflanzen 5 g. Kopfstecklinge Januar bis Februar bei 18 °C.
Anzucht: Sämlinge pikieren und später wie bewurzelte Kopfstecklinge eintopfen in 8- bis 9-cm-Topf oder Multitopfplatten. Sandhaltiges Substrat.

Gladiolus Cultivars in Sorten ♃ ✂ (K)

Synonym: G. hybridus, G.-Hybriden.
Familie: Iridaceae.
Deutscher Name: Gladiole, Siegwurz.
Heimat/Herkunft: Zuchtform aus verschiedenen Arten.
Wuchsform: Aus runden, zwiebelähnlichen Knollen treiben in der Regel 1 bis 2 straff aufrecht wachsende Sprosse empor, die mit schwertförmigen Blättern umgeben sind. Die großen Blüten sitzen einseitig an langen Blütenähren.
Pflanzenhöhe: 80 cm bis 1,2 m.
Blütenfarbe: Weiß, Gelb, Orange, Rosa, Rot, Purpur, Violett, Violettblau, ein- und zweifarbig.
Blütezeit: Im Freien von August bis Oktober. Im Gewächshaus zur Treiberei von April bis Juni.
Verwendung: In Rabatten als Gruppenpflanze, meist jedoch für den Schnitt angebaut.
Standortansprüche: Sonnig bis halbschattig, tiefgründiger, durchlässiger, gut mit Nährstoffen versorgter Boden. Bodentemperatur 15 °C.
Vermehrungsart und -zeit: Durch Brutzwiebeln, die man selbst anziehen kann. Blüte dann im 2. Jahr. Meist jedoch werden jedes Jahr Knollen gekauft.
Anzucht: Frühe Gladiolen zum Treiben einpflanzen in 8-cm-Torftöpfe. Hohe Temperaturen und trockenwarme Luft fördern den Thripsbefall.
Besonderheiten: Möglichst Knollen vor dem Pflanzen gegen Thripse beizen. Knollen kühl und trocken überwintern.

△ 89a Gladiolus Cultivars in Sorten
▽ 89b Glechoma hederacea 'Variegata'

Glechoma hederacea 'Variegata' ♃ ✂

Synonym: –
Familie: Lamiaceae.
Deutscher Name: Gundelrebe, Gundermann.
Heimat/Herkunft: Europa bis Asien.
Wuchsform: Krautig, sich flach ausbreitend, mit sehr dünnen Trieben und langen Internodien. Die rundlichen bis gekerbten Blätter sind gegenständig angeordnet, matt graugrün mit weißer Panaschierung.
Pflanzenhöhe: Als Hängepflanze bis 2 m lang.
Blütenfarbe: Unscheinbar.
Blütezeit: Sommer bis Herbst.
Verwendung: Sehr beliebt als Ampelpflanze in Balkonkästen und in „Hanging Baskets".
Standortansprüche: Sonnig bis halbschattig, mittelschwerer, nährstoffreicher Boden.
Vermehrungsart und -zeit: Durch Kopf- und Teilstecklinge von Januar bis März.
Anzucht: Die Anzucht in Töpfen bereitet keine Schwierigkeiten, Anzucht auf Hängegestellen.
Besonderheiten: Etwas starker Duft.

△ 90a Gomphrena globosa
▽ 90b Gomphrena globosa

Gomphrena globosa

⊙ ✂

Synonym: –
Familie: Amaranthaceae.
Deutscher Name: Kugelamarant.
Heimat/Herkunft: Tropen und Subtropen Amerikas.
Wuchsform: Krautig aufrecht mit breiter Verzweigung, kompakter Wuchs mit kugeligen Blütenständen.
Pflanzenhöhe: 15 bis 20 cm.
Blütenfarbe: Weinrot, Weiß und Orangerot.
Blütezeit: Juli bis September.
Verwendung: Einfassungen, Rabatten, Steingärten, sonnige Gräber. Trockenblumenpflanze.
Standortansprüche: Volle Sonne und warme Lage, sehr durchlässiger Boden. Sandzusatz.
Vermehrungsart und -zeit: Aussaat März bis April in Kisten in sandiges Substrat. Keimtemperatur 18 °C. Keimzeit 2 Wochen. 250 Korn pro Gramm. Bedarf für 1 000 Pflanzen 15 g.
Anzucht: Pikieren, später eintopfen in 8- bis 9-cm-Topf in sandiges und nährstoffarmes Substrat. Torferden sind zu meiden! Volle Sonne, nur bei Trockenheit gießen, 12 °C.
Besonderheiten: Als Trockenblumen für Biedermeiersträußchen sind Gomphrena sehr beliebt. Hängend trocknen lassen.

▽ 90c Gomphrena haageana

Gomphrena haageana

⊙

Synonym: –
Familie: Amaranthaceae.
Deutscher Name: Orangefarbener Kugelamarant.
Heimat/Herkunft: Mexiko, Texas.
Wuchsform: Krautig aufrecht mit lockerer Verzweigung. Die Blätter sind fast sitzend, länglich und etwas behaart. Die Blütenköpfe sind länglich oval und etewas größer als bei G. globosa.
Pflanzenhöhe: 30 bis 40 cm.
Blütenfarbe: Orangegelb oder Orangerot.
Blütezeit: Juli bis September.
Verwendung: In Rabatten, für den Schnitt oder als Trockenblume.
Standortansprüche: Sonnig warme Lage und durchlässiger, nahrhafter Boden.
Vermehrungsart und -zeit: Aussaat von März bis April bei 18 °C. Keimzeit 2 Wochen. 200 Korn pro g. Bedarf für 1 000 Pflanzen 7 g.
Anzucht: Pikieren und später eintopfen, abhärten.
Besonderheiten: Die geschnittenen Blüten zum Trocknen umgekehrt aufhängen, schattig.

Helianthus annuus

⊙ Ⓝ

Synonym: –
Familie: Asteraceae.
Deutscher Name: Gewöhnliche Sonnenblume.
Heimat/Herkunft: Westliche bis mittlere USA-Staaten.
Wuchsform: Anfangs krautig, später verholzend, straff aufrecht, zum Teil verzweigt, Herzförmige Blätter. Endständig große Blütenscheiben.
Pflanzenhöhe: Einfachblühende Sorten 1,5 bis 2,5 m, gefüllte Sorten 80 cm bis 1 m. Zwergsorten nur 40 bis 50 cm hoch.
Blütenfarbe: Gelb, Bronze, Braunrot.
Blütezeit: Juli bis Oktober.
Verwendung: Sichtschutz, für große Sommerblumenrabatten und als Schnittblumen. Erwerbsmäßig für Vogelfutter und Speiseöl.
Standortansprüche: Sonnige Lage und sehr nahrhafter, mittelschwerer Boden.
Vermehrungsart und -zeit: Vermehrungsart und -zeit: Aussaat April bis Mai direkt in Töpfe von 10 bis 12 cm ∅. Keimtemperatur 15 °C. Keimzeit 1 bis 2 Wochen. 15 bis 50 Korn pro Gramm, je nach Sorte. Bedarf für 1 000 Töpfe 100 g. Bei kleinsamigen Sorten je 2 bis 3 Samen pro Topf.
Anzucht: Töpfe an sonnigem Standort bei 12 °C aufstellen. Gute Wasser- und Nährstoffversorgung.
Besonderheiten: Neuere Schnittsorten ohne Blütenstaub!

△ 91a Helianthus annuus, unverzweigt
▽ 91d Helianthus annuus, kleinblumig verzweigt

△ 91b Helianthus annuus
▽ 91c Helianthus annuus, gefüllt

△ 92a Helichrysum bracteatum 'Monstrosum'

Helichrysum bracteatum 'Monstrosum'

⊙ ⊙ ♃ ✂

Synonym: –
Familie: Asteraceae.
Deutscher Name: Gartenstrohblume, Strohröslein, Strohblume.
Heimat/Herkunft: Australien.
Wuchsform: Krautig aufrecht und verzweigt, die strohartigen Blumen stehen endständig.
Pflanzenhöhe: Niedere Bikini-Sorten 30 cm, hohe Schnittsorten 80 cm bis 1 m.
Blütenfarbe: Weiß, Gelb, Orange, Rosa, Rot.
Blütezeit: Juli bis September.
Verwendung: Niedere Sorten für Rabatten und Pflanzschalen, höhere Sorten für den Schnitt und für die Trockenbinderei.
Standortansprüche: Sonnige Lage und durchlässiger Boden mit guter Nährstoffversorgung.
Vermehrungsart und -zeit: Aussaat April in Kasten, für gute Ballenbildung weite Saat, oder direkt in 7-cm-Töpfe zu 3 bis 5 Korn. Keimtemperatur 18 °C. Keimzeit 2 bis 3 Wochen. 1 200 Korn pro Gramm. Bedarf für 1 000 Pflanzen 3 bis 5 g.
Anzucht: Sämlinge eintopfen in 7-cm-Topf oder in Multitopfschalen. Anzucht kühl bei 7 bis 10 °C.

△ 92b Helichrysum petiolare, kleinblättrig
▽ 92c Helichrysum petiolare

Helichrysum petiolare

♄ ♄ Ⓝ

Synonym: H. petiolatum, Gnaphalium lanatum.
Familie: Asteraceae.
Deutscher Name: Gnaphalium, Lakritz-Strohblume.
Heimat/Herkunft: Südafrika.
Wuchsform: Anfangs krautig, später verholzend, aufrecht bis breit verzweigt mit ovalen, graufilzigen Blättchen, die zum Teil (je nach Sorte) mit gelben Flecken panaschiert oder weiß gerandet sind. Groß- und kleinblättrige Sorten.
Pflanzenhöhe: 15 bis 25 cm.
Blütenfarbe: Blütenlos.
Blütezeit: Juli bis September.
Verwendung: Einfassungen, Rabatten, Pflanzschalen, Gräber und auch Teppichbeete mit Schriften und Zeichnungen.
Standortansprüche: Sonnig bis halbschattig, mittelschwerer Boden, durchlässig und nährstoffreich.
Vermehrungsart und -zeit: Kopfstecklinge in Schalen oder direkt in Multitopfplatten in sandiges Substrat. Bewurzelungstemperatur 16 bis 18 °C.
Anzucht: Pinzieren, Eintopfen in 7- bis 8-cm-Topf in humoses, lehmhaltiges Substrat. Temperatur 14 °C. Nach Bedarf pinzieren.
Besonderheiten: Je sonniger der Standort, desto besser wirkt die Blattzeichnung. Je nach Verwendung periodischer Formschnitt.

Heliotropium arborescens ♄ D (K) ☠

Synonym: H. peruvianum.
Familie: Boraginaceae.
Deutscher Name: Heliotrop, Sonnenwende, Vanillestrauch.
Heimat/Herkunft: Peru.
Wuchsform: Krautig bis verholzend, aufrecht und verzweigt mit dunkelgrünen, breit lanzettlichen Blättern und scheindoldigen Blütenständen.
Pflanzenhöhe: 40 bis 50 cm.
Blütenfarbe: Stahlblau bis Violett.
Blütezeit: Juni bis Oktober.
Verwendung: Rabatten, Pflanzschalen, Balkonschmuck, Gräber.
Standortansprüche: Sonnig bis halbschattig, mittelschwerer, aber durchlässiger Boden.
Vermehrungsart und -zeit: Samenechte Sorten durch Aussaat Januar bis März in Kisten bei 16 °C. Keimzeit 2 bis 3 Wochen. 1 300 Korn pro Gramm. Bedarf für 1 000 Pflanzen 10 g. Von selektionierten Mutterpflanzen Kopfstecklinge von Februar bis März bei 18 °C.
Anzucht: Sämlinge pinzieren und später mit bewurzelten Stecklingen eintopfen in 9- bis 10-cm-Topf in mittelschweres, nährstoffreiches Substrat. Wuchsregulierung mit CCC.

△ 93a Heliotropium arborencens
▽ 93b Hymenostemma paludosum

Hymenostemma paludosum ☉

Synonym: Chrysanthemum paludosum, Leucanthemum paludosum.
Familie: Asteraceae.
Deutscher Name: Weiße Zwergmargerite.
Heimat/Herkunft: Spanien, Portugal, Nordafrika.
Wuchsform: Ähnlich Coleostephus multicaulis kriechend mit dichter Verzweigung und aufrechten Blütenstielen.
Pflanzenhöhe: 20 bis 30 cm.
Blütenfarbe: Weiße Zungen- oder Randblütenblätter und gelbes Köpfchen.
Blütezeit: Von Mai/Juni bis Oktober.
Verwendung: Bodendecker, Einfassungen, Rabatten, Pflanzschalen, Gräber.
Standortansprüche: Sonnige Lage, mittelschwerer Boden. Trockenheit wird gut ertragen.
Vermehrungsart und -zeit: Aussaat im Januar für Blüte im Mai, sonst von Februar bis März in Kisten. Keimtemperatur 15 °C. Keimzeit 2 Wochen. 2000 Korn pro Gramm. Bedarf für 1 000 Pflanzen 2 g.
Anzucht: Je 2 bis 3 Sämlinge zusammen pikieren in Kisten oder direkt in 7- bis 8-cm-Topf in mäßig gedüngtes Anzuchtsubstrat. Anzucht bei 8 bis 10 °C.
Besonderheiten: Vorbeugender oder direkter Pflanzenschutz gegen Minierfliegen.

△ 94a Iberis umbellata
▽ 94b Impatiens balsamina

Iberis umbellata

☉ ⊙ ✂

Synonym: –
Familie: Brassicaceae.
Deutscher Name: Doldenblütige Schleifenblume.
Heimat/Herkunft: Südeuropa, Kreta.
Wuchsform: Einjährig, krautig, breit verzweigt bis aufrecht mit steifen, ästigen Trieben. Die schmalen, grünen Blätter sind lanzettlich bis linealisch, die unteren Blätter sind am Rande leicht gesägt. Endständig bilden sich schirmförmige Doldentrauben mit zahlreichen Blüten.
Pflanzenhöhe: Je nach Sorte 15 bis 30 cm.
Blütenfarbe: Weiß, Fleischfarben, Karminrosa, Purpurrot.
Blütezeit: Juni bis Oktober.
Verwendung: Rabatten.
Standortansprüche: Sonnig bis halbschattig, durchlässiger Boden.
Vermehrungsart und -zeit: Aussaat Oktober bis November direkt ins Freiland oder im April bis Mai direkt in Töpfe. Ideal bei 18 °C. Keimzeit 2 bis 3 Wochen. Bedarf für 1 000 Pflanzen 2 g.
Anzucht: Breitwürifge Aussaat, evtl. Auslichten, in die Töpfe nicht zu dicht säen.

Impatiens balsamina

☉

Synonym: Balsamina hortensis.
Familie: Blasaminaceae.
Deutscher Name: Gartenbalsamine, Gartenspringkraut.
Heimat/Herkunft: Indien, Malakka, China.
Wuchsform: Krautig aufrecht, wenig verzweigt mit lanzettlichen, überhängenden Blättern. In den Blattachseln gefüllte Blüten.
Pflanzenhöhe: 30 cm.
Blütenfarbe: Weiß, Rosa, Rot.
Blütezeit: Juli bis Oktober.
Verwendung: Sommerblumenrabatten und Pflanzschalen.
Standortansprüche: Sonnig bis halbschattig, humoslehmiger Boden mit guter Nährstoffversorgung und konstanter Feuchtigkeit.
Vermehrungsart und -zeit: Aussaat Februar bis März in Kisten. Keimtemperatur 15 °C. Keimzeit 1 bis 2 Wochen. 100 Korn pro Gramm. Bedarf für 1 000 Pflanzen 20 g.
Anzucht: Sämlinge pikieren, eintopfen in 8- bis 9-cm-Topf in humos-lehmiges Substrat mit gutem Nährstoffvorrat. Stets feucht halten. 12 bis 14 °C.
Besonderheiten: Heute wird nur noch Mischung angeboten. Wer sortenreine Bestände wünscht, muss durch Kopfstecklinge vermehren!

Impatiens Cultivars Neuguinea Grp. ⊙ ♄

Synonym: I.-Neu-Guinea-Hybriden.
Familie: Balsaminaceae.
Deutscher Name: Neu-Guinea-Impatiens.
Heimat/Herkunft: Kreuzung aus I. hawkeri × I. linearifolia.
Wuchsform: Krautig aufrecht bis breit verzweigt. Das lanzettliche Blatt ist oft mit gelber Blattmitte versehen (buntlaubig).
Pflanzenhöhe: 25 bis 50 cm.
Blütenfarbe: Weiß, Rosa, Orange, Karminrot, Dunkelrot, Violett.
Blütezeit: Juni bis Oktober.
Verwendung: Rabatten, Pflanzschalen, Balkonschmuck, Gräber.
Standortansprüche: Sonnig bis halbschattig, nicht zu heiße Lagen. Mittelschwerer humos-lehmiger Boden.
Vermehrungsart und -zeit: Meist Zukauf von Jungpflanzen. Vermehrung durch Kopfstecklinge von Februar bis Mai bei 20 °C.
Anzucht: Anzucht in 8- bis 8-cm-Töpfen, Endtopf 12- bis 13-cm-Topf. Substrat humos bis lehmhaltig mit guter Durchlässigkeit. Temperatur 18 °C. Später auf 15 bis 16 °C absenken.

△ 95a Impatiens Neuguinea Grp.

Impatiens walleriana ♃ Ⓚ

Synonym:I. holstii, I. sultani.
Familie: Balsaminaceae.
Deutscher Name: Fleißiges Lieschen, Wassergeranie.
Heimat/Herkunft: Tropisches Ostafrika.
Wuchsform: Dank guter Züchterarbeit sehr niedriger, breit verzweigter Wuchs, krautig, mit lanzettlichen Blättern und reichem Blütenflor. Neuerdings auch sehr kleinblumige Sorten.
Pflanzenhöhe: 15 bis 25 cm, je nach Sorte.
Blütenfarbe: Weiß, Rosa, Orange, Rot.
Blütezeit: Mai bis Oktober.
Verwendung: Rabatten, Pflanzschalen, Fenster-, Balkonschmuck, Gräber.
Standortansprüche: Halbschattige bis schattige Lagen bei ausreichender Feuchtigkeit.
Vermehrungsart und -zeit: Aussaat Ende Februar bis April. Samen nicht mit Erde bedecken (Lichtkeimer!). Keimtemperatur 18 bis 22 °C. Keimzeit 2 bis 3 Wochen. 2 200 Korn pro Gramm. Bedarf für 1 000 Pflanzen 1 g. Gefüllte Sorten meist nur durch Stecklinge, Januar bis April.
Anzucht: Pikieren, eintopfen in 8- bis 9-cm-Topf, humoses Anzuchtsubstrat mit Landerdeanteil und mäßiger Grunddüngung. Temperatur 16 °C. Später auf 10 °C absenken.
Besonderheiten: Die gefüllten Sorten wirken lieblich.

△ 95b Impatiens walleriana, einfach
▽ 95c Impatiens walleriana, gefüllt

△ 96a Ipomoea batatas 'Blackie'
▽ 96b Ipomoea hederacea

Ipomoea batatas 'Blackie'

♃ ⇞ ⟿ Ⓦ Ⓝ

Synonym: Batatas edulis.
Familie: Convolvulaceae.
Deutscher Name: Süßkartoffel; Batate.
Heimat/Herkunft: Nur in Kultur bekannt.
Wuchsform: Aus einer essbaren Knolle entwickeln sich kriechende Triebe mit unregelmäßig geformten, meist ovalen bis herzförmigen, großen Blättern. Bei der Zierform 'Black' sind die Blätter dunkel schwarzviolett.
Pflanzenhöhe: 20 bis 30 cm.
Blütenfarbe: Unscheinbar.
Blütezeit: –
Verwendung: In Rabatten und größeren Pflanzgefäßen, in denen die aparten Blätter gut zur Geltung kommen.
Standortansprüche: Sonnige Lage und nährstoffreicher, mittelschwerer Boden.
Vermehrungsart und -zeit: Teilung der Knollen oder Kopfstecklinge im Februar bis März bei 18 bis 20 °C.
Anzucht: In größere Töpfe pflanzen und abhärten.
Besonderheiten: Wird in den Tropen als Nahrungsmittel angebaut.

Ipomoea hederacea

⊙ ⇞

Synonym: Pharbitis hederacea.
Familie: Convolvulaceae.
Deutscher Name: Violette Prachtwinde, Efeublättrige Prachtwinde.
Heimat/Herkunft: Tropisches Amerika, West- bis Ostindien.
Wuchsform: Sehr kräftig wachsende, schlingende Kletterpflanze mit herzförmigen bis dreilappigen, dunkelgrünen Blättern. Aus den Blattachseln erscheinen lange Blütenstiele mit zwei bis drei großen, breit trichterförmigen Blüten, die meist nur kurzlebig sind (1 bis 2 Tage). Benötigt starke Stützen oder Schnüre zum Hochziehen.
Pflanzenhöhe: Über 3 m.
Blütenfarbe: Purpurviolett mit Samtschimmer.
Blütezeit: Juli bis Oktober.
Verwendung: Als Kletterpflanze an Säulen, Pfählen, Pergolen und an Wänden.
Standortansprüche: Sonnig bis halbschattig: Wichtig ist ein sehr tiefgründiger und nährstoffreicher Boden, da die Pflanze infolge ihres starken Wuchses sehr nährstoffbedürftig ist.
Vermehrungsart und -zeit: Durch Kopf- oder Teilstecklinge im Herbst und Winter.
Anzucht: Eintopfen zu 1 bis 3 Pflanzen in kräftiges, mittelschweres Substrat. Heften an Stäbe und laufend aufbinden.

Ipomoea lobata

♃ ⥉ Ⓚ

Synonym: Mina lobata, Quamoclit lobata.
Familie: Convolvulaceae.
Deutscher Name: Sternwinde, Gelappte Mina.
Heimat/Herkunft: Südliches Mexiko.
Wuchsform: Kletterpflanze mit kräftigem Wuchs. Die Blätter sind dreilappig bis herzförmig. Die Blüten erscheinen sehr zahlreich aus den Blattachseln an bis 40 cm langen, gegabelten Wickeln, sie sind einseitig gewendet.
Pflanzenhöhe: Bis 2 m.
Blütenfarbe: Vor dem Aufblühen hochrot, beim Erblühen orangefarben, und später gelblich weiß.
Blütezeit: Juni bis September.
Verwendung: Vielseitig verwendbar an Pfählen, Gerüsten, Pergolen und an Wänden.
Standortansprüche: Sonnig bis halbschattig. Nahrhafter Boden für gutes Wachstum.
Vermehrungsart und -zeit: Aussaat März bis Anfang April im Haus in Töpfe oder Aussaat im Freien bei 18 °C. Bedarf für 1000 Pflanzen 20 g.
Anzucht: Je 3 bis 4 Pflanzen in 12-cm-Töpfe pikieren und an Stäben aufbinden. Anzucht bei 12 bis 15 °C, sonnig.

△ 97a Ipomoea lobata
▽ 97b Ipomoea tricolor

Ipomoea tricolor

⊙ ♃ ⥉ Ⓚ ☠

Synonym: I. rubrocaerulea, I. violacea, Pharbitis rubrocaerulea.
Familie: Convolvulacea.
Deutscher Name: Farbige Prunkwinde, Himmelblaue Prunkwinde.
Heimat/Herkunft: Tropisches Amerika.
Wuchsform: Krautig wachsende Schlingpflanze, selbstwindend. Große herzförmige Blätter und große Trichterblüten mit hellem Schlund.
Pflanzenhöhe: 2 bis 3 m.
Blütenfarbe: Weiß, Rosa, Himmelblau.
Blütezeit: Juni bis Oktober.
Verwendung: Schlingpflanze an Schnüren, Drähten oder dünnen Stäben, selbstwindend. Für Balkone als Sichtschutz, für Pergolen oder an Gittergerüsten in größeren Pflanzenschalen.
Standortansprüche: Sonnig bis halbschattig, mittelschwerer, nährstoffreicher Boden.
Vermehrungsart und -zeit: Aussaat März bis April, je 3 bis 5 Korn direkt in 10- bis 12-cm-Töpfe erspart viel Arbeit. Temperatur 20 °C. Keimzeit 2 Wochen. 25 Korn pro Gramm. Bedarf für 1000 Pflanzen 100 g.
Anzucht: Relativ warm bei 16 bis 18 °C, sonst Wachstumsdepressionen. Sofort nach dem Keimen lange Stäbe anbringen.

△ 98a Iresine herbstii
▽ 98b Iresine lindenii

Iresine herbstii

☉ ♃ (W)

Synonym: Achyranthes verschaffeltii.
Familie: Amaranthaceae.
Deutscher Name: Breitblättrige Iresine, Blutblatt.
Heimat/Herkunft: Brasilien.
Wuchsform: Krautig, mit guter Verzweigung, rundes, zum Teil löffelartig eingebuchtetes Blatt. Rot- oder grünblättrige Sorten.
Pflanzenhöhe: 30 bis 40 cm, durch Rückschnitt in der Regel kürzer.
Blütenfarbe: Grün, unscheinbar in den Blattachseln.
Blütezeit: Sommer bis Herbst.
Verwendung: Rabatten, Pflanzschalen, Gräber, meist in Gruppen oder Pflanzung in Form von Zahlen, Buchstaben oder Zeichnungen.
Standortansprüche: Sonnig bis halbschattig, mittelschwerer, nährstoffreicher, durchlässiger Boden.
Vermehrungsart und -zeit: Kopfstecklinge Januar bis März bei 16 °C direkt in Multitopfplatten, 7 bis 8 cm ∅.
Anzucht: Bewurzelte Stecklinge pinzieren. Eintopfen in 8- bis 9-cm-Topf. Substrat humos bis lehmig. Anzucht bei 12 bis 14 °C. Abhärten.
Besonderheiten: Bei Zeichnungen mit diesen Pflanzen ist regelmäßiger Formschnitt notwendig.

Iresine lindenii

☉ ♃ ⁞ (W)

Synonym: Achyranthes lindenii.
Familie: Amaranthaceae.
Deutscher Name: Schmalblättrige Iresine.
Heimat/Herkunft: Ecuador.
Wuchsform: Krautig, straff aufrecht, verzweigt. Dunkelrote schmale Blätter.
Pflanzenhöhe: 25 bis 40 cm.
Blütenfarbe: Unscheinbar.
Blütezeit: Sommer bis Herbst.
Verwendung: Gruppenpflanze in Rabatten, Pflanzschalen und auf Gräbern.
Standortansprüche: Sonnig bis halbschattig, mittelschwerer, gut durchlässiger Boden mit guten Nährstoffvorräten.
Vermehrungsart und -zeit: Kopfstecklinge Januar bis März in Kisten oder direkt in 7-cm-Multitopfplatten, bei 16 °C.
Anzucht: Pinzieren, bewurzelte Stecklinge eintopfen in 7- bis 8-cm-Topf in lehmig humoses Substrat mit mäßiger Grunddüngung. Temperatur 12 bis 14 °C.
Besonderheiten: Je nach Verwendungszweck ist im Laufe des Sommers ein mehrmaliger Formschnitt erforderlich.

Ismelia carinata

☉ ✂

Synonym: Chrysanthemum carinatum, Chrysanthemum tricolor.
Familie: Asteraceae.
Deutscher Name: Sommerchrysantheme, Kielwucherblume, Bunte Wucherblume.
Heimat/Herkunft: Nordwestafrika.
Wuchsform: Krautig aufrecht, verzweigt, mit gefiederten bis gebuchteten Blättern. Die Blüten sind meist 2- bis 3-farbig.
Pflanzenhöhe: 40 bis 50 cm.
Blütenfarbe: Weiße, gelbe, rosa bis rote Farbtöne, mit farbigen Ringen.
Blütezeit: Juli bis Oktober.
Verwendung: Rabatten, Pflanzschalen und beliebte Schnittblume für bunte Sträuße.
Standortansprüche: Sonnig bis halbschattig, Boden eher mittelschwer, durchlässig mit guter Nährstoffversorgung.
Vermehrungsart und -zeit: Aussaat April bis Mai in Kisten oder Kästen, bei 15 °C beste Keimresultate. Keimzeit 8 bis 14 Tage. 350 Korn pro Gramm. Bedarf für 1000 Pflanzen 10 g.
Anzucht: Für Schnittkultur kann direkt ins Freie gesät werden. Sonst pikieren oder eintopfen in Multitopfplatten oder Töpfe von 6 bis 8 cm ∅. Temperatur 10 bis 15 °C.
Besonderheiten: Anfällig für Minierfliegen.

△ 99a Ismelia carinata
▽ 99b Lablab purpureus

Lablab purpureus

☉ Ⓚ Ⓝ

Synonym: Dolichos lablab.
Familie: Fabaceae.
Deutscher Name: Faselbohne, Violette Helmbohne, Lablab-Bohne.
Heimat/Herkunft: Vermutlich tropisches Afrika.
Wuchsform: Krautig aufrecht, rankend mit leichter Verzweigung. Die dreiteilig gefiederten Blätter sind groß und dunkelgrün mit bläulichem Anflug. Nach der Blüte bilden sich dekorative Fruchthüseln.
Pflanzenhöhe: Bis 2 m.
Blütenfarbe: Rosa bis Violett, variierend.
Blütezeit: September bis Oktober.
Verwendung: Kletterpflanze für Säulen, Pergolen, an Hecken und Spalieren.
Standortansprüche: Liebt sonnig warme Lage und durchlässigen, nährstoffreichen Boden.
Vermehrungsart und -zeit: Aussaat im April bei 18 bis 20 °C. Bedarf für 1000 Töpfe 3000 bis 3300 Korn.
Anzucht: Je 3 Bohnensamen pro Topf säen, frühzeitig Rankhilfen (Stäbe) stecken. Auspflanzen erst nach Mitte Mai, bei warmer Witterung.

△ 100a Lamium maculatum

Lamium maculatum ♃

Synonym:L. purpureum, L. albimaculatum.
Familie: Lamiaceae.
Deutscher Name: Taubnessel, Gefleckte Taubnessel.
Heimat/Herkunft: Europa, Kaukasus, Nordiran.
Wuchsform: Staude mit breit verzweigtem, kriechendem Wuchs, die beblätterten Triebspitzen stehen aufrecht. Sie tragen gegenständig angeordnete, herzförmige Blätter, deren Blattrand leicht gesägt ist. Die helmförmigen Blüten erscheinen an endständigen Ähren. Auffallend sind die samtig weißen Blätter.
Pflanzenhöhe: 20 bis 30 cm.
Blütenfarbe: Rosa bis Rot.
Blütezeit: April bis August.
Verwendung: Als Bodendecker und besonders in Pflanzschalen oder "Hanging Baskets".
Standortansprüche: Sonnig bis halbschattig, erträgt auch kühlen Standort.
Vermehrungsart und -zeit: Teilung und Kopfstecklinge im Laufe der Vegetationszeit.
Anzucht: Eintopfen in 10- bis 12-cm-Töpfe. Je heller der Standort, desto ausgeprägter ist die weiße Blattfärbung.

△ 100b Lantana camara
▽ 100c Lantana camara

Lantana camara ♄ Ⓚ ☠

Synonym: L. × hybrida, L.-Camara-Hybriden.
Familie: Verbenaceae.
Deutscher Name: Wandelröschen.
Heimat/Herkunft: Zuchtformen; Urformen tropisches Amerika.
Wuchsform: Strauch, breit verzweigt, die jüngeren Triebe sind leicht bestachelt. Eirunde Blätter. Die Blüten sitzen an kurzen doldenförmigen Köpfchen.
Pflanzenhöhe: Einjährig 30 cm, mehrjährig als Hochstämme über 1,5 m.
Blütenfarbe: Weiß, Gelb, Orange, Rosa, Lila, teilweise zweifarbig; diese verwandeln ihre Farben, sie werden dunkler.
Blütezeit: Bei früher Vorkultur ab Mai bis Oktober.
Verwendung: Einjährig in Rabatten, Schalen, Gräbern und auch als Balkonpflanzen. Mehrjährig als Hochstämme oder Pyramiden in Kübeln.
Standortansprüche: Sonnig bis halbschattig, mittelschwerer, nährstoffreicher Boden. Erträgt trockenheiße Lagen.
Vermehrungsart und -zeit: Kopfstecklinge während der Wintermonate bei 18 bis 20 °C.
Anzucht: Bewurzelte Stecklinge eintopfen in 7- bis 8-cm-Töpfe in lehmig humoses Substrat. Öfters pinzieren. Reichlich düngen. sonniger Standort. Endtopf 9 bis 12 cm ∅.

△ 101a Lantana camara, gelb

△ 101b Lantana camara, weiß

Lantana montevidensis

♄ Ⓚ ☠

Synonym: L. sellowiana, L. delicatissima.
Familie: Verbenaceae.
Deutscher Name: Überhängendes Wandelröschen, Kriechendes Wandelröschen.
Heimat/Herkunft: Brasilien, Uruguay.
Wuchsform: Anfänglich aufrecht, später flach wachsend bis überhängend, locker verzweigt. Bildet lange, schlanke, rutenförmige Triebe mit kleinen, eirunden Blättchen. Die Blütenstiele sind lang und dünn, sie tragen halbkugelige Blütenköpfchen.
Pflanzenhöhe: 50 cm bis 1 m.
Blütenfarbe: Lilarosa bis Purpurrosa, Weiß.
Blütezeit: Juni bis Oktober.
Verwendung: Rabatten, Steingärten, Balkonkästen, aber auch als dankbare Ampelpflanze.
Standortansprüche: Sonnige und warme Lage, nährstoffreicher, mittelschwerer Boden.
Vermehrungsart und -zeit: Kopf- oder Teilstecklinge von überwinterten Mutterpflanzen, Januar bis März. Vermehrungstemperatur 18 bis 22 °C.
Anzucht: Bewurzelte Stecklinge einzeln oder bis 3 pro 8- bis 9-cm-Topf einpflanzen. Öfters pinzieren. Überwinterung bei 10 bis 12 °C, nie austrocknen lassen!

△ 101c Lantana montevidensis
▽ 101d Lantana montevidensis

△ 102a Lathyrus odoratus
▽ 102b Laurentia axillaris

Lathyrus odoratus ☉ ⚘ D ✂

Synonym: –
Familie: Fabaceae.
Deutscher Name: Edelwicke, Duftwicke, Duftplatterbse.
Heimat/Herkunft: Süditalien, Sizilien.
Wuchsform: Krautig aufrecht, mäßig verzweigt. Gefiedertes Blatt mit Blattranken. Die großen Blüten sitzen zu 3 bis 5 auf langen drahtigen Stielen. Aparter Duft.
Pflanzenhöhe: Im Freien 1,5 bis 2 m.
Blütenfarbe: Weiß, Cremegelb, Rosa, Rot, Blau.
Blütezeit: Im Freiland von Juni bis September.
Verwendung: Als Kletterpflanze benötigt sie Rankgerüste wie Schnüre, Gitter, Drahtgeflechte, Zäune. Dankbare Schnittblume.
Standortansprüche: Wicken lieben einen kühlen Standort und keine zu heiße Lage, daher ist halbschattige Lage mit guter Luftbewegung vorzuziehen. Besonders in Höhenlagen gut geeignet. Mittelschwerer Boden mit guter Nährstoffversorgung und Feuchtigkeit.
Vermehrungsart und -zeit: Aussaat März bis April je 3 bis 4 Korn in 8-cm-Topf in mittelschweres, lehmighumoses Substrat. Keimtemperatur 15 °C. Keimzeit 2 Wochen. 12 Korn pro Gramm. Bedarf für 1000 Töpfe 500 g.
Anzucht: Wicken ertragen kühlen Standort und sogar leichte Fröste, daher ist Auspflanzen ab April möglich, was zu früher Blüte führt.

Laurentia axillaris ☉ ♃

Synonym: Isotoma axillaris.
Familie: Campanulaceae.
Deutscher Name: Laurentia, Achselblütiger Gleichzipfel, Isotome.
Heimat/Herkunft: Australien.
Wuchsform: Krautig bis ästig, breit verzweigt bis überhängend. Die schmalen linealischen Blättchen sind 5 bis 8 cm lang, grün und unregelmäßig fiederspaltig. Die großen Blüten erscheinen aus den Blattachseln, auf einer langen Blütenröhre sitzen 5 lange, schmale Blütenblätter, die einen Stern bilden.
Pflanzenhöhe: 15 bis 30 cm.
Blütenfarbe: Blasses Azurblau, Weiß.
Blütezeit: Mai bis Oktober.
Verwendung: In Rabatten, in Gefäßen oder Körben, ideal für „Hanging Baskets".
Standortansprüche: Liebt sonnig warme Lage und durchlässigen Boden, Nässe ist zu meiden.
Vermehrungsart und -zeit: Aussaat im Oktober für Blüte ab Mai, im Januar bis Februar für Blüte ab Juli. Temperatur 18 bis 20 °C.
Anzucht: Frostempfindlich, in der Anzucht durchlässiges, eher sandiges Substrat. Je 3 bis 5 Korn pro Topf säen. Kultur bei 12 bis 15 °C.
Besonderheiten: Überwinterung bei 3 bis 5 °C und luftigem Standort. Nie austrocknen lassen.

Lavatera trimestris ☉

Synonym: –
Familie: Malvaceae.
Deutscher Name: Bechermalve, Garten-Strauchpappel, Buschmalve.
Heimat/Herkunft: Mittelmeerländer bis Portugal.
Wuchsform: Anfangs krautig, später etwas verholzend, aufrecht mit breiter Verzweigung. Das Blatt ist fast herzförmig, die großen, trichterförmigen Blüten erscheinen zahlreich aus den Blattachseln. Sehr dankbare Schnittblume mit langer Haltbarkeit.
Pflanzenhöhe: 50 bis 80 cm.
Blütenfarbe: Weiß, Rosa, Dunkelrosa.
Blütezeit: Juli bis Oktober.
Verwendung: Sommerblumenrabatten und größere Pflanzschalen, Schnittblume.
Standortansprüche: Sonnig bis halbschattig, mittelschwerer Boden mit guter Nährstoffversorgung. Empfindlich gegen zu große Nässe.
Vermehrungsart und -zeit: Aussaat April im Kasten oder direkt ins Freie. Keimtemperatur 18 °C. Keimzeit 2 bis 3 Wochen. 110 Korn pro Gramm. Bedarf für 1 000 Pflanzen 15 g.
Anzucht: Für den Verkauf in 8- bis 9-cm-Töpfe pflanzen, lehmig humoses Substrat, gut nachdüngen.
Besonderheiten: Gegen Herbst anfällig für Malvenrost, daher sind vorbeugende Funigzidbehandlungen angebracht.

△ 103a Lavatera trimestris
▽ 103b Lavatera trimestris

▽ 103c Leonotis leonurus

Leonotis leonurus ♄ (K)

Synonym: –
Familie: Lamiaceae.
Deutscher Name: Geschwänztes Löwenohr, Großblättriges Löwenohr.
Heimat/Herkunft: Südafrika.
Wuchsform: Krautig bis verholzend, straff aufrecht, verzweigt mit schmalen lanzettlichen Blättern und endständig quirligen Blütenständen in Etagen.
Pflanzenhöhe: 80 cm bis 1,2 m.
Blütenfarbe: Orangerot.
Blütezeit: August bis Oktober.
Verwendung: Einzeln oder in Gruppen in größeren Sommerflorrabatten und Schalen, oder auch als Kübelpflanze.
Standortansprüche: Sonnig bis halbschattig, schwerer bis mittelschwerer Boden mit guter Nährstoffversorgung.
Vermehrungsart und -zeit: Kopfstecklinge Januar bis März bei 18 bis 20 °C.
Anzucht: Eintopfen in 9- bis 10-cm-Töpfe in mittelschweres Substrat. Pinzieren und reichlich nachdüngen. Durch Wuchshemmstoffbehandlung können die Pflanzen kompakter gehalten werden.
Besonderheiten: Kübelpflanzen wie Fuchsien überwintern.

△ 104a Leucophyta brownii
▽ 104b Limonium sinuatum

Leucophyta brownii ♄ ⁞ (K)

Synonym: Calocephalus brownii.
Familie: Asteraceae.
Deutscher Name: Silberkopf, Silberblatt.
Heimat/Herkunft: Australien.
Wuchsform: Kompakt wachsender Strauch mit dünnen, silbrig weißen bis grauen drahtigen Stielen. Diese Gattung bringt Abwechslung ins Sortiment, besonders als Kontrast zu starken Farben wie Gelb, Rot oder Blau.
Pflanzenhöhe: 20 bis 35 cm.
Blütenfarbe: Weiß.
Blütezeit: Spätsommer bis Herbst. Blüten fehlen meist.
Verwendung: In Rabatten, Pflanzschalen oder für Allerheiligengräber in Verbindung mit roten Erica gracilis. Sommerkultur im Kasten.
Standortansprüche: Sonnige und eher trockene Lagen. Bei schattigem Standort verliert der Strauch seinen Reiz.
Vermehrungsart und -zeit: Kopf- oder Teilstecklinge von Januar bis März, für Sommerkultur (Allerheiligen) von Mai bis Juni. Vermehrungstemperatur 20 °C.
Anzucht: Eintopfen in 8- bis 9-cm-Topf. Sehr heller Standort bei 8 bis 12 °C. Mittelschweres Substrat mit Sandzusatz.

Limonium sinuatum ⊙ ⊙ ♃ ✂ ▽

Synonym: –
Familie: Plumbaginaceae.
Deutscher Name: Meerlavendel, Statize, Widerstoß, Strandflieder.
Heimat/Herkunft: Mittelmeerregion, Sahara, Südportugal.
Wuchsform: Anfangs krautige Rosetten, dann aufstrebend mit guter Verzweigung und großen, lanzettlichen Blättern. Die in starken Farben leuchtenden Blütenstände sind gefärbte Kelchblätter, die eigentlichen Blüten sind cremegelb und eher unscheinbar.
Pflanzenhöhe: 60 bis 80 cm.
Blütenfarbe: Weiß, Gelb, Rosa, Rot, Blau.
Blütezeit: Juli bis September.
Verwendung: In Sommerblumenrabatten oder Pflanzschalen in Gruppen oder als Schnitt- und Trockenblumen in Beeten.
Standortansprüche: Sonnige und warme Lage, mittelschwerer, aber durchlässiger Boden mit guter Nährstoffversorgung.
Vermehrungsart und -zeit: Aussaat von gereinigtem Saatgut im März in Kisten oder im Kasten in durchlässiges Substrat. Keimtemperatur 18 °C. Keimzeit 1 bis 2 Wochen. 380 Korn pro Gramm. Bedarf für 1000 Pflanzen 10 bis 15 g.
Anzucht: Sämlinge frühzeitig pikieren oder direkt in Töpfe von 7 bis 8 cm ∅ pflanzen. Substrat mittelschwer mit Sandzusatz. Temperatur 14 bis 15 °C, sonnig.

Linaria maroccana ⊙

Synonym: –
Familie: Scrophulariaceae.
Deutscher Name: Marokko-Leinkraut.
Heimat/Herkunft: Südspanien, Portugal, Marokko.
Wuchsform: Krautig, unten dicht verzweigt und belaubt, oben straff aufrecht, eher kahl. Die Blätter sind schmal lanzettlich. Die Blüten stehen dicht gedrängt an endständigen Trauben.
Pflanzenhöhe: 20 cm hoch.
Blütenfarbe: Weiß, Hellblau, Rosa mit Auge und Gelb.
Blütezeit: Hauptblütezeit Mai bis August, durch Rückschnitt schwächere Nachblüte.
Verwendung: In Sommerblumenrabatten sowie als sommerblühende Topfpflanze.
Standortansprüche: Sonnig warme Lage, mittelschwerer, aber durchlässiger Boden. Nicht zu dicht pflanzen!
Vermehrungsart und -zeit: Aussaat April bis Mai bei 18 °C.
Anzucht: Je 2 bis 3 Sämlinge pro Topf pflanzen und kühl und luftig anziehen.
Besonderheiten: Die Blüte hält in der Regel nur 6 bis 8 Wochen an, dann nimmt die Blühwilligkeit rapide ab. Durch Rückschnitt kann eine Nachblüte gefördert werden.

△ 105a Linaria maroccana
▽ 105b Linaria maroccana

▽ 105c Linum grandiflorum

Linum grandiflorum ⊙

Synonym: –
Familie: Linaceae.
Deutscher Name: Großblütiger Lein, Blutlein, Flachs, Lein.
Heimat/Herkunft: Algerien.
Wuchsform: Krautig aufrecht, reich verzweigt, Blätter blaugrün und zahlreich. Die großen Blüten stehen in lockeren rispigen Dolden.
Pflanzenhöhe: 30 bis 40 cm.
Blütenfarbe: Blutrot. Es gibt auch eine rosafarbene Abart.
Blütezeit: Juni bis Oktober.
Verwendung: Sommerblumenrabatten in Gruppen. Auch für größere Schalen.
Standortansprüche: Sonnige Lage, durchlässiger, lehmig humoser, nährstoffreicher Boden.
Vermehrungsart und -zeit: Aussaat April bis Mai in Kisten, Kästen oder direkt ins Freiland. Keimtemperatur 15 °C. Keimdauer 14 Tage. 300 Korn pro Gramm. Bedarf für 1 000 Pflanzen 10 g.
Anzucht: Pikieren in Kisten oder in Frühbeetkästen, später auspflanzen ins Freiland oder in Verkaufstopf von 7 bis 8 cm ∅ pflanzen. Lehmig humoses Substrat.

△ 106a Lobelia cardinalis

Lobelia cardinalis

♃ Ⓚ

Synonym: –
Familie: Campanulaceae.
Deutscher Name: Hohe dunkelrote Lobelie, Scharlachlobelie, Kardinals-Lobelie.
Heimat/Herkunft: Brunswick, Michigan, Minnesota (USA).
Wuchsform: Anfänglich grundständige, krautige Rosette mit lang lanzettlichen dunkelroten Blättern, später straff aufsteigende Triebe mit langen, ährigen bis traubigen Blütenständen.
Pflanzenhöhe: 90 cm.
Blütenfarbe: Leuchtend scharlachrot.
Blütezeit: Juni bis Oktober.
Verwendung: Stets in Gruppen von 5 bis 10 Pflanzen zwischen niederen Sommerblumen in Rabatten oder größeren Pflanzenschalen. Auch als Schnittblume verwendbar.
Standortansprüche: Sonnig bis halbschattig, liebt gut gedüngten, mittelschweren Boden.
Vermehrungsart und -zeit: Aussaat Januar bis Februar in Schalen. Lichtkeimer. Keimtemperatur 18 °C. Keimzeit 1 bis 2 Wochen. 25 000 Korn pro Gramm. Bedarf für 1 000 Pflanzen 0,1 g. Teilung der frostfrei überwinterten Pflanzen des Vorjahres. Ergibt stärkere Triebe.
Anzucht: Pikieren der Sämlinge in Kisten. Später je 2 bis 3 in 8-cm-Topf umpflanzen in lehmig humoses Substrat mit mäßiger Grunddüngung.
Besonderheiten: Leuchtendstes Rot im Sortiment der Sommerblumen!

△ 106b Lobelia erinus
▽ 106c Lobelia erinus

Lobelia erinus

⊙ ⊙ ♃

Synonym: –
Familie: Campanulaceae.
Deutscher Name: Männertreu, Niedere Lobelie, Blaue Lobelie.
Heimat/Herkunft: Südafrika, Kapland.
Wuchsform: Krautig mit dünnen Trieben, fein verzweigt. Wuchs kompakt bis kriechend.
Pflanzenhöhe: Je nach Sorte 10 bis 25 cm.
Blütenfarbe: Tiefblau, Rosa, Weiß.
Blütezeit: Mai bis Oktober.
Verwendung: Einfassungen, Beetpflanze in Rabatten und auf Gräbern. Hängende Sorten auch für Pflanzgefäße, Ampeln, Mooswände oder „Hanging Baskets".
Standortansprüche: Sonnig bis halbschattig, keine zu heißen Lagen! Boden humos bis leicht lehmig mit mäßiger Nährstoffversorgung.
Vermehrungsart und -zeit: Aussaat Januar bis März in Kisten bei 18 °C. Samen nicht bedecken (Lichtkeimer!). Sehr feiner Samen. Keimzeit 1 bis 2 Wochen. 30 000 Korn pro Gramm. Bedarf für 1 000 Pflanzenbüsche 0,5 g.
Anzucht: Büschelweise zu 5 bis 8 Sämlingen in Kisten pikieren. Später auspflanzen in Kasten in torfreiches Substrat oder eintopfen in Multitopfplatten von 7 bis 8 cm ∅. Temperatur 12 bis 15 °C. N-betonte Düngung vermeiden!

Lobelia × gerardii

♃ ∧

Synonym: L. × vedrariensis.
Familie: Campanulaceae.
Deutscher Name: Grünlaubige hohe Lobelie.
Heimat/Herkunft: Kreuzung aus L. cardinalis × L. siphilitica.
Wuchsform: Krautig, mit kräftigen, dunkelgrünen, lanzettlichen Blättern, zuerst rosettig, später straff aufsteigend, mit starken, dicken Trieben und sehr langen Blütenähren.
Pflanzenhöhe: 1 bis 1,2 m.
Blütenfarbe: Leuchtendes Scharlachrot und Purpurviolett.
Blütezeit: Juli bis September.
Verwendung: Ähnlich wie L. cardinalis in größeren Sommerblumenrabatten und Pflanzschalen, sowie als Schnittblume.
Standortansprüche: Sonnig bis halbschattig, liebt gut gedüngten, tiefgründigen, mittelschweren Boden und konstante Feuchtigkeit.
Vermehrungsart und -zeit: Aussaat Januar bis Februar in Kisten. Keimtemperatur 18 °C. Keimzeit 1 bis 2 Wochen. 20 000 Korn pro Gramm. Bedarf für 1 000 Pflanzen 0,125 g. Teilung der überwinterten Pflanzen.
Anzucht: Pikieren und später eintopfen in 8- bis 9-cm-Topf. Substrat lehmig humos mit mäßiger Grunddüngung. Temperatur 14 bis 15 °C.
Besonderheiten: Immer in Gruppen pflanzen. Auffallende Neuheit!

△ 107a Lobelia × gerardii
▽ 107b Lobelia × speciosa

Lobelia × speciosa

♃ ✂

Familie: Campanulaceae.
Deutscher Name: Hohe Lobelie.
Heimat/Herkunft: Kreuzung aus L. cardinalis × L. siphilitica × L. splendens.
Wuchsform: Aus krautiger Blattrosette sprießt ein kräftiger, im unteren Bereich beblätterter Spross empor, der endständig in dichter Folge große Blüten entwickelt.
Pflanzenhöhe: 60 bis 75 cm.
Blütenfarbe: Leuchtendes Rot, Blauviolett, Lachsrosa bis Weiß.
Blütezeit: Juli bis September.
Verwendung: In Gruppen in niederen Rabatten oder auch als Schnittblumen.
Standortansprüche: Sonnige bis halbschattige Lage und nährstoffreicher Boden.
Vermehrungsart und -zeit: Aussaat bereits im Januar (Lichtkeimer) bei 18 °C oder Teilung von überwinterten Pflanzen. Zu teilende Pflanzen am besten schon im Spätherbst ausgraben und frostfrei überwintern. Sie verzweigen sich dann besser.
Anzucht: Sämlinge pikieren und bei 10 bis 14 °C kultivieren. Später eintopfen, sie ertragen im Frühjahr auch leichte Fröste.
Besonderheiten: Neue Sorten mit interessantem Farbenspiel. Rückschnitt fördert Nachblüte.

△ 108a Lobelia tenuior
▽ 108b Lobularia maritima var. benthamii

Lobelia tenuior ♃ (K)

Synonym: L. ramosa.
Familie: Campanulaceae.
Deutscher Name: Großblumiges Männertreu.
Heimat/Herkunft: Westaustralien.
Wuchsform: Krautig, dicht verzweigt, breit buschig bis kriechend mit feiner Verzweigung und lockerem Aufbau. Die großen Blüten sitzen gleichmäßig verteilt auf der Pflanze.
Pflanzenhöhe: 15 cm.
Blütenfarbe: Weiß, Rosa, Blau.
Blütezeit: Juni bis Oktober.
Verwendung: Einfassungen, niedere Rabatten, Pflanzschalen, Gräber.
Standortansprüche: Sonnig bis halbschattig, humoser bis lehmiger Boden.
Vermehrungsart und -zeit: Aussaat Februar bis März in Kistenbei 18 °C. Keimzeit 1 bis 2 Wochen. 20000 bis 25000 Kron pro Gramm. Bedarf für 1000 Büschel 0,125 g.
Anzucht: Pikieren in kleinen Büscheln von 5 bis 8 Sämlingen in humoses, schwach gedüngtes Substrat (salzempfindlich). Später in Kasten pflanzen oder in 7- bis 8-cm-Topf bzw. Multitopfplatten topfen.

Lobularia maritima var. benthamii ⊙

Synonym: Alyssum maritimum.
Familie: Brassicaceae.
Deutscher Name: Duftsteinrich, Strand-Silberkraut.
Heimat/Herkunft: Südeuropa, Kanarische Inseln, Azoren.
Wuchsform: Krautig, fein verzweigt, aufrecht bis kriechend, dichte, flache Polster bildend, kleine Blüten endständig.
Pflanzenhöhe: Je nach Dichte der Pflanzung 10 bis 20 cm.
Blütenfarbe: Weiß, Lachsrosa, Purpurviolett.
Blütezeit: Mai bis Oktober.
Verwendung: Einfassungen, Rabatten, Gräber, Pflanzschalen für draußen.
Standortansprüche: Liebt sonnigen Standort und mittelschwere, aber durchlässige Erde, die nicht stark gedüngt ist.
Vermehrungsart und -zeit: März bis April Aussaat direkt in Verkaufstöpfe. Keimtemperatur 15 bis 18 °C. Keimzeit 8 bis 10 Tage. 2500 Korn pro Gramm. Bedarf für 1000 Töpfe 5 g.
Anzucht: Pro Topf je 5 bis 8 Korn säen und leicht bedecken. Anzucht im Kasten, relativ kühl, jedoch keine zu große Nässe.
Besonderheiten: Starker, süßlicher Duft. Wenn die Blüte im Sommer nachlässt, ist ein Rückschnitt vorteilhaft. Bienenfutterpflanze. Samt oft selbst aus.

Lonas annua

☉

Synonym: Athanasia annua, L. inodora.
Familie: Asteraceae.
Deutscher Name: Ruhrkraut, Gelbes Ageratum, Gelber Leberbalsam.
Heimat/Herkunft: Südostitalien, Sizilien, Nordwestafrika.
Wuchsform: Krautig aufrecht, gut verzweigt mit fiederschnittigen Blättern. Die Blüten sitzen endständig in dichten Trugtrauben.
Pflanzenhöhe: 35 bis 50 cm.
Blütenfarbe: Gelb.
Blütezeit: Juli bis Oktober.
Verwendung: Dankbare Gruppenpflanze für Rabatten und größere Pflanzschalen. Wird auch als Schnitt- und Trockenblume verwendet.
Standortansprüche: Sonnige und warme Lage mit durchlässigem, mittelschwerem Boden. Erträgt Trockenheit sehr gut. Nie zu hohe Düngergaben.
Vermehrungsart und -zeit: Aussaat März bis April bei 18 °C. Keimzeit 1 bis 2 Wochen. 3500 Korn pro Gramm. Bedarf für 1000 Pflanzen 1 g.
Anzucht: Pikieren in Kisten oder direkt in 7- bis 8-cm-Topf in sandiges, durchlässiges Substrat. Anzucht bei 12 bis 15 °C. Nässe vermeiden!

△ 109a Lonas annua
▽ 109b Lophospermum purpusii

Lophospermum purpusii

♃ (K)

Synonym: Maurandya purpusii, Asarina Purpusii.
Familie: Scrophulariaceae.
Deutscher Name: Asarine.
Heimat/Herkunft: Süd-West-Mexiko.
Wuchsform: Krautig aufrecht, starker Kletterer mit weichen, grünen, breit lanzettlichen, am Rande leicht gezähnten Blättern. Aus den Blattachseln erscheinen zahlreich einzelne, trompetenförmige Blüten.
Pflanzenhöhe: Als Kletterpflanze über 1 m, als Ampelpflanze 50 bis 60 cm.
Blütenfarbe: Kirschrot bis Dunkelrosa.
Blütezeit: Bei früher Aussaat ab Juni bis November.
Verwendung: Kann an Bambusstäben als Kletterpflanze gezogen werden, aber auch als Ampelpflanze in „Hanging Baskets" sehr dekorativ.
Standortansprüche: Sonnig bis halbschattig, nicht zu heiße Lage. Kann bei mind. 5 °C feucht überwintert werden.
Vermehrungsart und -zeit: Aussaat Januar bis März.
Anzucht: Anzucht an Stäben, schnell wachsend.
Besonderheiten: Laufend nachdüngen!

Lunaria annua

Synonym: L. biennis.
Familie: Brassicaceae.
Deutscher Name: Silberling, Mondviole.
Heimat/Herkunft: Südosteuropa, Italien.
Wuchsform: Krautig aufrecht, locker verzweigt mit meist ovalen Blättern. Die Blüten erscheinen in endständigen Trauben. Nach der Blüte bilden sich runde Schoten, deren innere Trennwände später den Zierwert ausmachen.
Pflanzenhöhe: 50 bis 60 cm.
Blütenfarbe: Purpurviolett, mitunter auch Weiß.
Blütezeit: Mai bis Juni.
Verwendung: Vor allem als Trockenblume, respektive für Trockenblumenbinderei. Auch als Frühjahrsblüher in Rabatten von gewisser Zierde.
Standortansprüche: Sonnig bis halbschattig, mittelschwerer, nährstoffreicher Boden. Standortwechsel im zweiten Jahr, da anfällig für Kohlhernie.
Vermehrungsart und -zeit: Aussaat April bis Juli in Sätzen. Keimtemperatur 15 °C. Keimzeit 15 bis 20 Tage. 50 Korn pro Gramm. Bedarf für 1 000 Pflanzen 50 g.
Anzucht: Aussaat in Kisten, Kästen oder später ins Freiland in nicht zu dichter Saat- Pikieren in Kisten oder direkt in Töpfe in lehmig humoses Substrat mit guter Nährstoffversorgung.
Besonderheiten: Um Samen zu erhalten, sind die Außenwände der Schoten zu lösen.

△ 110a Lunaria annua
▽ 110b Lycianthes rantonnetii

Lycianthes rantonnetii

Synonym: Solanum rantonnetii.
Familie: Solanceae.
Deutscher Name: Blauer Kartoffelbaum, Enzianbaum.
Heimat/Herkunft: Paraguay, Argentinien.
Wuchsform: Lockerer Strauch bis Baum, kletternd, mit guter Verzweigung und langen Sprossranken, die leicht überhängen. Das dunkelgrüne Blatt ist lang lanzettlich. An den jungen Triebenden entwickeln sich die Blüten zahlreich.
Pflanzenhöhe: Je nach Alter 60 cm bis 2 m, als lockere Blütensträucher oder als Hochstämme.
Blütenfarbe: Blauviolett mit gelber Mitte.
Blütezeit: Juni bis Oktober.
Verwendung: Lockere Sträucher als Blickpunkt in niederen Rabatten, als Kübelpflanze oder Hochstämme.
Standortansprüche: Durch den Sommer sonnig bis halbschattig mit reichlichen Wasser- und Nährstoffgaben. Im Winter kühl und stets feucht halten.
Vermehrungsart und -zeit: Durch ausgereifte Kopf- und Teilstecklinge das ganze Jahr über, jedoch nur von Pflanzen, die nicht mit Wachstumsregulatoren behandelt wurden.
Besonderheiten: Bewurzelte Stecklinge in 8 bis 9-cm-Töpfe pflanzen, nach Bedarf pinzieren oder als Hochstämme ziehen. Wuchshemmstoffbehandlungen im Verkaufsjahr.

Lysimachia congestiflora

Synonym: –
Familie: Primulaceae-
Deutscher Name: Hängende Lysimachie, Ampelfelberich, Gilbweiderich.
Heimat/Herkunft: China.
Wuchsform: Staude mit zahlreichen, kriechenden bis hängenden Trieben. Die Blätter sind grün und lanzettlich. An den Triebenden bilden sich kugelige Blütenstände mit fünfzipfeligen Blüten.
Pflanzenhöhe: 30 bis 50 cm.
Blütenfarbe: Mai bis Oktober.
Blütezeit: Leuchtendes Gelb.
Verwendung: Ampelpflanze, auch für größere, hängende Pflanzschalen geeignet.
Standortansprüche: Sonnig bis halbschattig, lehmig humoses Substrat. Im Sommer reichlich nachdüngen.
Vermehrungsart und -zeit: Durch Kopfstecklinge während der Wintermonate bei 15 bis 20 °C.
Anzucht: Bewurzelte Stecklinge in 8-cm-Töpfe in lehmig humoses Substrat eintopfen. Anzucht bei 15 bis 18 °C. Pinzieren, um buschige Pflanzen zu erreichen.

△ 111a Lysimachia congestiflora
▽ 111b Mandevilla × amabilis

Mandevilla × amabilis

Synonym: Dipladenia-Hybriden, D. × amabilis.
Familie: Apocynaceae.
Deutscher Name: Große Trichterblüte, Dipladenie.
Heimat/Herkunft: Zuchtform; Wildformen aus Südamerika.
Wuchsform: Stark rankende Kletterpflanze mit großen, ovalen, gegenständigen Blättern mit deutlicher Nervatur. Aus den Blattachseln erscheinen kurze Blütentriebe mit großen, glockigen Blüten.
Pflanzenhöhe: Ältere Pflanzen können im Freien 1,5 bis 2 m Höhe erreichen.
Blütenfarbe: Intensiv Rosa bis Rot.
Blütezeit: Juni bis September.
Verwendung: An Klettergerüsten sowie an Stäben in größeren Pflanzschalen.
Standortansprüche: Erträgt im Freien bei guter Abhärtung volle Sonne. Gut mit Nährstoffen versorgen.
Vermehrungsart und -zeit: Durch Teilstecklinge das ganze Jahr über bei 20 °C.
Anzucht: Eintopfen und an Stäbe binden.
Besonderheiten: Sehr dekorative Pflanze, die man bis jetzt nur als Zimmerpflanze kannte.

△ 112a Mandevilla sanderi
▽ 112b Matthiola incana

Mandevilla sanderi

Synonym: Dipladenia sanderi.
Familie: Sanders Dipladenie, Trichterblüte, Falscher Jasmin.
Deutscher Name: Apocynaceae.
Heimat/Herkunft: Brasilien.
Wuchsform: Strauchig bis leicht kletternd mit dünnen Trieben und gegenständigen, zugespitzt eirunden, mattgrün glänzenden Blättern. Aus den Blattachseln erscheinen trichterförmige Blüten.
Pflanzenhöhe: Je nach Alter 20 bis 50 cm.
Blütenfarbe: Rosa oder Weiß mit gelbem Schlund.
Blütezeit: Juni bis September.
Verwendung: In Rabatten, Pflanzschalen und auf Gräbern.
Standortansprüche: Erträgt im Sommer volle Sonne wie auch Halbschatten. Neu im Sommerblumensortiment.
Vermehrungsart und -zeit: Teilstecklinge das ganze Jahr über bei 10 °C.
Anzucht: Eintopfen der bewurzelten Stecklinge und an Stäben in nicht zu großen Töpfen anziehen. Abhärten.

Matthiola incana

D

Synonym: –
Familie: Brassicaceae.
Deutscher Name: Garten-Levkoje.
Heimat/Herkunft: Südwesteuropa, Kleinasien, Nordafrika, Kanarische Inseln.
Wuchsform: Auf starker Pfahlwurzel wächst ein Haupttrieb straff aufrecht, seitlich verästelt. Die lanzettlichen Blätter sind grauweiß behaart.
Pflanzenhöhe: Je nach Sortengruppe 25 bis 80 cm.
Blütenfarbe: Weiß, Gelb, Rosa, Rot, Blau.
Blütezeit: Im Freien Juli bis September.
Verwendung: Im Gewächshaus als Schnittblumen, im Freiland für Rabatten und Schalen.
Standortansprüche: Sonnig bis halbschattig. Mittelschwerer, durchlässiger Boden mit guter Nährstoffversorgung.
Vermehrungsart und -zeit: Aussaat fürs Freiland März bis April, bei 18 bis 20 °C. Keimdauer 15 Tage. 600 Korn pro Gramm. Bedarf für 1 000 Pflanzen 5 g.
Anzucht: Bei Sämlingen sind etwa die Hälfte gefüllt blühend mit hellen Blättern, die andere Hälfte einfachblühend mit dunklen Blättern. Pikieren in 7-cm-Töpfe. Im Gewächshaus Anzucht bei 12 bis 15 °C.

Melampodium paludosum ♃ Ⓚ

Synonym: –
Familie: Asteraceae.
Deutscher Name: Sterntaler.
Heimat/Herkunft: Südamerika.
Wuchsform: Krautig aufrecht mit breiter Verzweigung und reichem, aber lockerem Blütenflor. Die margeritenähnlichen Blüten sind 3 cm groß.
Pflanzenhöhe: Anfänglich 20 cm, später 40 cm.
Blütenfarbe: Goldgelb.
Blütezeit: Mai bis Oktober.
Verwendung: Infolge des breiten Wuchses gut geeignet für Sommerblumenrabatten, Schalen und auch als Balkonschmuck.
Standortansprüche: Sonnige Lage, stets auf gute Bodenfeuchtigkeit und Nährstoffversorgung achten.
Vermehrungsart und -zeit: Aussaat Februar bis März in Kisten. Keimtemperatur 18 bis 20 °C. Keimzeit 2 Wochen. 3 000 Korn pro Gramm. Bedarf für 1 000 Pflanzen 10 g.
Anzucht: Pikieren in Kisten und später eintopfen in 8- bis 9-cm-Töpfe oder Multitopfplatten. Mittelschweres bis humoses Substrat mit mäßiger Grunddüngung. Erträgt keine Trockenheit.
Besonderheiten: Anspruchsloser Dauerblüher. Für kompakten Wuchs Alar-Behandlung vornehmen.

△ 113a Melampodium paludosum

Mentha suaveolens ♃ Ⓝ

Synonym: M. rotundifolia, M. rugosa, M. fragrans.
Familie: Lamiaceae.
Deutscher Name: Rundblättrige Minze, Apfelminze.
Heimat/Herkunft: Europa, Nordafrika, Sibirien, Nordamerika.
Wuchsform: Ausdauernde Staude. Kriechende Grundsprosse mit verästelten Trieben, die endständig leicht aufstehen. Die Blätter stehen gegenständig, sie sind kurz gestielt bis sitzend, eirund bis herzförmig und am Rande gekerbt bis gesägt. Die panaschierte Zierform hat einen dekorativen weißen Rand.
Pflanzenhöhe: 20 bis 30 cm.
Blütenfarbe: Hellviolett bis Lila, unscheinbar.
Blütezeit: Juni bis Oktober.
Verwendung: Sowohl für Tee wie auch als dekorativer Bodendecker sowie in Schalen, „Hanging Baskets" und für Beeteinfassungen.
Standortansprüche: Anspruchslos, bevorzugt jedoch sonnigen Standort und durchlässigen Boden.
Vermehrungsart und -zeit: Kopfstecklinge, die sehr leicht Wurzeln bilden. Vermehrung während der Vegetationszeit.
Anzucht: Bewurzelte Stecklinge eintopfen und anfänglich pinzieren. Anspruchslose Pflanze.
Besonderheiten: Angenehmer Duft.

△ 113b Mentha suaveolens
▽ 113c Mentha suaveolens

Mimulus × hybridus ☉ ♃

Synonym: M. × tigrinus, M.-Hybriden.
Familie: Scrophulariaceae.
Deutscher Name: Gauklerblume, Affenblume.
Heimat/Herkunft: Zuchtform.
Wuchsform: Krautig aufrecht, verzweigt, Blätter lang herzförmig, große, gefleckte Blüten.
Pflanzenhöhe: 20 bis 30 cm.
Blütenfarbe: Gelb, Orange bis Braunrot mit dunklen Flecken.
Blütezeit: Juni bis Oktober.
Verwendung: Sommerblumenrabatten, Pflanzschalen und auch als Topfpflanzen.
Standortansprüche: Halbschattige Lage und durchlässiger, aber feuchter Boden. Mäßige Grunddüngung.
Vermehrungsart und -zeit: Aussaat März bis April in Kisten in lehmig humoses Substrat, das stets feucht gehalten wird. Keimtemperatur 12 °C. Keimzeit 8 bis 14 Tage. 25 000 Korn pro Gramm. Bedarf für 1 000 Pflanzen 0,5 g. Auch Vermehrung durch Stecklinge ist möglich.
Anzucht: Pikieren in Kisten, Kästen oder direkt in 7- bis 8-cm-Töpfe zu 3 bis 4 Sämlingen. Halbschattig und kühl kultivieren.

△ 114a Mimulus × hybridus
▽ 114b Mirabilis jalapa

Mirabilis jalapa ☉ ♃ Ⓚ

Synonym: –
Familie: Nyctaginaceae.
Deutscher Name: Wunderblume.
Heimat/Herkunft: Westliches tropisches Amerika.
Wuchsform: Krautig aufrecht, verzweigt, bildet einen rundlichen Busch. Blätter länglich herzförmig. Blüten zu 3 bis 6 zusammen. Bildet Wurzelknollen.
Pflanzenhöhe: 50 cm bis 1 m, mit Wuchshemmstoffen kürzer.
Blütenfarbe: Gelb, Weiß, Rot bis Purpur, oft mehrere Farben in einer Blüte.
Blütezeit: Juli bis Oktober. Die Blüten öffnen sich nachts und schließen sich wieder am späten Nachmittag.
Verwendung: In größeren Rabatten in Gruppen, in kleineren in Einzelstellung, Pflanzschalen.
Standortansprüche: Sonnige und warme Lage, nährstoffreicher aber durchlässiger Boden, mittelschwer.
Vermehrungsart und -zeit: Aussaat März bis Mai in Kisten oder Kästen, bei 15 bis 18 °C. Keimzeit Tage. 12 Korn pro Gramm. Bedarf für 1 000 Pflanzen bei 150 g.
Anzucht: Pikieren in Kisten oder direkt in 8-cm-Töpfe in lehmig humoses Substrat. Bei früher Aussaat später in größere Töpfe planzen. Sonniger Standort, nachdüngen.

Moluccella laevis ☉ ✂

Synonym: –
Familie: Lamiaceae.
Deutscher Name: Muschelblume, Trichtermelisse.
Heimat/Herkunft: Westasien.
Wuchsform: Krautig aufrecht, wenig verzweigt, großes rundliches Blatt.
Pflanzenhöhe: 60 cm bis 1 m.
Blütenfarbe: Grüne große Kelchblätter, unscheinbare weiße Blüten.
Blütezeit: Juli bis September.
Verwendung: In Sommerblumenrabatten interessante Abwechslung. Auch als Schnitt- und Trockenblumen sehr begehrt.
Standortansprüche: Sonnig bis halbschattig in mittelschwerem, sandig durchlässigem Boden mit guter Nährstoffversorgung.
Vermehrungsart und -zeit: Aussaat im März in Kisten bei 12 bis 15 °C. Keimzeit 2 bis 4 Wochen. 180 Korn pro Gramm. Bedarf für 1 000 Pflanzen 15 g.
Anzucht: Pikieren in Töpfe von 9 bis 10 cm ∅ in sandig lehmiges Substat. Auspflanzen in Gruppen von 5 bis 10 Pflanzen.
Besonderheiten: Für die Trockenbinderei die Triebe luftig und schattig hängend trocknen lassen.

△ 115a Moluccella laevis
▽ 115b Monarda Cultivars

Monarda Cultivars in Sorten ♃

Synonym: M.-Hybriden.
Familie: Lamiaceae.
Deutscher Name: Indianer-Nessel.
Heimat/Herkunft: Kulturform.
Wuchsform: Krautig, kräftige, aufrecht wachsende Triebe, die schmal lanzettliche Blätter tragen und endständig am Schaft etagenartig und quirlständig Lippenblüten ausbilden.
Pflanzenhöhe: 60 bis 80 cm.
Blütenfarbe: Zartrosa bis Weiß, zweifarbig.
Blütezeit: Juli bis Oktober.
Verwendung: Mittelhoher Sommerblüher für Tuffs in niederen Rabatten.
Standortansprüche: Sonnig bis halbschattig, mittelschwerer, nährstoffreicher Boden.
Vermehrungsart und -zeit: Kopfstecklinge von Februar bis März bei 15 bis 18 °C.
Anzucht: Pikieren und eintopfen in 9- bis 10-cm-Töpfe.
Besonderheiten: Muss an windigen Standorten aufgebunden werden oder bei beetweiser Pflanzung ein Stütznetz verwenden.

Myosotis sylvatica ⊙ ♃

Synonym: M. alpestris, M. oblongata.
Familie: Boraginaceae.
Deutscher Name: Vergissmeinnicht, Wald-Vergissmeinnicht.
Heimat/Herkunft: Europa, Kleinasien, Mittelasien, Nordwestafrika.
Wuchsform: Anfangs krautig rosettig mit langen, linealischen, leicht behaarten Blättern. Ab Frühjahr aufstrebende, verzweigte Triebe mit endständigen Blütenrispen.
Pflanzenhöhe: Je nach Sorte 12 bis 40 cm.
Blütenfarbe: Blau, Weiß, Rosa.
Blütezeit: April bis Juni.
Verwendung: Niedere Sorten für Rabatten, Gräber und kleine Pflanzschalen, hohe Sorten für große Gefäße und Schnitt.
Standortansprüche: Sonnig bis halbschattig, mittelschwerer Boden mit mäßiger Grunddüngung.
Vermehrungsart und -zeit: Aussaat Juli bis August in Kästen in steriles Substrat (Kastenerde mit Torfzugabe). Keimtemperatur 12 bis 14 °C. Keimzeit 2 bis 3 Wochen bei konstanter, gleichmäßiger Feuchtigkeit (Kontrolle!). 2000 Korn pro Gramm. Bedarf für 1000 Pflanzen 2 g. Nicht zu dicht säen!
Anzucht: Pikieren direkt auf Anzuchtbeete in mittelschweren, mäßig aufgedüngten Boden. Auch Topfkultur in 8-cm-Töpfen hat sich gut bewährt. Ab September auspflanzen an endgültigen Standort. 25 Pflanzen/m².

△ 116a Myosotis sylvatica
▽ 116b Myosotis sylvatica

Nemesia strumosa

Synonym: N.-Hybriden.
Familie: Scrophulariaceae.
Deutscher Name: Nemesie, Venusspiegel.
Heimat/Herkunft: Aus Kreuzungen mit N. strumosa und N. versicolor.
Wuchsform: Krautig aufrecht, stark verzweigt. Die unteren Blätter sind spatelförmig, die oberen lanzettlich bis linealisch. Die bis 2,5 cm großen, farbenfrohen Blüten stehen auf lockeren Trugdolden.
Pflanzenhöhe: Je nach Sorte 30 bis 60 cm. Bevorzugt werden niedere Sorten.
Blütenfarbe: Weiß, Gelb, Orange, Rot, Hellblau.
Blütezeit: Juni bis August, bei frühzeitigem Pinzieren und Nachdüngen Blüte bis September.
Verwendung: Rabatten, Schalen, niedere Sorten auch als Topfpflanzen.
Standortansprüche: Sonnige Lage, nährstoffreicher, mittelschwerer Boden ohne Staunässe. Wenn die Blüte etwas nachlässt, ist ein leichter Rückschnitt förderlich.
Vermehrungsart und -zeit: Aussaat März bis April in Kisten bei 12 bis 15 °C. Keimzeit 2 bis 3 Wochen. 3 600 Korn pro Gramm. Bedarf für 1 000 Pflanzen 1 g. Nicht zu dichte Aussaat.
Anzucht: Pikieren in Schalen in durchlässigen, sandhaltiges Substrat. Eintopfen in 8-cm-Topf. Erst ab Mitte Mai auspflanzen.

△ 117a Nemesia strumosa
▽ 117b Nerium oleander

Nerium oleander

Synonym: N. indicum, N. odorum.
Familie: Apocynaceae.
Deutscher Name: Oleander.
Heimat/Herkunft: Mittelmeerregion, Portugal.
Wuchsform: Blütenstrauch mit aufrechtem Wuchs und schmal lanzettlichen, etwas steifen Blättern. Die Blüten sitzen an endständigen Rispen.
Pflanzenhöhe: Je nach Alter 50 cm bis 2 m.
Blütenfarbe: Weiß, Hellgelb, Rosa, Rot, Lachs, einfache und gefüllte Sorten.
Blütezeit: Juni bis September.
Verwendung: Als nicht winterharte Gartenpflanze wird der Oleander meist als Kübelpflanze gehalten. Jüngere Pflanzen in Rabatten.
Standortansprüche: Sonnig warme Lage, im Winter frostfreier Raum bei 3 bis 8 °C. Stets feucht halten. Über den Sommer reichlich düngen.
Vermehrungsart und -zeit: Kopfstecklinge von nicht zu kräftigen Blatttrieben das ganze Jahr über bei 15 bis 18 °C möglich. Die Stecklinge wurzeln auch in einem Glas Wasser.
Anzucht: Bewurzelte Stecklinge einzeln oder zu je 3 in 12-cm-Töpfe in lehmig humoses Substrat pflanzen. Nährstoffvorrat und Nachdüngung wichtig.
Besonderheiten: Anfällig für Schildläuse. Der Pflanzensaft ist giftig.

△ 118a Nerium oleander als Kübelpflanzen
▽ 118b Nicotiana sanderae

Nicotiana × sanderae ⊙

Synonym: –
Familie: Solanaceae.
Deutscher Name: Niederer Ziertabak.
Heimat/Herkunft: Kreuzung aus N. alata × N. forgetiana.
Wuchsform: Krautig mit lanzettlichen Blättern. Aus dichten Blattrosetten steigen stark verzweigende Triebe hoch, die endständig lockere Blütenrispen tragen.
Pflanzenhöhe: 30 bis 75 cm, je nach Sorte.
Blütenfarbe: Weiß, Hellgrün, Rosa, Rot.
Blütezeit: Juni bis Oktober.
Verwendung: Infolge des niederen Wuchses für großflächige Teppichbeete oder tuffweise in Sommerblumenrabatten oder Schalen.
Standortansprüche: Sonnige Lage, nährstoffreicher Boden, mittelschwer.
Vermehrungsart und -zeit: Aussaat Februar bis März in Kisten. Keimtemperatur 18 bis 20 °C. Keimzeit 2 bis 3 Wochen. 8000 Korn pro Gramm. Bedarf für 1000 Pflanzen 0,25 g.
Anzucht: Anzucht relativ warm bei 18 bis 20 °C. Pikieren, eintopfen in 8- bis 9-cm-Töpfe. Vor dem Auspflanzen abhärten.

△ 119a Nicotiana × sanderae
▽ 119b Nicotiana sylvestris

Nicotiana sylvestris ⊙ ♃ D

Familie: Solanaceae.
Deutscher Name: Hoher Ziertabak, Bergtabak.
Heimat/Herkunft: Argentinien.
Wuchsform: Anfangs große, krautige Rosetten mit breit lanzettlichen, hellgrünen Blättern, später straff aufsteigende, kräftige Triebe mit lockeren Blütenständen und meist hängenden Blüten.
Pflanzenhöhe: 80 cm bis 1 m.
Blütenfarbe: Weiß.
Blütezeit: Juni bis Oktober.
Verwendung: Als höhere Gruppenpflanzen zu niederen Sommerblumen und in Pflanzschalen. In Gruppen von mindestens 3 bis 5 Pflanzen.
Standortansprüche: Sonnige und warme Lage und gut gedüngter, mittelschwerer Boden. Bei längeren Trockenperioden gut bewässern.
Vermehrungsart und -zeit: Aussaat Februar bis März im temperierten Haus oder im Warmhaus bei 18 bis 20 °C. Keimzeit 2 bis 3 Wochen. 8000 Korn pro Gramm. Bedarf für 1000 Pflanzen 0,25 g.
Anzucht: Da die Pflanzen am Anfang sehr langsam wachsen, muss relativ früh ausgesät werden. Anzucht bei 18 bis 20 °C. Pikieren, eintopfen in 10-cm-Töpfe, vor dem Auspflanzen gut abhärten.
Besonderheiten: Nicotiana-Pflanzen benötigen eine dauernde, gute Nährstoffversorgung.

△ 120a Nierembergia hippomanica var. violacea
▽ 120b Nigella damascena

Nierembergia hippomanica var. **violacea** ♃ Ⓚ

Synonym: N. caerulea.
Familie: Solanaceae.
Deutscher Name: Nierembergie, Becherblume, Weißbecher.
Heimat/Herkunft: Argentinien.
Wuchsform: Aufrecht bis locker breit verzweigt, bildet rundliche Büsche. Die dunkelgrünen Blätter sind lang lanzettlich bis schmal nadelig. Die becherförmigen Blüten stehen endständig locker über dem Laub.
Pflanzenhöhe: Je nach Sorte 15 bis 30 cm ∅.
Blütenfarbe: Blauviolett, Weinrot und Weiß.
Blütezeit: Juni bis Oktober.
Verwendung: In Rabatten sowie als Unterpflanzung bei Kübelpflanzen.
Standortansprüche: Sonnig warme Lage wird bevorzugt.
Vermehrungsart und -zeit: Aussaat im Februar/März oder Stecklinge im Spätsommer. Die Pflanze ist einjährig und lässt sich nur durch Stecklinge überwintern.
Anzucht: Stets gleichmäßig feucht halten, Pflanzabstand 20 cm. Rechtzeitig pinzieren, damit die Pflanzen buschig werden.
Besonderheiten: Anfällig für Blattläuse. Die Pflanze ist giftig.

Nigella damascena ⊙ ☘

Synonym: –
Familie: Ranunculaceae.
Deutscher Name: Jungfrau im Grünen, Braut in Haaren, Schwarzkümmel, Gretel im Busch.
Heimat/Herkunft: Mittelmeerregion, Kleinasien, Kanarische Inseln.
Wuchsform: Krautig aufrecht mit breiter Verzweigung und fein gefiederten Blättchen. An den Triebenden zierliche Blüten. Auffallend sind auch die großen aufgeblasenen Samenkapseln.
Pflanzenhöhe: 40 cm.
Blütenfarbe: Weiß, Rosa, Himmelblau.
Blütezeit: Juni bis August.
Verwendung: In Rabatten in bunt gemischten Pflanzungen.
Standortansprüche: Sonnig bis halbschattig, humos bis mittelschwer, anspruchslos an Boden und Pflege.
Vermehrungsart und -zeit: Aussaat von März bis April direkt ins Freiland in Reihen oder breitwürfig. Auch Aussaat in Kästen möglich. Keimtemperatur 15 bis 18 °C. Keimzeit 1 bis 2 Wochen. 450 Korn pro Gramm. Bedarf für 1 000 Pflanzen 5 g.
Anzucht: Im Freien auslichten auf 10 cm.
Besonderheiten: Samenstände für Trockenblumenbinderei.

Nigella hispanica ⊙

Synonym: –
Familie: Ranunculaceae.
Deutscher Name: Spanische Jungfer im Grünen, Braut in Haaren, Schwarzkümmel.
Heimat/Herkunft: Spanien, Portugal, Nordwestafrika.
Wuchsform: Krautig, aufrecht mit lockerer Verzweigung. Die Blätter sind sehr fein gegliedert, etwas kräftiger als N. damascena. Die Blüten stehen endständig knapp über dem Laub mit deutlich schwarzer Mitte. Später entwickeln sich interessant geformte Samenkapseln.
Pflanzenhöhe: Bis 60 cm.
Blütenfarbe: Dunkelblau mit Schwarz.
Blütezeit: Juli bis September.
Verwendung: In Rabatten, als Schnittblumen und die Kapseln für Trockenblumenbinderei.
Standortansprüche: Sonnig bis halbschattig in mittelschwerem Boden.
Vermehrungsart und -zeit: Aussaat von Februar bis März bei 18 °C.
Anzucht: Pikieren und eintopfen oder Direktsaat. Samt sich oft selbst aus.
Besonderheiten: Auffallende Neuheit.

△ 121a Nigella hispanica
▽ 121b Osteospermum ecklonis

Osteospermum ecklonis ⊙ ♄ ♄ (K)

Synonym: Dimorphotheca ecklonis.
Familie: Asteraceae.
Deutscher Name: Polarstern, Paternosterstrauch.
Heimat/Herkunft: Südafrika.
Wuchsform: Verzweigt aufrecht bis breit verzweigt, halb verholzend mit dunkelgrünen, lang lanzettlichen bis geteilten Blättern. Die flachen Blütenkörbchen sind interessant gestaltet. Bei einigen Sorten verdrehen sich die Blütenblätter in der Mitte und bekommen dadurch ein ungewöhnlich löffelartiges Aussehen.
Pflanzenhöhe: 40 bis 60 cm.
Blütenfarbe: Weiß mit Blau, Rosa, Lila bis Violett.
Blütezeit: Juni bis September.
Verwendung: In Rabatten sowie in größeren Pflanzgefäßen.
Standortansprüche: Liebt warme und sonnige Lage sowie durchlässigen Boden.
Vermehrungsart und -zeit: Kopfstecklinge während der Vegetationszeit.
Anzucht: Eintopfen in nährstoffreiches Substrat, nach Bedarf pinzieren.
Besonderheiten: In milden Lagen ist diese Art winterhart.

△ 122a Pelargonium Cultivars Zonale-Grp.
▽ 122b Pelargonium Cultivars Zonale-Grp.

Pelargonium Cultivars Zonale-Gruppe ♄ ♄ (K)

Synonym: P.-Zonale-Hybriden, P. zonale, Pelargonium × hortorum.
Familie: Geraniaceae.
Deutscher Name: Aufrechte Pelargonie, Zonalpelargonie, Geranie, Gärtner-Pelargonie.
Heimat/Herkunft: Wildformen aus Südafrika, heutige Sorten sind Zuchtformen.
Wuchsform: Anfangs krautig, später Halbstrauch, aufrecht verzweigt und doldenförmige Blütenstände. Einfache und gefüllte Sorten.
Pflanzenhöhe: Einjährig 25 bis 40 cm, als Hochstamm bis 1,5 cm.
Blütenfarbe: Weiß, Rosa, Lachs, Rot, Orange, Purpur; auch zweifarbig.
Blütezeit: Im Freien Mai bis Oktober.
Verwendung: Für Fenster- und Balkonschmuck, aber auch für Schalen, Gräber und Rabatten.
Standortansprüche: Sonnig bis halbschattig, mittelschweres, steriles Substrat. Im Winter kühle Überwinterung bei 8 bis 8 °C.
Vermehrungsart und -zeit: Kopfstecklinge Juli bis März von getesteten und selektionierten Mutterpflanzen. Messer mit 70 %igem Äthylalkohol desinfizieren. Teilweise ist Aussaat möglich.
Anzucht: Jungpflanzen in 8- bis 9-cm-Töpfe oder direkt in 11- bis 12-cm-Endtöpfe. Anzucht unter keimfreien Bedingungen bei 15 bis 18 °C.
Besonderheiten: Anfällig für Geranienrost und Bakteriose.

△ 122c Pelargonium Cultivars Zonale-Grp.
▽ 122d Pelargonium Cultivars Zonale-Grp.

Pelargonium peltatum

Synonym: P.-Peltatum-Hybriden.
Familie: Geraniaceae.
Deutscher Name: Efeupelargonie, Hängepelargonie, Efeublättrige Pelargonie, Hängegeranie.
Heimat/Herkunft: Südostafrika.
Wuchsform: Anfänglich krautig, später verholzend, mit zunehmendem Wachstum überhängend, mit relativ dünnen Trieben. Einfache und gefüllte Blüten in doldenförmigen Blütenständen.
Pflanzenhöhe: Je nach Sorte 25 bis 80 cm Länge.
Blütenfarbe: Rosa, Rot, Lachs, Violett, Weiß; teilweise zweifarbig. Einfache und gefüllte Sorten.
Blütezeit: Mai bis Oktober.
Verwendung: Beliebte Balkonpflanze, auch für Ampeln und große Schalen oder Hochstämme.
Standortansprüche: Keine extrem heißen Lagen, sonnig bis halbschattig. Mittelschweres steriles Substrat.
Vermehrungsart und -zeit: Stecklingsvermehrung aus selektionierten und getesteten Mutterpflanzen von Juli bis März. Vermehrungstemperatur 18 bis 20 °C. Bewurzelung nach 10 bis 14 Tagen.
Anzucht: Eintopfen in 9-cm-Zwischentopf, 8- bis 9-cm- oder 11bis 12-cm-Endtopf in steriles, mittelschweres Erdsubstrat. Anzucht bei 15 °C.
Besonderheiten: Neuerdings gibt es auch Samenmischungen. Einfach blühende Sorten ertragen mehr Sonne.

△ 123a Pelargonium peltatum, einfache Sorten
▽ 123b Pelargonium peltatum, gefüllte Sorten

▽ 123c Pelargonium peltatum als Fensterschmuck

△ 124a Pelargonium zonale 'Mme. Salleron'
▽ 124b Pennisetum setaceum

Pelargonium zonale 'Madame Salleron' ♄ ♄ Ⓚ

Synonym: P.-Zonale-Hybriden, P. × hortorum.
Familie: Geraniaceae.
Deutscher Name: Aufrechte Pelargonie, Zonalpelargonie. Geranie.
Heimat/Herkunft: Südafrika, Mutationsform aus einer grünblättrigen Sorte.
Wuchsform: Anfangs krautig aufrecht, später verholzend. Dichte Verzweigung und kompakter Wuchs. Auffallend sind die weißen Blattzeichnungen, die dieser Sorte einen besonderen Zierwert verleihen.
Pflanzenhöhe: 20 bis 25 cm.
Blütenfarbe: Karminrot, einfach.
Blütezeit: Von Sommer bis Herbst.
Verwendung: Beliebt auf Gräbern und in Schalen. Auch in gemischten Rabatten verwendbar.
Standortansprüche: Sonnig bis halbschattig.
Vermehrungsart und -zeit: Stecklingsvermehrung im Winter bei 18 °C.
Anzucht: Jungpflanzen in 8- bis 9-cm-Töpfe pflanzen und hell kultivieren, damit die schöne Blattzeichnung sichtbar wird.
Besonderheiten: Blüht nicht sehr willig, Zierwert: Blattzeichnung und niedriger Wuchs.

Pennisetum setaceum ⊙ ⊙ ♃ Ⓚ

Synonym: P. macrostachyum, P. rueppellianum, P. rueppellii.
Familie: Poaceae.
Deutscher Name: Federborstengras, Afrikanisches Lampenputzergras, Einjähriges Lampenputzergras.
Heimat/Herkunft: Sizilien, Nordostafrika, Südwestasien, Arabien.
Wuchsform: Grundständiger Wuchs mit sehr schmalen, aufrechten bis überhängend ausladenden Blättern. Die sich bildenden, auffallend borstigen Blütenähren sind behaart.
Pflanzenhöhe: 50 bis 60 cm.
Blütenfarbe: Purpurviolette Blütenähren, graziös.
Blütezeit: Juli bis Oktober.
Verwendung: In größeren Sommerblumenrabatten als eingestreute Tuffs. Die getrockneten Blütenähren finden auch in der Binderei Verwendung.
Standortansprüche: Sonnige Lage, erträgt gut Hitze und Trockenheit. Durchlässiger, mittelschwerer Boden bevorzugt.
Vermehrungsart und -zeit: Aussaat in Kisten, März bis Anfang April bei 15 bis 18 °C. Keimzeit 10 bis 15 Tage. Durchlässiges, sandiges Substrat. 500 Korn pro Gramm. Bedarf für 1000 Pflanzen 5 bis 10 g.
Anzucht: Pikieren in Tuffs in Kisten, später eintopfen in 7- bis 8-cm-Töpfe.

Penstemon gentianoides ♃ ♄ (K)

Synomym: P. × hybridus, P.-Hybriden, P. gentianoides var. hybridus, P. hartwegii var. hybridus, P. gloxinioides.
Familie: Scrophulariaceae.
Deutscher Name: Bartfaden, Enzian Bartfaden.
Heimat/Herkunft: Zuchtformen aus Kreuzungen.
Wuchsform: Krautig aufrecht mit lanzettlichen Blättern. Die glockenförmigen Blüten hängen traubig. Botanisch eine Staude, jedoch bei uns nicht winterhart.
Pflanzenhöhe: 40 bis 75 cm.
Blütenfarbe: Weiß, Rosa, Rot, Purpur.
Blütezeit: Juni bis Oktober.
Verwendung: In Rabatten und Pflanzschalen, höhere Sorten auch als Schnittblumen.
Standortansprüche: Sonnig bis halbschattig, nährstoffreicher, mittelschwerer Boden.
Vermehrungsart und -zeit: Aussaat Januar bis Februar in Kisten bei 18 bis 20 °C. Keimzeit 2 bis 3 Wochen. 3000 Korn pro Gramm. Bedarf für 1000 Pflanzen 2 g. Durchlässiges, humoses Substrat.
Anzucht: Für gedrungenen Wuchs nach der Keimung kühler halten, bei 12 bis 15 °C. Frühzeitig in Kisten pikieren. Eintopfen in 8-cm-Topf in humoses bis lehmiges Substrat.

△ 125a Penstemon gentianoides
▽ 125b Perilla frutescens var. frutescens

Perilla frutescens var. frutescens ⊙ D (N)

Synomym: P. ocymoides, Ocimum frutescens.
Familie: Lamiaceae.
Deutscher Name: Schwarznessel, Chinesisches Erzblatt.
Heimat/Herkunft: Himalaja, Burma, China, Japan.
Wuchsform: Krautig aufrecht mit guter Verzweigung. Starker Wuchs, dunkelrotes Laub. Durch gelegentlichen Rückschnitt kann die Pflanze auch kürzer gehalten werden. Zierwert schwarzrotes Laub.
Pflanzenhöhe: 60 bis 80 cm.
Blütenfarbe: Unscheinbar.
Blütezeit: Sommer bis Herbst.
Verwendung: Einzelstellung in größeren Rabatten oder als einjährige Hecke. Wegen der schönen Blattfarbe auch für Bindereizwecke.
Standortansprüche: Sonnige Lage, mittelschwerer, nährstoffreicher Boden.
Vermehrungsart und -zeit: Aussaat von März bis Anfang April in Kisten bei 15 °C. Keimzeit 2 bis 3 Wochen. 800 Korn pro Gramm. Bedarf für 1000 Pflanzen 3 g.
Anzucht: Pikieren in Kisten, eintopfen in 8- bis 9-cm-Töpfe in mittelschweres Substrat.

△ 126a Persicaria capitata

Persicaria capitata ♃ ⟿ Ⓚ

Synomym: Polygonum capitatum.
Familie: Polygonaceae.
Deutscher Name: Kriechender Knöterich.
Heimat/Herkunft: Nordindien, Himalaja.
Wuchsform: Krautig, breit verzweigt, flach kriechend, dunkelgrünes Laub mit schwarzbrauner Zeichnung. Die rosafarbenen Blütenköpfchen heben sich kontrastreich ab.
Pflanzenhöhe: Nur 5 cm.
Blütenfarbe: Hellrosa.
Blütezeit: Mai bis Oktober.
Verwendung: Bodendecker für niedere Rabatten, Gräber, Schriftzeichnungen, Blumentiere.
Standortansprüche: Sonnig bis halbschattig, mittelschwerer Boden mit konstanter Feuchtigkeit und Nachdüngung.
Vermehrungsart und -zeit: Aussaat Februar bis März in Kisten bei 18 °C. Keimzeit 1 bis 2 Wochen. 11 000 Korn pro Gramm. Bedarf für 1 000 Pflanzen 1 g.
Anzucht: Pikieren zu je 3 bis 4 Sämlingen in Kisten, später eintopfen in 8-cm-Töpfe. Mittelschweres, nährstoffreiches Substrat. Trockenheit vermeiden.

△ 126b Petunia × atkinsiana
▽ 126c Petunia × atkinsiana

Petunia × atkinsiana ⊙ ♃ D

Synomym: P. hybrida, P.-Hybriden.
Familie: Solanaceae.
Deutscher Name: Petunie, Gartenpetunie.
Heimat/Herkunft: Zuchtform aus P. axillaris × P. violacea.
Wuchsform: Krautig aufrecht, verzweigt. Verschiedene Wuchsformen: aufrechte, hängende, kleinblumige, großblumige, einfache, gefüllte Sorten.
Pflanzenhöhe: Je nach Sorte 20 bis 40 cm.
Blütenfarbe: Weiß, Hellgelb, Rosa, Lachs, Rot, Purpur, Blau, Violett, zum Teil zweifarbig.
Blütezeit: Mai bis Oktober.
Verwendung: Fenster- und Balkonschmuck, Schalen, kleinblumige Sorten auch für Rabatten. Großblumige Sorten vor Regen schützen!
Standortansprüche: Sonnig bis halbschattig, mittelschweres, gut mit Nährstoffen versorgtes Substrat. Nachdüngen für dauernden Flor!
Vermehrungsart und -zeit: Aussaat Januar bis März in Kisten, Samen wenig bedecken. Keimtemperatur 18 °C. Keimzeit 2 bis 3 Wochen. 9000 Korn pro Gramm. Bedarf für 1000 Pflanzen 0,25 g.
Anzucht: Pikieren in Kisten, eintopfen in 8- bis 9-cm-Töpfe in mittelschweres Substrat.
Besonderheiten: Samenkapseln laufend entfernen, damit die Pflanzen reicher blühen!

△ 127a Petunia × atkinsiana

△ 127b Petunia × atkinsiana

▽ 127c Petunia × atkinsiana, Versuchsfeld

△ 128a Petunia × atkinsiana 'Surfinia'
▽ 128b Petunia × atkinsiana 'Surfinia'

Petunia × atkinsiana 'Surfinia' ⊙ ♃ D

Synomym: P. hybrida, P.-Hybriden.
Familie: Solanaceae.
Deutscher Name: Surfinia-Hängepetunie.
Heimat/Herkunft: Zuchtform aus Japan.
Wuchsform: Krautig, breit verzweigt, mit starkem Wuchs, flach bis überhängend. Mittelgroße, einfache Trichterblüten.
Pflanzenhöhe: Bei guter Ernährung bis 1 m lang.
Blütenfarbe: Weiß, Rosa, Rot, Purpur, Blauviolett in verschiedenen Farbtönen.
Blütezeit: Mai bis Oktober.
Verwendung: Fenster- und Balkonschmuck, größere Pflanzschalen, Ampeln und größere Rabatten als Bodendecker.
Standortansprüche: Sonnige bis halbschattig.
Vermehrungsart und -zeit: Da diese Sorten im Nachbau aufspalten, kommt nur die vegetative Vermehrung in Frage. Diese Neuheit ist jedoch gesetzlich geschützt, daher ist eine Selbstvermehrung nicht gestattet. Die Pflanzen müssen zugekauft werden.
Anzucht: Umpflanzen in relativ große Gefäße in lehmig humoses und nährstoffreiches Substrat. Es muss reichlich gegossen und fleißig nachgedüngt werden.
Besonderheiten: Außerordentlich wüchsig und reich blühend! Es gibt nun auch kleinblumige 'Surfinia'-Sorten.

▽ 128c Petunia × atkinsiana 'Surfinia' in Sorten

Phaseolus coccineus ☉

Synomym: –
Familie: Fabaceae.
Deutscher Name: Feuerbohne.
Heimat/Herkunft: Mexiko, Zentralamerika.
Wuchsform: Krautig, kräftig mit selbst windenden Trieben. Die dreiteilig gefiederten, großen Blätter sind weich. Im Sommer reiche Blüte an langen Stielen. In der Folge bilden sich bis 25 cm lange Hülsen. Die Samen sind essbar und werden z. B. für Minestra verwendet.
Pflanzenhöhe: Bis 2,5 m.
Blütenfarbe: Leuchtendes Rot.
Blütezeit: Juli bis September.
Verwendung: Kletterpflanze für Zäune, Pergolen, Stangen und Wände.
Standortansprüche: Sonnig bis halbschattig, in der Anzucht unbedingt frostfrei. Erträgt später aber auch kühlere Witterung und Regen.
Vermehrungsart und -zeit: Aussaat April bis Juni.
Anzucht: April-Aussaaten in Töpfe, je 3 bis 4 Korn pro Gefäß bei 18 °C. Frostfrei halten. Spätere Saaten an Ort und Stelle ins Freie.

△ 129a Phaseolus coccineus

Phlox drummondii ☉

Synomym: –
Familie: Polemoniaceae.
Deutscher Name: Einjahresphlox, Flammenblume.
Heimat/Herkunft: Texas, Süden der USA.
Wuchsform: Krautig aufrecht, locker verzweigt, lanzettliche Blätter. Die großen, leuchtenden Blüten sitzen auf breiten Trugdolden.
Pflanzenhöhe: 20 bis 30 cm.
Blütenfarbe: Weiß, Cremegelb, Rosa, Rot, Blau.
Blütezeit: Juli bis September.
Verwendung: In Rabatten und Pflanzschalen.
Standortansprüche: Sonnige Lage, sandig lehmiger Boden ohne Staunässe. Mäßige Nährstoffversorgung. Durch gestaffelten Rückschnitt nach der Blüte und Nachdüngung bilden sich neue Triebe und neuer Flor.
Vermehrungsart und -zeit: Aussaat März bis April im Frühbeetkasten oder in Kisten bei 16 bis 18 °C. Keimzeit 1 bis 2 Wochen. 600 Korn pro Gramm. Bedarf für 1 000 Pflanzen 5 g. Nicht zu dicht säen!
Anzucht: Pikieren in Tuffs von 3 bis 5 Pflanzen oder eintopfen in 7- bis 8-cm-Topf in durchlässiges Substrat. Auspflanzen auf 15 bis 20 cm Abstand. Nässeempfindlich.

△ 129b Phlox drummondii
▽ 129c Phlox drummondii, sternblütig

△ 130a Pilea microphylla
▽ 130b Pilea serpyllacea

Pilea microphylla

♃ (K) (W)

Synomym: P. muscosa, P. callitrichoides.
Familie: Urticaceae.
Deutscher Name: Moosartige Kanonierblume, Kleinblättrige Kanonierblume, Artilleriepflanze.
Heimat/Herkunft: Tropisches Amerika.
Wuchsform: Krautig, breit verzweigt, kriechend mit zahlreichen, sehr kleinen, rundlichen Blättchen.
Pflanzenhöhe: 10 bis 15 cm.
Blütenfarbe: Unscheinbar, grünlich.
Blütezeit: Sommer bis Herbst.
Verwendung: Bodendecker, besonders auf Gräbern oder in kleineren Rabatten. Auch für Bordüren oder Verwendung für Zeichnungen und Schriftbilder.
Standortansprüche: Sonnig bis halbschattig, mittelschwerer Boden. Bei starker Trockenheit vergilben die Pflanzen.
Vermehrungsart und -zeit: Kopf- und Teilstecklinge im Winter direkt in Schalen in durchlässiges Substrat stecken. Vermehrungstemperatur 15 bis 18 °C.
Anzucht: Bewurzelte Stecklinge einzeln oder zu 2 bis 3 eintopfen in 7- bis 8-cm-Töpfe in lehmig humoses Substrat.
Besonderheiten: Erträgt starken Rückschnitt.

Pilea serpyllacea

♄ (K)

Synomym: P. globosa.
Familie: Urticaceae.
Deutscher Name: Kugelige Kanonierblume.
Heimat/Herkunft: Peru.
Wuchsform: Krautig aufrecht, dicht verzweigt, bildet kompakte, kugelförmige bis abgeflachte Büsche, wesentlich kräftiger als die Art P. microphylla. Die einzelnen Blättchen werden bis 10 mm lang und die Triebe sind sukkulent verdickt.
Pflanzenhöhe: 15 cm.
Blütenfarbe: Unscheinbar grünlich.
Blütezeit: Bei älteren Pflanzen von Sommer bis Herbst.
Verwendung: Als Bodendecker, für niedere Rabatten und Gräber, sowie für Einfassungen.
Standortansprüche: Sonnig bis halbschattig in mittelschwerem Boden.
Vermehrungsart und -zeit: Durch Kopfstecklinge ab November bis März bei 15 bis 18 °C.
Anzucht: 1 bis 3 Stecklinge pro 8- bis 9-cm-Topf pflanzen.
Besonderheiten: Lässt sich durch regelmäßigen Schnitt gut in Form halten, wie z. B. für Schriftbilder.

Plectranthus caninus

♃ (W) (N)

Synomym: P. ornatus.
Familie: Lamiaceae.
Deutscher Name: Harfenstrauch, „Verpiss Dich!“, Piss off Kitty.
Heimat/Herkunft: Südafrika.
Wuchsform: Krautig, breit verzweigt bis aufrecht, mit gegenständigen, löffelförmigen Blättern. Aus den oberen Blattachseln erscheinen im Sommer auf 10 cm langen Schäften dichte Blütenähren
Pflanzenhöhe: 20 bis 40 cm.
Blütenfarbe: Blau.
Blütezeit: Juli bis Oktober.
Verwendung: Durch den starken Geruch dieser Pflanzen werden Katzen ferngehalten. Man nennt sie daher auch ‘Verpiss Dich’ oder englisch: ‘Piss off Kitty’. Auch für Rabatten geeignet.
Standortansprüche: Sonnige Lage und nährstoffreicher, durchlässiger Boden.
Vermehrungsart und -zeit: Durch Kopfstecklinge bei 16 bis 18 °C ab Januar bis März.
Anzucht: Eintopfen und Abhärten.
Besonderheiten: Eine andere Art, Plectranthus amboinicus, im Wuchs sehr ähnlich, wirkt gut gegen Hunde „Piss off Doggle“.

△ 131a Plectranthus caninus

Plectranthus forsteri ‘Marginatus’

♃ (K)

Synomym: P. coleoides ‘Marginatus’.
Familie: Lamiaceae.
Deutscher Name: Hängender Harfenstrauch.
Heimat/Herkunft: Südostindien.
Wuchsform: Krautig, aufrecht, kriechend bis hängend mit langen, dünnen Trieben. Zierwert besitzt das weiß-grün gezeichnete Laub.
Pflanzenhöhe: 20 cm. hängend bis 1 m lang.
Blütenfarbe: Unscheinbar.
Blütezeit: Sommer bis Herbst.
Verwendung: Fenster- und Balkonschmuck, Ampeln und größere Schalen, wo die Pflanzen lange dünne Triebe bilden, die zierlich wirken.
Standortansprüche: Sonnig bis halbschattig, mittelschweres Substrat.
Vermehrungsart und -zeit: Kopfstecklinge und Teilstecklinge, im Winter. Direkt in Schalen oder zu 3 bis 4 in 8- bis 9-cm-Topf stecken, Temperatur 18 °C. Später auf 15 °C absenken.
Anzucht: In der Anzucht öfters pinzieren, um gut verzweigte Pflanzen zu erhalten.
Besonderheiten: In Kultur nur die Sorte ‘Marginatus’.

△ 131b Plectranthus forsteri ‘Marginatus’
▽ 131c Plectranthus forsteri ‘Marginatus’

△ 132a Plumbago auriculata

Plumbago auriculata

♄ Ⓚ

Synomym: P. capensis.
Familie: Plumbaginaceae.
Deutscher Name: Bleiwurz.
Heimat/Herkunft: Südafrika.
Wuchsform: Anfangs krautig, später verholzend, mit langen dünnen Trieben. Die Blättchen sind langoval. Endständig bilden sich dichte Blütenähren mit hellblauen oder weißen Blüten.
Pflanzenhöhe: Einjährig 60 cm bis 1 m, mehrjährig als Hochstamm oder Pyramide bis 2 m.
Blütenfarbe: Hellblau, Weiß.
Blütezeit: Mai bis Oktober.
Verwendung: In Rabatten oder als Hochstamm gezogen, auch in größeren Schalen.
Standortansprüche: Sonnige bis warme Lage, Boden mittelschwer und nährstoffreich.
Vermehrungsart und -zeit: Kopf- oder Teilstecklinge ganzjährig von nicht zu starken Seitentrieben, Bewurzelungstemperatur 18 °C.
Anzucht: Bewurzelte Stecklinge eintopfen und pinzieren. Humoses bis lehmige Substrat. Aufbinden an Stäbe oder Anzucht an Drahtringen. Anzucht kühl und luftig. Überwinterung im kühlen Keller wie Pelargonien.

△ 132b Portulaca grandiflora
▽ 132c Portulaca grandiflora

Portulaca grandiflora

⊙

Synomym: –
Familie: Portulacaceae.
Deutscher Name: Großblumiger Portulak, Portulakröschen.
Heimat/Herkunft: Argentinien, Brasilien, Uruguay.
Wuchsform: Krautig aufrecht mit breiter Verzweigung. Die verdickten, rundlichen, Blättchen speichern Wasser und Nährstoffe für Trockenperioden. Endständig große, einfache bis gefüllte Blüten in leuchtenden Farben.
Pflanzenhöhe: 10 bis 15 cm.
Blütenfarbe: Weiß, Gelb, Orange, Rosa, Rot, einfach bis gefüllt.
Blütezeit: Juni bis Oktober.
Verwendung: In Rabatten in sehr sonniger Lage sowie in Steingärten und auf Trockenmauern.
Standortansprüche: Sonnige, warme Lage und sehr durchlässiger Boden werden bevorzugt.
Vermehrungsart und -zeit: Aussaat März bis April in Kisten oder direkt in 6- bis 7-cm-Töpfe in sandiges Substrat bei 18 °C. Keimzeit 1 bis 2 Wochen. 11 000 Korn pro Gramm. Bedarf für 1 000 Töpfe 1 g.
Anzucht: Saaten in Kisten in Töpfe pikieren, je 4 bis 6 Pflanzen pro Topf. Sonnige Anzucht bei mäßiger Feuchtigkeit.

Reseda odorata ⊙ ⊙ ♃ D Ⓝ

Synomym: –
Familie: Resedaceae.
Deutscher Name: Gartenreseda.
Heimat/Herkunft: Südosteuropa.
Wuchsform: Krautig aufrecht, verzweigt, ältere Triebe niederliegend. Endständig dichte Blütentrauben, stark duftend.
Pflanzenhöhe: 30 cm.
Blütenfarbe: Gelb bis Rötlich.
Blütezeit: Juli bis September.
Verwendung: In Rabatten sowie als dankbare Schnittblume.
Standortansprüche: Sonnige Lage, durchlässiger, auf keinen Fall nasser Boden bei mäßiger Grunddüngung.
Vermehrungsart und -zeit: Aussaat April bis Mai in Kisten oder im Kasten. Keimtemperatur 15 bis 18 °C. Keimzeit 15 bis 20 Tage. 800 Korn pro Gramm. Bedarf für 1 000 Pflanzen 2 g.
Anzucht: Pikieren in Kisten oder direkt in Töpfe von 7 bis 8 cm ∅ in lehmig humoses Substrat mit Sandzusatz.
Besonderheiten: Gute Bienenfutterpflanze.

△ 133a Reseda odorata
▽ 133b Rhodochiton atrosanguineus

Rhodochiton atrosanguineus ♄ Ⓚ

Synomym: R. volubilis, Lophospermum atrosanguineum.
Familie: Scrophulariaceae.
Deutscher Name: Purpurglocke.
Heimat/Herkunft: Mexiko.
Wuchsform: Krautig kletternd mit dichtem Laub. Die breit lanzettlichen Blätter sind dunkelgrün. Aus den Blattachseln entwickeln sich die überhängenden Glockenblüten sehr zahlreich.
Pflanzenhöhe: 80 cm bis 1 m.
Blütenfarbe: Aus hellvioletten Kelchblättern erscheinen dunkelviolette Glockenblüten.
Blütezeit: Mai bis August.
Verwendung: Als Ranker an Stäben oder als Hänger in höher gestellten Gefäßen wie auch für „Hanging Baskets“.
Standortansprüche: An sonnigen und etwas windgeschützten Lagen.
Vermehrungsart und -zeit: Aussaat von Dezember bis März bei 16 bis 18 °C. Bedarf für 1 000 Pflanzen 0,5 g.
Anzucht: Direkt in Endtopf pikieren, 1 bis 5 pro Topf von 16 cm ∅. 16 bis 18 °C.
Besonderheiten: Die Blüten fallen nach gewisser Zeit ab, die farbigen Kelchblätter bleiben sehr lange an den Pflanzen.

△ 134a Ricinus communis
▽ 134b Rudbeckia hirta var. hirta

Ricinus communis ☉ ♄ ♄ ⚘ ✂ Ⓚ Ⓦ Ⓝ

Synomym: –
Familie: Euphorbiaceae.
Deutscher Name: Rizinus, Wunderstrauch, Palma Christi.
Heimat/Herkunft: Tropisches Afrika.
Wuchsform: Krautig aufrecht, verzweigt, sehr starker Wuchs. Grün oder dunkelrot gefärbte, tief gelappte Blätter. Männliche und weibliche Blüten an der gleichen Pflanze.
Pflanzenhöhe: 2 bis 3 m.
Blütenfarbe: Gelbrot.
Blütezeit: August bis Oktober.
Verwendung: Nur in größeren Rabatten oder großen, tiefen Pflanzschalen mit genügend Platz. Repräsentative Solitärpflanze.
Standortansprüche: Sonnige und warme Lage. Mittelschwerer, sehr nährstoffreicher Boden.
Vermehrungsart und -zeit: Aussaat Ende März bis April einzeln in 10- bis 12-cm-Töpfe bei 20 °C. Keimzeit 14 bis 20 Tage. 3 bis 4 Korn pro Gramm. Bedarf für 1 000 Pflanzen 1 kg.
Anzucht: Relativ warme Anzucht bei 18 bis 20 °C. Später wegen Blattverbrennungsgefahr gut abhärten.
Besonderheiten: Der Samen ist giftig und gehört nicht in Kinderhände!

Rudbeckia hirta var. hirta ☉ ⊙

Synomym: R. hirta.
Familie: Asteraceae.
Deutscher Name: Einjähriger Sonnenhut, Rauer Sonnenhut.
Heimat/Herkunft: Maine in Pennsylvania, Illinois (USA). In Mitteleuropa eingebürgert.
Wuchsform: Krautig aufrecht mit behaarten, lanzettlichen Blättern. Verzweigter Wuchs. Endständig große Blüten mit schwarzem, hoch gewölbtem Köpfchen.
Pflanzenhöhe: Je nach Sorte 30 cm bis 1 m.
Blütenfarbe: Goldgelb, Orange bis Braunrot.
Blütezeit: Juli bis Oktober.
Verwendung: In größeren Sommerflorrabatten und Pflanzschalen in Gruppen. Auch als Schnittblumen geeignet.
Standortansprüche: Sonnig bis halbschattig, mittelschwerer, nährstoffreicher Boden.
Vermehrungsart und -zeit: Aussaat in Kisten März bis April bei 16 °C. Keimdauer 15 bis 20 Tage.
2 000 Korn pro Gramm. Bedarf für 1 000 Pflanzen 2 g.
Anzucht: Pikieren in Kisten oder im Kasten. Später eintopfen in 8-cm-Töpfe in mittelschweres, nährstoffreiches Substrat. Abhärten.
Besonderheiten: Neuere Sorten bleiben relativ kurz und verzweigen sich gut (Bild).

Salpiglossis sinuata ⊙

Synomym: S. variabilis.
Familie: Solanaceae.
Deutscher Name: Trompetenzunge.
Heimat/Herkunft: Chile.
Wuchsform: Krautig aufrecht, verzweigt. Die Blätter sind langoval und mit klebrigen Drüsenhaaren bedeckt. Große, trompetenartige Blüten mit heller Zeichnung im Schlund.
Pflanzenhöhe: 50 bis 60 cm.
Blütenfarbe: Gelb, Orange, Rosa, Rot, Purpur.
Blütezeit: Juni bis September.
Verwendung: In Sommerflorrabatten. Als Schnittblumen 7 Tage haltbar.
Standortansprüche: Sonnige und warme Lage, mittelschwerer, nährstoffreicher Boden und Durchlässigkeit. Nässe ist unbedingt zu vermeiden.
Vermehrungsart und -zeit: Aussaat März bis April in Kisten bei 18 °C. Keimdauer 7 bis 14 Tage. 4500 Korn pro Gramm. Bedarf für 1000 Pflanzen 1 g.
Anzucht: Pikieren in Kisten oder direkt in 8-cm-Töpfe in nährstoffreiches, mittelschweres Substrat mit Sandzusatz.

△ 135a Salpiglossis sinuata
▽ 135b Salvia coccinea

Salvia coccinea ⊙ ♃ ♄ (K)

Synomym: –
Familie: Lamiaceae.
Deutscher Name: Scharlachroter Salbei, Blut-Salbei.
Heimat/Herkunft: South Carolina bis Florida, Texas (USA), Mexiko.
Wuchsform: Krautig aufrecht, verzweigt mit graziösem Wuchs. Blätter herzförmig, behaart. Lange Blütenähren, aus denen sich locker angeordnet die Blüten entwickeln.
Pflanzenhöhe: 50 cm.
Blütenfarbe: Leuchtendes Scharlachrot, Weiß.
Verwendung: Gruppenpflanze in Tuffs für Rabatten und größere Schalen.
Standortansprüche: Sonnig, durchlässiger, mittelschwerer, aber kalkhaltiger Boden. Nachdüngung erforderlich.
Vermehrungsart und -zeit: Aussaat März bis April bei 18 °C. Keimzeit 7 bis 14 Tage. 450 Korn pro Gramm. Bedarf für 1000 Pflanzen 10 g. Von überwinterten Pflanzen (Staude) können auch Stecklinge geschnitten werden.
Anzucht: Pikieren in nährstoffreiches, mittelschweres Substrat. Pinzieren, um buschige Pflanzen zu erhalten. Eintopfen in 8-cm-Topf.

△ 136a Salvia farinacea
▽ 136b Salvia involucrata

Salvia farinacea

☉ ♃ ♄ ♄ (K)

Synonym: S. triloba.
Familie: Lamiaceae.
Deutscher Name: Mehliger Salbei.
Heimat/Herkunft: Texas, New Mexico (USA).
Wuchsform: Krautig aufrecht, fein verzweigt mit lanzettlichen, zum Teil leicht mehligen Blättern. Endständig bilden sich straff aufstrebende, schlanke Blütenähren.
Pflanzenhöhe: 60 bis 80 cm.
Blütenfarbe: Dunkelblau, Weiß.
Blütezeit: Mai bis Oktober.
Verwendung: Gruppenpflanzen in Rabatten und Pflanzschalen. Dankbare Schnitt- und Trockenblume. Kontrast zu Gelb und Orange.
Standortansprüche: Sonnig bis halbschattig, jedoch warme Lage. Mittelschwerer Boden.
Vermehrungsart und -zeit: Aussaat März bis April in Kisten bei 18 °C. Keimzeit für 14 bis 20 Tage. 800 Korn pro Gramm. Bedarf für 1 000 Pflanzen 5 g. Kann auch durch Stecklinge vermehrt werden.
Anzucht: Pikieren in Kisten. Später eintopfen in 8-cm-Töpfe in lehmig humoses Substrat mit mäßigem Nährstoffvorrat. Schnecken fernhalten.

Salvia involucrata

♄ ♄ (K)

Synonym: –
Familie: Lamiaceae.
Deutscher Name: Hüllblättriger Salbei.
Heimat/Herkunft: Mexiko, Mittelamerika.
Wuchsform: Anfangs krautig aufrecht, verzweigt, später verholzend. Blätter an langen Stielen einrund zugespitzt. Endständig umhüllen auffallend große Hochblätter die eher kleinen Blüten.
Pflanzenhöhe: 80 cm bis 1 m.
Blütenfarbe: Rosa.
Blütezeit: Juli bis September.
Verwendung: Auffallende Gruppenpflanze für größere Rabatten, einzeln oder in kleinen Tuffs. Auch als Kübelpflanze geeignet.
Standortansprüche: Sonnig bis halbschattig, mittelschwerer, nährstoffreicher Boden.
Vermehrungsart und -zeit: Kopfstecklinge November bis März von nicht zu kräftigen Trieben. Bei 18 bis 20 °C vermehren.
Anzucht: Eintopfen in 10- bis 12-cm-Topf in mittelschweres, nährstoffreiches Substrat.

Salvia patens

♃ Ⓚ ∧

Synomym: –
Familie: Lamiaceae.
Deutscher Name: Enzianblauer Salbei, Mexikanischer Salbei.
Heimat/Herkunft: Mexiko.
Wuchsform: Krautig aufrecht, verzweigt, mit weichen, breit lanzettlichen Blättern. Lange, schlanke Blütenähren, aus denen sich vereinzelt große Blüten entwickeln.
Pflanzenhöhe: 50 bis 60 cm.
Blütenfarbe: Enzianblau.
Blütezeit: Juni bis September.
Verwendung: Gruppenpflanze in Rabatten und Schalen. Guter Farbkonstrast zu Gelb und Orange.
Standortansprüche: Sonnig bis halbschattig, nährstoffreicher, mittelschwerer Boden. Überwintert in milden Wintern im Freien als Staude.
Vermehrungsart und -zeit: Aussaat Februar bis März in Kisten bei 18 °C. Keimzeit 14 bis 20 Tage. 150 Korn pro Gramm. Bedarf für 1 000 Pflanzen 15 g.
Anzucht: Pikieren, eintopfen in 8- bis 9-cm-Töpfe in lehmig-humoses Substrat mit mäßiger Grunddüngung.

△ 137a Salvia patens

Salvia splendens

♃ ⊙ Ⓚ

Synomym: –
Familie: Lamiaceae.
Deutscher Name: Prachtsalbei.
Heimat/Herkunft: Brasilien.
Wuchsform: Krautig aufrecht, breit verzweigt mit breit lanzettlichen Blättern und endständig aufrechten, dichten Blütenähren. Reicher Blütenflor, der sich aus Seitentrieben ständig erneuert.
Pflanzenhöhe: Je nach Sorte 20 bis 50 cm.
Blütenfarbe: Weiß, Lachs, Scharlachrot, Violett.
Blütezeit: Mai bis Oktober.
Verwendung: Gute Beetpflanze in Rabatten und größeren Schalen mit leuchtender Farbe.
Standortansprüche: Sonnige und warme Lage, nährstoffreicher, mittelschwerer Boden. Vor Schnecken schützen!
Vermehrungsart und -zeit: Aussaat in Kisten, Januar bis März bei 22 °C in torfhaltiges Substrat. Keimzeit 7 bis 14 Tage. 350 Korn pro Gramm. Bedarf für 1 000 Pflanzen 10 g.
Anzucht: Pikieren in Kisten, eintopfen in 9- bis 10-cm-Topf, eventuell pinzieren, Kopftriebe können als Stecklinge weitervermehrt werden. Anzucht bei 17 bis 18 °C. Später abhärten.

△ 137b Salvia splendens, rot
▽ 137c Salvia splendens, weiß und violett

△ 138a Salvia viridis, violettblau
▽ 138b Salvia viridis, rosa

Salvia viridis ⊙ ♃

Synomym: S. horminum.
Familie: Lamiaceae.
Deutscher Name: Buntschopfsalbei, Schopfsalbei.
Heimat/Herkunft: Südosteuropa.
Wuchsform: Krautig aufrecht, verzweigt. Blätter länglich oval bis eirund. An den endständigen Ähren sind sie zu dicht stehenden, farbenprächtigen Hochblättern umgewandelt.
Pflanzenhöhe: 30 bis 60 cm.
Blütenfarbe: Unscheinbares Violettblau. Zierwert: Hochblätter in Weiß, Rosa und Violettblau.
Blütezeit: Juni bis September.
Verwendung: Gruppenpflanze in Rabatten oder als aparte Schnittblume für moderne Binderei.
Standortansprüche: Sonnige und warme Lage, mittelschwerer durchlässiger Boden, anspruchslos.
Vermehrungsart und -zeit: Aussaat März bis April bei 18 °C. Keimzeit 7 bis 20 Tage. 680 Korn pro Gramm. Bedarf für 1 000 Pflanzen 10 g.
Anzucht: Pikieren in Kisten, eventuell Anzucht in 8-cm-Töpfen in lehmig humoses, gut durchlässiges Substrat mit pH-Wert 6,5 bis 7,0.

△ 138c Santolina chamaecyparissus
▽ 138d Santolina chamaecyparissus, blühend

Santolina chamaecyparissus ♄ ♄ D (K)

Synomym: S. tomentosa, S. pinnata, S. chamaecyparissus ssp. tomentosa.
Familie: Asteraceae.
Deutscher Name: Heiligenkraut, Zypressenstrauch, Graue Heiligenblume.
Heimat/Herkunft: Pyrenäen bis Nordwestitalien und Südschweiz.
Wuchsform: Krautig aufrecht, dicht verzweigt, immergrün mit schmalen, linealischen Blättchen, die am Rande stumpf gezähnt und mit einem blassgrauen Filz überzogen sind. Blüten erscheinen erst im zweiten Jahr. Überwintert in milden Wintern.
Pflanzenhöhe: 30 cm.
Blütenfarbe: Gelb.
Blütezeit: Im zweiten Jahr, Juli bis August.
Verwendung: Grabbepflanzungen, Einfassungen, Rabatten, Schalen. Erträgt gut starken Rückschnitt, daher besonders geeignet für Schriftbilder und Ornamente.
Standortansprüche: Sonnig bis halbschattig, anspruchslos.
Vermehrungsart und -zeit: Aussaat Februar bis März in Kisten bei 15 °C. Keimzeit 15 bis 20 Tage. 2 000 Korn pro Gramm. Bedarf für 1 000 Pflanzen 2 g. Kopfstecklinge im Winter. Vermehrung bei 18 °C.
Anzucht: Pikieren der Sämlinge oder bewurzelten Stecklinge in Kisten. Später eintopfen in 7- bis 8-cm-Töpfen in lehmig humoses Substrat. Mehrmals pinzieren. Helle Anzucht bei 8 bis 10 °C.

Sanvitalia procumbens ☉

Synomym: –
Familie: Asteraceae.
Deutscher Name: Husarenknopf.
Heimat/Herkunft: Mexiko, Guatemala.
Wuchsform: Krautig, kriechend bis aufrecht, breit verzweigt.
Pflanzenhöhe: 12 bis 20 cm.
Blütenfarbe: Gelb, Orange mit schwarzbrauner Mitte.
Blütezeit: Juni bis Oktober.
Verwendung: Großflächige Beetpflanze für Rabatten, Gräber, aber auch für Pflanzgefäße, Einfassungen und Ampeln.
Standortansprüche: Sonnig bis halbschattig in nährstoffreichem, mittelschwerem Boden.
Vermehrungsart und -zeit: Aussaat März bis April in Kisten bei 18 °C oder auch Direktsaat in 7-cm-Töpfe mit jeweils 3 bis 4 Korn pro Topf. Keimzeit 8 bis 14 Tage. 1 600 Korn pro Gramm. Bedarf für 1000 Pflanzen 2 g. Für 1000 Töpfe 5 g.
Anzucht: Jeweils 3 bis 4 Sämlinge direkt in 7- bis 8-cm-Töpfe pikieren. Anzucht nicht zu warm, bei 8 bis 12 °C.

△ 139a Sanvitalia procumbens
▽ 139b Sanvitalia procumbens

▽ 139c Sanvitalia speciosa 'Aztekengold'

Sanvitalia speciosa 'Aztekengold' ☉

Synomym: –
Familie: Asteraceae.
Deutscher Name: Aztekengold.
Heimat/Herkunft: Zuchtform.
Wuchsform: Krautig, locker verzweigter Wuchs, kriechend bis überhängend. Die ovalen bis lanzettlichen Blätter sind gegenständig. Die kleinen gelben Blütenknöpfe stehen endständig mit schmalen Zungenblüten.
Pflanzenhöhe: 40 bis 60 cm.
Blütenfarbe: Gelb mit grüngelber Mitte.
Blütezeit: Mai bis zum ersten Frost.
Verwendung: Als lockere Hängepflanze besonders geeignet für Ampeln, für Balkonbepflanzung und Rabatten in Hanglage.
Standortansprüche: Sonnig warmer Standort bis leichter Halbschatten. Nährstoffreicher, mittelschwerer Boden.
Vermehrungsart und -zeit: Aussaat März bis April bei 18 °C. Keimzeit 8 bis 14 Tage. 1500 bis 1 800 Korn pro Gramm. Bedarf für 1000 Pflanzen 2 Gramm. Auch durch Stecklinge, 2 bis 3 pro Topf.
Anzucht: Relativ kühl bei 8 bis 15 °C.

△ 140a Scabiosa atropurpurea

Scabiosa atropurpurea ⊙ ⊙ D ✂

Synomym: –
Familie: Dipsacaceae.
Deutscher Name: Purpurskabiose, Samt-Skabiose, Grindkraut.
Heimat/Herkunft: Südeuropa, Mittelmeerländer.
Wuchsform: Krautig aufrecht, breit verzweigt. Blätter sind leicht behaart und unregelmäßig eingebuchtet bis eingeschnitten. Die großen Blüten stehen auf hochragenden, langen Stielen.
Pflanzenhöhe: 80 cm bis 1 m.
Blütenfarbe: Lachsrosa, Purpurrot, Dunkelblau.
Blütezeit: Juni bis Oktober.
Verwendung: Lockere Tuffs in größeren Sommerflorrabatten. Wertvolle Schnittblume auf schlanken Stielen.
Standortansprüche: Sonnig bis halbschattig, eher windgeschützte Lage. Liebt durchlässigen, nicht zu schweren, aber kalkhaltigen Boden.
Vermehrungsart und -zeit: Aussaat April in Kisten oder im Kasten bei 15 °C. Keimzeit 14 bis 20 Tage. 100 Korn pro Gramm. Bedarf für 1000 Pflanzen 30 g.
Anzucht: Einzeln pikieren in Kisten. Später eintopfen in 8-cm-Töpfe in durchlässiges, etwas aufgekalktes Substrat.

△ 140b Scaevola saligna
▽ 140c Scaevola saligna

Scaevola saligna ♃ ♄ Ⓚ

Synomym: S. aemula.
Familie: Goodeniaceae.
Deutscher Name: Feenfächerblume, Spaltblume.
Heimat/Herkunft: Neukaledonien.
Wuchsform: Kriechend bis hängend, mit etwas sparrigem Wuchs und aufrechten Endtrieben.
Pflanzenhöhe: 30 bis 50 cm hängend.
Blütenfarbe: Mittleres Blauviolett.
Blütezeit: Ab Mai bis Oktober, reich blühend.
Verwendung: Ampelpflanze, Balkonkästen und große Pflanzgefäße, überhängend.
Standortansprüche: Sonnig bis halbschattig, mittelschweres, lehmig humoses Substrat mit genug Nährstoffreserven. pH-Wert 5,5 bis 6,5.
Vermehrungsart und -zeit: Nur in lizenzierten Jungpflanzenbetrieben durch Kopfstecklinge. Zukauf von Jungpflanzen ab November bis Januar für größere Ampeln.
Anzucht: Jungpflanzen in 8- bis 9-cm-Töpfe pflanzen. Anzucht bei 15 bis 18 °C bei hellem Standort. Für Ampeln von 20 bis 30 cm ∅ bis 5 Pflanzen verwenden.
Besonderheiten: Ein- bis zweimal pinzieren, 8 bis 10 Wochen vor der gewünschten Blüte.

Schizanthus × wisetoniensis ☉

Synomym: Sch.-Wisetoniensis-Hybriden.
Familie: Solanaceae.
Deutscher Name: Spaltblume, Orchidee des armen Mannes, Schlitzblume.
Heimat/Herkunft: Aus Kreuzungen hervorgegangen.
Wuchsform: Krautig aufrecht, dicht verzweigt, mit weichen, gefiederten Blättern. Breit verzweigte Blütenstände mit schön gezeichneten orchideenähnlichen Blüten.
Pflanzenhöhe: 20 bis 30 cm.
Blütenfarbe: Hellrosa, lilarosa bis rote Farbtöne, meist in Mischung angeboten.
Blütezeit: Mai bis Oktober.
Verwendung: Einzelstellung oder in Tuffs in Sommerblumenrabatten und größeren Schalen. Beliebt auch als blühende Topfpflanzen.
Standortansprüche: Halbschattig, durchlässiger, nahrhafter Boden.
Vermehrungsart und -zeit: Aussaat für Freilandanbau März bis April bei 15 °C in Kisten oder Kästen. Keimzeit 20 Tage. 1 600 Korn pro Gramm. Bedarf für 1 000 Pflanzen 1 g. Aussaatzeit für Topfpflanzen November bis Dezember.
Anzucht: Pikieren in Kisten oder direkt in 8- bis 9-cm-Töpfe in durchlässiges, lehmig humoses Substrat. Gute Nährstoffversorgung und stets ausreichender Abstand!

△ 141a Schizantus × wisetonensis

Senecio cineraria ♄ Ⓚ

Synomym: Cineraria maritima, C. bicolor, S. maritimus, S. bicolor.
Familie: Asteraceae.
Deutscher Name: Kreuzkraut, Aschenpflanze, Greiskraut, Silbergreiskraut.
Heimat/Herkunft: Mittelmeerregion.
Wuchsform: Einjährig gezogen, krautig aufrecht, breit verzweigt, mit weißfilzigen, mehr oder weniger tief eingebuchteten Blättern.
Pflanzenhöhe: Einjährig 20 bis 30 cm, zweijährig 60 bis 80 cm.
Blütenfarbe: Gelb.
Blütezeit: Im zweiten Jahr.
Verwendung: Wirkungsvoller Kontrast in Sommerblumenrabatten zu starken Farben wie Gelb, Rot und Blau sowie in Schalen und auf Gräbern. Im Spätherbst auch als Grabschmuck.
Standortansprüche: Sehr sonniger Standort und durchlässiger, mittelschwerer Boden.
Vermehrungsart und -zeit: Aussaat Februar bis März bei 16 bis 18 °C in Kisten. Keimzeit 8 bis 14 Tage. 2 600 Korn pro Gramm. Bedarf für 1 000 Pflanzen 2 g. Folgesätze, auch für Allerheiligen-Grabschmuck.
Anzucht: Pikieren in Kisten. Später eintopfen in 7-cm-Töpfe in lehmig humoses Substrat. Vollsonnige Anzucht bringt silbrig weiße Blätter.

△ 141b Senecio cineraria
▽ 141c Senecio cineraria

△ 142a Senna corymbosa car. plurijuga
▽ 142b Senna didymobotrya

Senna croymbosa var. plurijuga ♄ Ⓚ

Synomym: Cassia corymbosa var. plurijuga, C. floribunda.
Familie: Caesalpiniaceae.
Deutscher Name: Kassie, Gewürzrinde, Negerkaffee, Senna.
Heimat/Herkunft: Argentinien, Uruguay, Brasilien.
Wuchsform: Lockerer Strauch mit breit verzweigtem Wuchs, verholzend. Paarig gefiederte Blätter mit lanzettlichenm Einzelblättchen. Endständig große Blüten in lockeren Rispen.
Pflanzenhöhe: Je nach Alter und Form 60 cm bis 1,5 m.
Blütenfarbe: Leuchtendes Gelb.
Blütezeit: Im Freien Juli bis Oktober, im Wintergarten ab April bis Dezember.
Verwendung: Als Kübelpflanze, kleinere Plfanzen auch in größeren Pflanzschalen oder in Rabatten.
Standortansprüche: Vollsonnige Lage und nährstoffreiche, mittelschwere Erde. Im Freien Töpfe am besten einsenken. Im Winter frostfrei halten.
Vermehrungsart und -zeit: Teil- oder ausgereifte Topfstecklinge im Spätsommer bis Winter.
Anzucht: Bewurzelte Stecklinge in 8- bis 10 cm-Töpfe in nicht zu humose Erde pflanzen, mäßig düngen. Später in größere Töpfe oder Kübel pflanzen.
Besonderheiten: Überwinterung bei 10 bis 12 °C.

Senna didymobotrya ♄ Ⓚ

Synomym: Cassia didymobotrya, C. nairobensis.
Familie: Caesalpiniaceae.
Deutscher Name: Gewürzrinde, Negerkaffee, Geflügelte Senna.
Heimat/Herkunft: Tropisches Amerika.
Wuchsform: Verholzender Strauch mit breit verzweigtem, sparrigem Wuchs. Die Blätter sind paarig gefiedert. Die Blüten stehen dicht in kräftigen Blütentrauben.
Pflanzenhöhe: Je nach Alter und Form über 1 m.
Blütenfarbe: Goldgelb.
Blütezeit: Im Freien Juni bis Oktober, im Wintergarten das ganze Jahr.
Verwendung: Als Solitär in Sommerblumenrabatten oder in größeren Pflanzgefäßen.
Standortansprüche: Sonnig bis halbschattig, warme Lage, lehmig-humoses Substrat mit reichlich Nährstoffvorräten. In Rabatten mit den Töpfen einsenken.
Vermehrungsart und -zeit: Aussaat bei 18 bis 20 °C.
Anzucht: Bewurzelte Stecklinge in 8 bis 10-cm-Töpfe pflanzen. Später in größere Gefäße in lehmig humoses Substrat.
Besonderheiten: Überwinterung bei 10 bis 12 °C, feucht halten.

Solanum jasminoides

Synomym: –
Familie: Solanaceae.
Deutscher Name: Kartoffelwinde, Jasmin-Nachtschatten.
Heimat/Herkunft: Brasilien.
Wuchsform: Ranken mit dunkelgrünen, ovalen bis lanzettlichen, zum Teil gelappten Blättern. Endständig kartoffelähnliche Blüten in rispigen Büscheln.
Pflanzenhöhe: Je nach Alter 50 cm bis 1,5 m.
Blütenfarbe: Weiß.
Blütezeit: Mai bis Oktober.
Verwendung: Sowohl als Ranker an Stäben oder Drähten als auch locker überhängend in Schalen und Ampeln.
Standortansprüche: Sonnig bis halbschattig, lehmig humoses Substrat mit guter Nährstoffversorgung.
Vermehrungsart und -zeit: Teilstecklinge zu jeder Jahreszeit von nicht zu harten Trieben.
Anzucht: Eintopfen in 8- bis 10-cm-Töpfe, später in größere. Pinzieren für buschigen Wuchs.
Besonderheiten: Sehr dekorative Pflanze im Sommer im Freien, im Winter im Wintergarten. Überwinterung bei 8 bis 10 °C. Nicht austrocknen lassen.

△ 143a Solanum jasminoides
▽ 143b Solenostemon scutellarioides

Solenostemon scutellarioides

Synomym: Coleus blumei, C.-Blumei-Hybriden.
Familie: Lamiaceae.
Deutscher Name: Buntnessel, Koleus.
Heimat/Herkunft: Zuchtform.
Wuchsform: Krautig bis verholzend, aufrecht verzweigt mit bunter Blattzeichnung und endständigen Blütenähren. Die breit lanzettlichen Blätter können gelb, rot, grün bis purpur gefärbt sein.
Pflanzenhöhe: 25 bis 40 cm.
Blütenfarbe: Hellblau, eher unscheinbar.
Blütezeit: Sommer bis Herbst.
Verwendung: Gräber, Rabatten, Pflanzschalen.
Standortansprüche: Halbschatten in humoser bis lehmiger, nicht einseitig N-überdüngter Erde. Bei voller Sonne verblassen die oft schönen Farben. Salzschäden führen zu Blattrandverbrennungen.
Vermehrungsart und -zeit: Es gibt Sorten und Mischungen, die durch Aussaat vermehrt werden. Aussaat Januar bis März in Kisten. Keimtemperatur 20 bis 22 °C. Keimdauer 2 bis 3 Wochen. Dunkelkeimer! 4000 Korn pro Gramm. Bedarf für 1000 Pflanzen 0,5 g. Kopfstecklinge März/April bis Juli. Bewurzelungstemperatur 18 bis 22 °C.
Anzucht: Pikieren oder eintopfen in 8- bis 9-cm-Topf, für Topfkultur 10- bis 12-cm-Topf. Anzucht bei 18 bis 19 °C.

△ 144b Solenostemon scutellarioides, blühend
▽ 144c Solenostemon scutellarioides

△ 144a Solenostemon scutellarioides
▽ 144d Sutera grandiflora

Sutera grandiflora

♃ ♭ ⦚ 🄺

Synomym: S. diffusus, S. cordata
Familie: Scrophulariaceae.
Deutscher Name: Schneeflocke, Bacopa.
Heimat/Herkunft: Südafrika.
Wuchsform: Krautig, dicht verzweigt, dünntriebig, mit gegenständigen runden, dunkelgrünen Blättchen, kriechend bis überhängend. Aus den Blattachseln erscheinen kleine Blüten.
Pflanzenhöhe: 5 bis 10 cm, im Durchmesser 30 bis 50 cm.
Blütenfarbe: Weiß.
Blütezeit: Juni bis Oktober.
Verwendung: Ampelpflanzen, größere Pflanzschalen, „Hanging Baskets"!.
Standortansprüche: Halbschattig. Mittelschweres Substrat.
Vermehrungsart und -zeit: Durch Stecklinge während der Herbst- und Wintermonate von zurückgeschnittenen Pflanzen des Vorjahres.
Anzucht: Bewurzelte Stecklinge in 7- bis 8-cm-Töpfe pflanzen, pinzieren und reichlich düngen!
Besonderheiten: Die Pflanzen müssen regelmäßig gereinigt werden (verblühte Blüten werden braun). Gut nachdüngen mit kalibetonten Volldüngern für üppiges Nachblühen!

Tagetes erecta

☉ ✂

Synomym: T.-Erecta-Hybriden.
Familie: Asteraceae.
Deutscher Name: Großblumige Studentenblume, Hohe Studentenblume, Sammetblume, Stinkende Hoffart.
Heimat/Herkunft: Mexiko, Zuchtform.
Wuchsform: Krautig aufrecht, breit verzweigt, kräftiger Wuchs mit gegenständigen, einfach gefiederten Blättern. Endständig kugelförmige, große Blütenstände. Starker Geruch.
Pflanzenhöhe: Je nach Sorte 30 cm bis 1 m.
Blütenfarbe: Schwefelgelb, Goldgelb, Orange.
Blütezeit: Juli bis Oktober.
Verwendung: Gruppenpflanze für tuffweise Pflanzung in niedere Sommerflorrabatten oder vor höheren Sträuchern oder Bäumen sowie für größere Schalen. Auch haltbare Schnittblume.
Standortansprüche: Sonnig bis halbschattig, mittelschwerer, nährstoffreicher Boden. Vor Schnecken schützen!
Vermehrungsart und -zeit: Aussaat März bis April bei 18 °C. Keimzeit 8 bis 14 Tage. 220 bis 300 Korn pro Gramm. Bedarf für 1 000 Pflanzen 8 bis 10 g.
Anzucht: Pikieren in Kisten, in Frühbeetkästen oder direkt in 8- bis 9-cm-Töpfe in lehmig humoses Substrat mit guter Nährstoffversorgung.

△ 145a Tagetes erecta
▽ 145b Tagetes erecta

Tagetes patula

☉

Synomym: T.-Patula-Hybriden.
Familie: Asteraceae.
Deutscher Name: Niedere Studentenblume, Sammetblume, Stinkende Hoffart.
Heimat/Herkunft: Mexiko, Guatemala.
Wuchsform: Krautig aufrecht, breit verzweigt, kompakt mit einfach gefiedertem Laub. Endständig zahlreiche, einfache bis gefüllte Blütenkörbchen in reichem Farbenspiel.
Pflanzenhöhe: Je nach Sorte 18 bis 40 cm.
Blütenfarbe: Gelb, Orange, Rotbraun, auch zweifarbig.
Blütezeit: Mai bis Oktober.
Verwendung: Beliebte Beetpflanze für großflächige Farbakzente in Sommerflorrabatten, für Schalen und Gräber. Niedere Sorten auch für Mooswände, Blumentiere und Ornamente.
Standortansprüche: Sonnig bis halbschattig, mittelschwerer, nährstoffreicher Boden. Schnecken fernhalten!
Vermehrungsart und -zeit: Aussaat März bis April in Kisten bei 18 °C. Keimzeit 8 bis 14 Tage. 250 bis 300 Korn pro Gramm. Bedarf für 1 000 Pflanzen 6 g.
Anzucht: Pikieren in Kisten oder direkt in 7- bis 8-cm-Töpfe in lehmig humoses Substrat.

△ 145c Tagetes patula, gefüllte Sorte
▽ 145d Tagetes patula, einfache Sorte

△ 146a Tagetes patula, Versuchsfeld

△ 146b Tagetes tenuifolia, gelb
▽ 146c Tagetes tenuifolia, orangebronze

Tagetes tenuifolia ⊙

Synomym: T. signata.
Familie: Asteraceae.
Deutscher Name: Kleinblumige Studentenblume, Gestreifte Mexikanische Studentenblume.
Heimat/Herkunft: Mexiko, Mittelamerika.
Wuchsform: Krautig aufrecht, fein verzweigt, mit sehr zierlichen, fein gefiederten Blättchen und sehr zahlreichen einfachen Blüten, die sich unermüdlich neu entwickeln. Eine der dankbarsten Tagetesarten.
Pflanzenhöhe: 30 cm.
Blütenfarbe: Gelb, Orange, Braunrot.
Blütezeit: Juni bis Oktober.
Verwendung: Gruppenpflanze in Sommerflorrabatten, Pflanzschalen und als Kontrast zu Lilarosa und Blau. Gut geeignet für sonnige Lagen als Fenster- und Balkonschmuck.
Standortansprüche: Sonnig bis halbschattig, mittelschwerer nährstoffreicher Boden. Schnecken fernhalten.
Vermehrungsart und -zeit: Aussaat März bis April in Kisten bei 18 °C. Keimzeit 8 bis 14 Tage. 1 200 Korn pro Gramm. Bedarf für 1 000 Pflanzen 3 bis 5 g.
Anzucht: Pikieren zu je 2 bis 3 Sämlinge. Eintopfen in 7- bis 8-cm-Töpfe in lehmig humoses, nährstoffreiches Substrat.

Tanacetum parthenium ⊙ ♃ ✂

Synomym: Matricaria parthenium, M. partenioides, M. capensis, M. exima, Chrysanthemum parthenium, Leucanthemum parthenium, Pyrethrum parthenium.
Familie: Asteraceae.
Deutscher Name: Gefüllte Kamille, Mutterkraut, Grauhaarige Wucherblume.
Heimat/Herkunft: Balkan, Kleinasien, Kaukasus.
Wuchsform: Krautig aufrecht, breit verzweigt. Blätter frischgrün, fiederschnittig. Endständig zahlreiche gefüllte Blütenkörbchen auf doldigen Trauben.
Pflanzenhöhe: Je nach Sorte 15 bis 70 cm.
Blütenfarbe: Weiß, Gelb.
Blütezeit: Juni bis Oktober.
Verwendung: Niedere Sorten vorwiegend für Rabatten und Schalen, höhere Sorten auch für den Schnitt.
Standortansprüche: Sonnig bis halbschattig, nährstoffreicher, mittelschwerer Boden.
Vermehrungsart und -zeit: Aussaat Februar bis März bei 12 bis 15 °C in Kisten oder Kästen. Keimzeit 10 bis 14 Tage. 8000 Korn pro Gramm. Bedarf für 1000 Pflanzen 0,5 g.
Anzucht: Pikieren in Kisten, später eintopfen in 8- bis 9-cm-Töpfe in lehmig humoses Substrat.

△ 147a Tanacethum parthenium

Tanacetum ptarmiciflorum ♄ Ⓚ ▽

Synomym: Chrysanthemum ptarmiciflorum.
Familie: Asteraceae.
Deutscher Name: Silberfiligranblatt, Silber-Wucherblume.
Heimat/Herkunft: Kanarische Inseln.
Wuchsform: Krautig bis verholzend, aufrecht verzweigt, mit ausgeprägten, fein geschlitzten grausilbrigen Blättern. Zierwert durch das Laub.
Pflanzenhöhe: 20 bis 25 cm.
Blütezeit: Im ersten Jahr keine Blüte.
Verwendung: Vielseitig verwendbar in Rabatten, Pflanzschalen und auf Gräbern.
Standortansprüche: Typische Blattfarbe nur in vollsonniger Lage und auf durchlässigem Boden.
Vermehrungsart und -zeit: Aussaat Februar bis März in Kisten bei 16 bis 20 °C Keimtemperatur. Keimdauer 2 Wochen. Aussaaterde mit 15 bis 20 % Sand anreichern. 5000 Korn pro Gramm. Bedarf für 1000 Pflanzen 2 g.
Anzucht: Pikieren in 7-cm-Topf oder Anzuchtschalen (Multitopf). Sandiges, mittelschweres Substrat mit geringem Nährstoffvorrat. Sonniger Standort bei 6 bis 8 °C. Nie zu nass halten!

△ 147b Tanacetum ptarmiciflorum
▽ 147c Tanacetum ptarmiciflorum

△ 148a Thunbergia alata
▽ 148b Thymophylla tenuiloba

Thunbergia alata

⊙ ⊙ ♃ ⇞

Synomym: –
Familie: Acanthaceae.
Deutscher Name: Schwarzäugige Susanne, Thunbergie.
Heimat/Herkunft: Südostafrika.
Wuchsform: Krautig aufrecht und verzweigt. Kletterpflanze mit starkem Wuchs und eirunden bis herzförmigen Blättern. Schlundartige Blüten.
Pflanzenhöhe: Über 1,5 m.
Blütenfarbe: Cremegelb, Goldgelb bis Orange mit meist schwarzem Fleck in der Mitte.
Blütezeit: Juni bis Oktober.
Verwendung: Kletterpflanze, die sich an Schnüren oder Drähten selbstständig emporwindet. In großen Schalen an Stäben gezogen.
Standortansprüche: Sonnig bis halbschattig, nicht zu windige Lagen. Mittelschwerer, nährstoffreicher Boden, regelmäßige Nachdüngung.
Vermehrungsart und -zeit: Aussaat Februar bis März direkt in 9- bis 10-cm-Töpfe in lehmig humoses Substrat. Je 3 Korn pro Topf. Keimtemperatur 18 °C. Keimzeit 14 bis 20 Tage. 40 Korn pro Gramm. Bedarf für 1 000 Töpfe 50 g. Neuerdings sehr großblumige Sorten, die durch Teilstecklinge vermehrt werden.
Anzucht: Nach der Keimung in den Töpfen frühzeitig dünne Stäbe stecken.

Thymophylla tenuiloba

⊙ ✂

Synomym: Dyssodia tenniloba.
Familie: Asteraceae.
Deutscher Name: Gelbes Gänseblümchen.
Heimat/Herkunft: Süden der USA bis Mexiko.
Wuchsform: Krautig, zierlich, fein verzweigt, mit fein gefiederten Blättchen. Aufrecht bis flach wachsend, zum Teil überhängend. Endständig bilden sich feinstrahlige Margeritenblüten. Ein Gegenstück zu Brachyscome multifida.
Pflanzenhöhe: 15 bis 20 cm.
Blütenfarbe: Gelb.
Blütezeit: Juni bis September.
Verwendung: Für Sommerblumenrabatten, Schalen und Ampeln. Auch für „Blumentiere" gut geeignet.
Standortansprüche: Sonnig bis halbschattig, jedoch heller Standort. Durchlässiger, lehmig humoser Boden.
Vermehrungsart und -zeit: Aussaat Februar bis April in Kisten in durchlässiges, sandhaltiges Substrat. Samen nicht bedecken! Keimtemperatur 18 bis 20 °C. Keimzeit 8 bis 14 Tage. 6 300 Korn pro Gramm. Bedarf für 1 000 Töpfe 0,5 g.
Anzucht: Die kleinen Sämlinge zu je 3 in 8- bis 9-cm-Töpfe pikieren, in lehmig humoses Substrat mit Sandzusatz. Anzucht bei 12 bis 16 C.

Tibouchina urvilleana ♄ (K)

Synomym: T. semidecandra.
Familie: Melastomataceae.
Deutscher Name: Tibouchine, Prinzessinnenblume, Glänzende Tibouchie.
Heimat/Herkunft: Brasilien.
Wuchsform: Aufrecht wachsender Strauch mit breiter Verzweigung. Ovale, behaarte, gegenständige Blätter. An den Triebenden große Blüten.
Pflanzenhöhe: 80 cm bis 1,5 m. Mit Wuchshemmstoffen behandelt wesentlich niedriger.
Blütenfarbe: Tiefes Violettblau.
Blütezeit: Mai bis Oktober. Die Einzelblüten fallen nach 2 bis 3 Tagen ab.
Verwendung: Als Solitärpflanze in größeren Sommerblumenrabatten oder großen Pflanzschalen sowie als blühende Kübelpflanze.
Standortansprüche: Sonnige Lage, nährstoffreicher, mittelschwerer Boden, Nachdüngung.
Vermehrungsart und -zeit: Kopfstecklinge oder Teilstecklinge von älteren Pflanzen (nicht zu krautig) ganzjährig. Bewurzelungstemperatur 18 bis 22 °C.
Anzucht: Bewurzelte Stecklinge eintopfen in nährstoffreiches, lehmig humoses Substrat. Pinzieren.
Besonderheiten: Kühl und feucht im Keller überwintern.

△ 149a Tibouchina urvilleana
▽ 149b Tithonia rotundifolia

Tithonia rotundifolia ⊙

Synomym: T. speciosa, T. tagetiflora.
Familie: Asteraceae.
Deutscher Name: Tithonie, Mexikanische Sonnenblume.
Heimat/Herkunft: Mexiko.
Wuchsform: Krautig aufrecht mit sparriger Verzweigung. Dunkelgrüne rundliche Blätter. Endständig tagetesähnliche Blütenstände.
Pflanzenhöhe: 80 cm bis 1 m.
Blütenfarbe: Leuchtendes Orangerot.
Blütezeit: Juli bis Oktober.
Verwendung: Einzeln oder als Tuffs in größeren Sommerblumenrabatten.
Standortansprüche: Sonnige Lage, sehr nährstoffreicher, mittelschwerer Boden. Trockenheit meiden durch regelmäßiges Gießen.
Vermehrungsart und -zeit: Aussaat März bis April in Kisten oder Kästen bei 18 °C. Keimzeit 8 bis 14 Tage. 100 Korn pro Gramm. Bedarf für 1000 Pflanzen 25 g.
Anzucht: Kräftige Sämlinge direkt in Endtopf von 8 bis 10 cm ∅ einpflanzen. Substrat nährstoffreich, lehmig humos. Erst nach Mitte Mai auspflanzen, da frostempfindlich!

△ 150a Trachelium caeruleum
▽ 150b Trachymene coerulea

Trachelium caeruleum ♃ ✂ K

Synomym: –
Familie: Campanulaceae.
Deutscher Name: Halskraut, Blaues Halskraut.
Heimat/Herkunft: Portugal, westliche Mittelmeerländer.
Wuchsform: Krautig aufrecht, verästelt. Blätter zugespitzt eiförmig. Kleine Blüten sitzen auf trugdoldenförmigen Blütenständen.
Pflanzenhöhe: 80 cm.
Blütenfarbe: Blauviolett, Weiß.
Blütezeit: Juni bis August.
Verwendung: In größeren Sommerblumenrabatten in Gruppen sowie neuerdings sehr beliebt als Schnittblume.
Standortansprüche: Sonnig bis halbschattig, mittelschwerer, nährstoffreicher Boden.
Vermehrungsart und -zeit: Aussaat September bis Januar in Kisten **bei** 20 °C. Keimzeit 14 bis 20 Tage. Keimzeit 14 bis 20 Tage. 100000 Korn pro Gramm. Bedarf für 1000 Pflanzen 0,25 g.
Anzucht: Pikieren in Kisten oder kleinen Multitöpfen. Umpflanzen in 9- bis 10-cm-Töpfe in lehmig humoses Substrat. Anzucht bei 18 °C. Später absenken auf 15 °C.
Besonderheiten: Als Schnittblume erst schneiden, wenn pro Trugdolde etwa 20 Blütchen geöffnet sind.

Trachymene coerulea ⊙ K

Synomym: Huegelia caerulea, Didiscus caeruleus.
Familie: Apiaceae.
Deutscher Name: Blaudolde, Blaues Wölklein, Blaue Raudolde.
Heimat/Herkunft: Westaustralien.
Wuchsform: Krautig, einjährig, straff aufrecht und locker verzweigt mit abstehenden Zweigen. Die fingerförmig geteilten grünen Blätter stehen wechselständig. Endständig bilden sich halbkugelige, lockere Doppeldolden, die mit kleinen Blüten besetzt sind.
Pflanzenhöhe: 50 bis 60 cm.
Blütenfarbe: Hellblau bis pastellfarbig.
Blütezeit: Juli bis September.
Verwendung: In niederen Rabatten, einzeln oder in Tuffs sowie für den Schnitt.
Standortansprüche: Sonnig bis halbschattige Lage.
Vermehrungsart und -zeit: Aussaat März bis April bei 18 °C. Keimzeit 2 Wochen. Bedarf für 1000 Pflanzen 2000 Korn.
Anzucht: Pikieren und eintopfen in Töpfe von 8 bis 9 cm ∅.
Besonderheiten: Beliebt für feine, duftige Sträuße.

Tropaeolum majus

⊙ ♃ Ⓝ

Synomym: –
Familie: Tropaeolaceae.
Deutscher Name: Große Kapuzinerkresse.
Heimat/Herkunft: Kolumbien bis Peru.
Wuchsform: Krautig, stark wachsend, kriechend, mit aufwärts strebenden Blattstielen und kreisrunden, schildförmigen Blättern. Die Blüten erscheinen aus den Blattachseln. Starker Duft.
Pflanzenhöhe: Höhe ab Boden 30 cm. Länge 2 bis 4 m.
Blütenfarbe: Gelb, Orange, Rot, Rosa.
Blütezeit: Juli bis Oktober.
Verwendung: Bodendecker, an Böschungen, Zäunen oder Gittern. Niedere Sorten (T. minus) eignen sich auch für Einfassungen.
Standortansprüche: Sonnig bis halbschattig, sehr nährstoffreicher und nicht zu trockener Boden.
Vermehrungsart und -zeit: Aussaat April bis Mai direkt in 8-cm-Töpfe je 3 bis 4 Samen. Lehmig humoses Substrat. Keimtemperatur 15 °C. Keimzeit 14 bis 20 Tage. 8 Korn pro Gramm. Bedarf für 1 000 Töpfe 200 g.
Anzucht: Nach dem Keimen abhärten und eventuell auseinander stellen. Anzuchtzeit 4 Wochen bis zur Verkaufsreife.
Besonderheiten: Es sind auch Sorten mit weiß gefleckten Blättern im Handel.

△ 151a Tropaeolum majus
▽ 151b Tropaeolum peregrinum

Tropaeolum peregrinum

⊙

Synomym: T. aduncum, T. canariense.
Familie: Tropaeolaceae.
Deutscher Name: Gelbe Kapuzinerkresse, Kanaren-Kapuzinerkresse.
Heimat/Herkunft: Zentralamerika.
Wuchsform: Stark wachsende Kletterpflanze mit tief gebuchteten, feigenähnlichen Blättern. Aus den Blattachseln erscheinen sehr zahlreich die relativ kleinen Blüten.
Pflanzenhöhe: Bei nährstoffreichem Boden und sonnigem Standort können sie 2 bis 3 m hoch werden.
Blütenfarbe: Gelb.
Blütezeit: Ununterbrochen von Mai bis Oktober.
Verwendung: Als Ranker an Pergolen oder an Wandgittern.
Standortansprüche: Sonnig bis halbschattig, nährstoffreicher Boden.
Vermehrungsart und -zeit: Aussaat im März bis April bei 18 °C.
Anzucht: Direktsaat: 5 Korn in einen 10-cm-Topf, später in Container oder ins Freiland pflanzen, anfangs an 3 Stäben pyramidal aufbinden.
Besonderheiten: Sehr dekoratives Laub und aparte Blütenform.

△ 152a Verbna bonariensis
▽ 152b Verbena canadensis

Verbena bonariensis ⊙ ♃

Synomym: –
Familie: Verbenaceae.
Deutscher Name: Hohe Verbene, Eisenkraut.
Heimat/Herkunft: Argentinien bis Südbrasilien.
Wuchsform: Krautig bis strauchig, straff aufrecht, locker verzweigt, mit relativ schmalen Blättern. Kleine Blüten in endständigen Trugdolden.
Pflanzenhöhe: 1 bis 1,2 m.
Blütenfarbe: Lila bis Blauviolett.
Blütezeit: Juni bis Oktober.
Verwendung: In größeren Sommerblumenrabatten oder Pflanzschalen in Gruppen oder als Hintergrund für gelb bis orange blühende niedere Pflanzen. Auch dankbare Schnittblume.
Standortansprüche: Sonnige und warme Lage, mittelschwerer, aber nährstoffreicher Boden. Nachdüngung ist für diese hohe Art erforderlich.
Vermehrungsart und -zeit: Aussaat Januar bis März in Kisten bei 18 bis 20 °C. Keimzeit 20 bis 25 Tage. 400 Korn pro Gramm. Bedarf für 1 000 Pflanzen 5 g.
Anzucht: Pikieren in Kisten mit je 2 bis 3 Sämlingen. Später in 8- bis 9-cm-Töpfe pflanzen in lehmig humoses Substrat mit guter Nährstoffversorgung. Abhärten.

Verbena canadensis ⊙ ♃

Synomym: V. aubletia.
Familie: Verbenaceae.
Deutscher Name: Dunkelviolette Verbene, Eisenkraut, Rosen-Verbene.
Heimat/Herkunft: Virginia bis Iowa, Kansas, Colorado (USA).
Wuchsform: Krautig aufrecht, breit verzweigt, kompakt. Die ovalen Blätter sind eingebuchtet. Die Blüten sitzen dicht in doldenähnlichen Blütenähren.
Pflanzenhöhe: 20 cm.
Blütenfarbe: Dunkelviolett bis Weinrot.
Blütezeit: Juni bis Oktober.
Verwendung: Sommerblumenrabatten, Pflanzschalen, Einfassungen, Gräber.
Standortansprüche: Sonnig bis halbschattig, mittelschwerer Boden mit guter Nährstoffversorgung.
Vermehrungsart und -zeit: Aussaat Februar bis März in Kisten in humoses Substrat bei 18 bis 20 °C. Keimzeit 20 bis 25 Tage. 700 Korn pro Gramm. Bedarf für 1 000 Pflanzen 10 g.
Anzucht: Pikieren in Kisten in lehmig humoses Substrat. Später eintopfen in 8-cm-Töpfe. Flüssig nachdüngen.
Besonderheiten: Sehr guter Kontrast zu Gelb und Orange.

Verbena Cultivars in Sorten ☉

Synomym: V. × hybrida, V.-Hybriden.
Familie: Verbenaceae.
Deutscher Name: Gartenverbene.
Heimat/Herkunft: Zuchtform.
Wuchsform: Krautig, eher flach wachsend, mit lockerer Verzweigung und eingebuchteten Blättern. Die Blüten stehen in endständigen dichten Ähren.
Pflanzenhöhe: 15 bis 25 cm.
Blütenfarbe: Weiß, Rosa, Scharlachrot, Lachs, Violett, Tiefblau, einfarbig oder mit weißem Auge.
Blütezeit: Mai bis Oktober.
Verwendung: Zur Flächenbepflanzung in größeren Rabatten, als Gruppenpflanze, auf Gräbern.
Standortansprüche: Sonnige und warme Lage, lehmig humoser Boden mit guter Nährstoffversorgung.
Vermehrungsart und -zeit: Aussaat Februar bis März in Kisten. Samen mit einer dünnen Sandschicht abdecken. Keimtemperatur 18 bis 20 °C. Keimzeit 20 bis 30 Tage mit sehr unregelmäßigem Auflaufen. Stets feucht halten! 400 Korn pro Gramm. Bedarf für 1 000 Pflanzen 20 g.
Anzucht: Pikieren in Kisten. Später eintopfen in 7- bis 8-cm-Töpfen in lehmig humoses Substrat. Pinzieren, abhärten.

△ 153a Verbena Cultivars in Sorten

Verbena rigida ☉ ♃

Synonym: V. venosa.
Familie: Verbenaceae.
Deutscher Name: Steife Verbene.
Heimat/Herkunft: Südbrasilien, Argentinien.
Wuchsform: Krautig, straff aufrecht, locker verzweigt. Keilförmige, gezähnte Blätter. Endständig sitzen kleine Blüten in dichten, doldenähnlichen Blütenähren. Im Boden bilden sie lange Rhizome, sodass sich mit der Zeit dichte Horste bilden.
Pflanzenhöhe: 30 bis 40 cm.
Blütenfarbe: Blauviolett, Hellblau.
Blütezeit: Juni bis Oktober.
Verwendung: In großen Rabatten großflächig, in kleineren in Gruppen, oder zwischen niederen Beetpflanzen einzeln locker eingestreut. Auch für größere Pflanzschalen und als Schnittblumen.
Standortansprüche: Sonnig bis halbschattig, nährstoffreicher, mittelschwerer Boden.
Vermehrungsart und -zeit: Aussaat Januar bis März in Kisten bei 18 bis 20 °C. Keimzeit 20 bis 25 Tage. 1 600 Korn pro Gramm. Bedarf für 1 000 Pflanzen 5 g.
Anzucht: Pikieren in Kisten, später einpflanzen in 8-cm-Töpfe in lehmig humoses, nährstoffreiches Substrat.

△ 153b Verbena rigida
▽ 153c Verbena rigida, blauviolett und hellblau

△ 154a Verbena tenera

Verbena tenera ⊙ ♃ ♄ ♄ ⤳

Synonym: –
Familie: Verbenaceae.
Deutscher Name: Zarte Verbene.
Heimat/Herkunft: Südbrasilien.
Wuchsform: Krautig aufrecht bis kriechend und überhängend, mit breiter, etwas sparriger Verzweigung. Blätter linealisch zugespitzt, am Rande fiederförmig eingeschnitten. Endständig doldenförmige Blütenähren.
Pflanzenhöhe: 20 bis 30 cm, Trieblänge bis 50 cm.
Blütenfarbe: Violettrosa, Karmesinrot.
Blütezeit: Juni bis Oktober.
Verwendung: Rabatten, Einfassungen, aber auch für Pflanzschalen, Ampeln, Balkonschmuck und „Hanging Baskets".
Standortansprüche: Sonnig bis halbschattig, nährstoffreicher, mittelschwerer Boden, gute Nachdüngung.
Vermehrungsart und -zeit: Kopf- und Teilstecklinge von überwinterten Mutterpflanzen November bis März bei 18 bis 20 °C. Niederliegende Triebe wurzeln auch selbst.
Anzucht: Bewurzelte Stecklinge eintopfen in lehmig humoses Substrat in 8-cm-Töpfe. Pinzieren. Eventuell 2 bis 3 Stecklinge zusammenpflanzen.

△ 154b Viola cornuta
▽ 154c Viola cornuta

Viola cornuta ♃

Synonym: V.-Cornuta-Hybriden.
Familie: Violaceae.
Deutscher Name: Hornveilchen, Gehörntes Veilchen, Pyrenäen-Stiefmütterchen.
Heimat/Herkunft: Europa, Pyrenäen, Spanien.
Wuchsform: Breitbuschig, krautig und kompakt wachsend. Kriechende bis aufrechte, verzweigte Triebe. Das Blatt ist eiförmig bis oval, dunkelgrün mit leichtem Glanz. Der Rand ist leicht gekerbt. Die einzelnen, schieftellerförmigen Blüten sitzen auf dünnen Stielen locker verteilt über die ganze Pflanze und bedecken sie oft völlig.
Pflanzenhöhe: 10 bis 15 cm.
Blütenfarbe: Weiß, Blau, Gelb und auch zwei- bis dreifarbig.
Blütezeit: April bis August.
Verwendung: Rabatten, Pflanzschalen und Steingärten.
Standortansprüche: Lehmhaltiger bis humoser Boden in sonniger bis halbschattiger Lage.
Vermehrungsart und -zeit: Aussaat Juni bis August. Bedarf 1 250 Korn für 1 000 Pflanzen. Dunkelkeimer. Keimung bei 15 bis 18 °C.
Anzucht: Pikieren und später eintopfen in 9- bis 10-cm-Töpfe, vollsonnig.
Besonderheiten: Zweijährige Pflanze.

Viola × wittrockiana in Sorten ☉

Synonym: V.-Wittrockiana-Hybriden, V. tricolor, V. tricolor var. maxima, V. hortensis.
Familie: Violaceae.
Deutscher Name: Gartenstiefmütterchen, Dänkeli, Pensée.
Heimat/Herkunft: Zuchtformen.
Wuchsform: Krautig, breit verzweigt, Blätter breit lanzettlich. Blüten stehen einzeln auf aufrechten Stielen.
Pflanzenhöhe: 10 bis 15 cm.
Blütenfarbe: Weiß, Gelb, Orange, Rot, Rosa, Blau, Violett; reinfarbig oder mehrfarbig.
Blütezeit: Oktober bis November sowie März bis Mai.
Verwendung: Rabatten, Schalen, Gräber.
Standortansprüche: Sonnig bis halbschattig, mittelschwerer, nährstoffreicher Boden. Jedes Jahr Standortwechsel wegen Wurzel- und Fußpilzen. Bei der Anzucht Boden desinfizieren.
Vermehrungsart und -zeit: Aussaat Juni bis Mitte Juli in sterile Erde in Kästen, gut schattieren! Stets gleichmäßig feucht halten. Keimtemperatur 15 °C. Keimzeit 14 bis 20 Tage. 800 Kron pro Gramm. Bedarf für 1 000 Pflanzen 3 bis 5 g.
Anzucht: Frühzeitig pikieren auf gut vorbereitete Beete (Desinfektion oder Neuumbruch). Auch Anzucht im 8-cm-Topf. In Rabatten 30 bis 35 pro m^2. Vorbeugender Pflanzenschutz gegen Pilzkrankheiten. Mäßige Grunddüngung.

△ 155a Viola × wittrockiana
▽ 155b Viola × wittrockiana

▽ 155c Viola × wittrockiana

△ 156a Xanthophthalmum segetum
▽ 156b Xanthophthalmum segetum

▽ 156c Xaeranthemum annuum

Xanthophthalmum segetum ⊙ ✂

Synonym: Chrysanthemum segetum.
Familie: Asteraceae.
Deutscher Name: Goldmargerite, Saat-Wucherblume.
Heimat/Herkunft: Südosteuropa bis Südwestasien.
Wuchsform: Krautig aufrecht und verzweigt, mit stark gebuchtetem, grünem Laub und endständigen gelben Blüten.
Pflanzenhöhe: 40 bis 60 cm.
Blütenfarbe: Hell- bis Goldgelb mit grüner, brauner oder schwarzbrauner Mitte.
Blütezeit: Juli bis Oktober.
Verwendung: Sommerflorrabatten, große Pflanzschalen und dankbar als Schnittblume für bunte Sträuße.
Standortansprüche: Sonnig bis halbschattig, mittelschwerer, nährstoffreicher Boden.
Vermehrungsart und -zeit: Aussaat Februar bis März bei 15 °C. Keimzeit 2 Wochen. 300 Korn pro Gramm. Bedarf für 1000 Pflanzen 10 g.
Anzucht: Pikieren in Kisten oder direkt in 7- bis 8-cm-Töpfe in Anzuchtsubstrat mit Lehmerdeanteil. Anzucht hell, bei 10 bis 12 °C.
Besonderheiten: Pflanzenschutz gegen Minierfliegen.

Xeranthemum annuum ⊙ ✂

Synonym: –
Familie: Asteraceae.
Deutscher Name: Papierblume, Einjährige Strohblume.
Heimat/Herkunft: Südosteuropa bis Vorderasien.
Wuchsform: Krautig aufrecht mit straffem Wuchs. Die Triebe sind im oberen Teil blattlos, die Blätter lanzettlich. Endständig große Blütenkörbchen mit papierähnlichen, trockenen Randblüten. Einfach und gefüllt.
Pflanzenhöhe: 50 bis 60 cm.
Blütenfarbe: Weiß, Rosa und Violettpurpur.
Blütezeit: Juli bis Oktober.
Verwendung: Vor allem als dankbare Trockenblume. Zur Auflockerung in größeren Rabatten.
Standortansprüche: Sonnige und warme Lage, durchlässiger, lehmig humoser Boden. Mäßige Nährstoffversorgung.
Vermehrungsart und -zeit: Aussaat April bis Mai in Kisten oder direkt ins Freiland in sandiges, durchlässiges Substrat. Keimtemperatur 15 °C. Keimzeit 8 bis 14 Tage. 600 Korn pro Gramm. Bedarf für 1000 Pflanzen 5 g.
Anzucht: Pikieren in Kisten, im Kasten oder direkt in Anzuchttöpfe von 7 bis 8 cm ∅. Durchlässiges Substrat mit mäßigem Nährstoffvorrat.
Besonderheiten: Zur Intensivierung der Blütenfarben können die Blüten vor dem Trocknen in eine 10-prozentige Salzsäurelösung getaucht werden. Hängend und schattig trocknen lassen.

Zinnia angustifolia ☉

Synonym: Z. linearis.
Familie: Asteraceae.
Deutscher Name: Schmalblättrige Zinnie, Einfache Zinnie.
Heimat/Herkunft: Arizona, Neu Mexiko (USA).
Wuchsform: Krautig, zuerst aufrecht, später kriechend bis hängend, gut verzweigt, schmal lanzettliche Blätter. Endständig zahlreiche, einfache Blütenstände.
Pflanzenhöhe: 40 bis 50 cm.
Blütenfarbe: Weiß, Gelb, Orange.
Blütezeit: Juni bis Oktober.
Verwendung: Vielseitig, sowohl für Rabatten, Einfassungen, Ampelpflanzen wie auch für den Schnitt. Sehr reich blühend und witterungsbeständig. Verdient mehr Beachtung!
Standortansprüche: Sonnig bis halbschattig, mittelschwerer Boden und mittlere Nährstoffgaben.
Vermehrungsart und -zeit: Aussaat April bis Mai in Schalen bei 18 bis 20 °C.
Anzucht: Pikieren, Eintopfen in 7- bis 8-cm-Töpfe.
Besonderheiten: Sehr hitzebeständig und blühwillig!

△ 157a Zinnia angustifolia

▽ 157b Zinnia angustifolia

▽ 157b Zinnia angustifolia

Zinnia elegans

⊙

Synomym: –
Familie: Asteraceae.
Deutscher Name: Großblumige Zinnie.
Heimat/Herkunft: Mexiko.
Wuchsform: Krautig aufrecht, etwas sparrig verzweigt. Blätter gegenständig, stängelumfassend, zugespitzt herzförmig bis oval. Endständige kleine bis sehr große Blütenkörbe, je nach Sortengruppe.
Pflanzenhöhe: 30 bis 90 cm, je nach Sortengruppe.
Blütenfarbe: Weiß, Gelb, Orange, Rosa, Rot und Grünlich. Reine Farben.
Blütezeit: Juli bis September/Oktober.
Verwendung: Sommerblumenrabatten, größere Pflanzschalen und dankbar als Schnittblumen. Blumen ganz geöffnet schneiden.
Standortansprüche: Sonnige und warme Lage, durchlässiger, mittelschwerer und nährstoffreicher Boden.
Vermehrungsart und -zeit: Aussaat in Kisten oder Kästen bei 20 bis 22 °C. Keimzeit 8 bis 14 Tage. 100 bis 150 Korn pro Gramm. Bedarf für 1 000 Pflanzen 10 bis 15 g.
Anzucht: Pikieren in Kästen oder direkt in Anzuchttöpfe von 8 cm ∅. Substrat lehmig humos mit mäßiger Grunddüngung.
Besonderheiten: Schnecken fernhalten. Vorbeugend gegen Pilzkrankheiten mit Fungiziden behandeln.

△ 158a Zinnia elegans
▽ 158b Zinnia elegans

▽ 158c Zinnia elegans

Zinnia haageana ⊙

Synonym: Z. angustifolia, Z. mexicana.
Familie: Asteraceae.
Deutscher Name: Kleinblumige Zinnie.
Heimat/Herkunft: Arizona, Neu Mexiko (USA).
Wuchsform: Krautig, aufrecht bis breit verzweigt. Blätter sitzend, linealisch zugespitzt. Endständige, 4 bis 5 cm große Blütenkörbchen. Einfache bis gefüllte Blüten.
Pflanzenhöhe: 30 bis 40 cm.
Blütenfarbe: Weiß, Gelb, Orange, Rotbraun; ein- bis zweifarbig.
Blütezeit: Mai bis Oktober.
Verwendung: Rabatten, Einfassungen, Ampeln, auch für den Schnitt geeignet.
Standortansprüche: Sonnig bis halbschattig, mittelschwerer Boden.
Vermehrungsart und -zeit: Aussaat April bis Anfang Mai in Schalen oder Kisten bei 18 bis 20 °C.
Anzucht: Pikieren, eintopfen in 7-bis 8-cm-Töpfe. Nicht zu humoses Substrat mit mäßiger Düngung.
Besonderheiten: Auch als kleine Schnittblume für „Biedermeiersträuße" begehrt.

△ 159a Zinnia haageana
▽ 159b Zinnia haageana

Herbstzauber von A–Z

Kaum sind die Sommerblumen nach ersten Frösten verblichen, folgen frostresistente bis winterharte „Herbstzauber"-Pflanzen. Das Sortiment in den Pflanzenverkaufsstellen wird immer umfangreicher. Die Verwendungsmöglichkeiten sind, wie die Bilder zeigen, sehr vielfältig, seien es Pflanzenschalen, Balkongefäße oder auch Grabflächen.
Heute präsentiert sich ein vielseitiges Sortiment an schmucken Pflanzenarten, die es verdienen, auch in diesem Buch vorgestellt zu werden. Da gibt es typische Herbstblüher wie Ajania pacifica, Aster novi-belgii, Calluna vulgaris, Ceratostigma plumbaginoides, Sedum sieboldii, Sedum spectabile und andere, aber auch und vor allem buntblättrige Staudenarten und Gräser, die durch ihre aparten Blätter bezaubern. Richtig harmonisch zusammengestellt ergeben sich interessante Kombinationen, die dem Gärtner und Pflanzenliebhaber neue Perspektiven eröffnen.

Da die meisten dieser Pflanzenarten in Spezialbetrieben vermehrt und angezogen werden und eine Eigenvermehrung daher weniger in Frage kommt, wurden hier auf nähere Angaben wie Vermehrung und Anzucht verzichtet. Im Vordergrund sollen Pflanzenkenntnisse stehen. Mit richtiger Beratung können prachtvolle Kreationen herauskristallisiert werden. Lassen wir uns stets neu inspirieren!

▽ 160a Herbstzauber-Arrangement in großen Schalen

Acorus gramineus 'Ogon' ♃ ∧

Synonym: –
Familie: Acoraceae.
Deutscher Name: Gelbgestreifter Kalmus.
Heimat/Herkunft: Japan, Kulturform.
Wuchsform: Winterharte Staude mit weichen, linealischen hellgelb gestreiften, bogig überhängenden Blättern. Auch Sumpf- und Wasserpflanze.

Acorus gramineus 'Variegatus' ♃

Synonym: –
Familie: Acoraceae.
Deutscher Name: Weißbunter Kalmus.
Heimat/Herkunft: Japan, Kulturform.
Wuchsform: Winterharte Staude mit weichen, linealischen, weiß gestreiften, schmalen Blättern, die fächerartig angeordnet sind. Auch Sumpf- und Wasserpflanze.

Ajania pacifica ♃ ✂

Synonym: Chrysanthemum pacificum.
Familie: Asteraceae.
Deutscher Name: Goldchrysantheme, Silberrand-Chrysantheme.
Heimat/Herkunft: Japan.
Wuchsform: Krautig bis leicht verholzend, kompakt verzweigt. Das ovale, leicht gebuchtete Blatt ist oberseits mattgrün, unterseits weiß behaart mit silberweißem Rand.

△ 161a Acorus gramineus 'Ogon'

▽ 161b Acorus gramineus 'Variegatus'

▽ 161c Ajania pacifica

Ajuga reptans

♃ ⤳ (K)

Synonym: –
Familie: Lamiaceae.
Deutscher Name: Günsel.
Heimat/Herkunft: Europa, Westasien, Nordafrika.
Wuchsform: Halbimmergrüne Staude, kriechend mit großen, löffelförmigen, grünen bis buntfarbigen Blättern mit aufstrebenden, blauen Blütentrieben.

Aster novi-belgii

♃ ✂

Synonym: –
Familie: Asteraceae.
Deutscher Name: Staudenaster, Glattblatt-Aster.
Heimat/Herkunft: Nordamerika.
Wuchsform: Aus grundständigen Rosetten sprießen aufrechte Triebe, die am Ende verzweigt sind und flache Blüten tragen, Herbstblüher in Weiß, Rosa, Rot und Blau.

Bergenia crassifolia, Kulturformen

♃ (K) (W)

Synonym: –
Familie: Saxifragaceae.
Deutscher Name: Bergenia, Löffelblatt.
Heimat/Herkunft: Sibirien, Mongolei.
Wuchsform: Kriechende, löffelblättrige Staude mit dicken Rhizomen, winterhart. Auf aufrechten Schäften weiß, rosafarbene bis rote Blüten. Oft schöne Herbstfärbung des Laubs.

△ 162a Ajuga reptans
▽ 162b Aster novi-belgii

▽ 162c Bergenia crassifolia

Beta vulgaris var. flavescens ♃ Ⓝ

Synonym: –
Familie: Chenopodiaceae.
Deutscher Name: Stielmangold.
Heimat/Herkunft: Kulturformen.
Wuchsform: Aus kräftigem Strunk entwickeln sich ausgeprägt breite Blattrippen und große Blätter. Gemüseart, die man essen kann. Gelbe und rote Sorten als Gartenzierde.

Brassica oleracea var. acephala ♃ ⊙ Ⓝ

Synonym: –
Familie: Brassicaceae.
Deutscher Name: Zierkohl.
Heimat/Herkunft: Kulturformen.
Wuchsform: Aus aufrechtem Strunk entwickeln sich ausstrebende Blattrosetten mit gefransten bis geschlitzten Blättern. Je nach Sorte ist das Zentrum weiß, rosa bis purpur.

△ 163a Beta vulgaris subsp. cicla

▽ 163b Brassica oleracea var. acephala

△ 163c Brassica oleracea var. acephala
▽ 163d Brassica oleracea var. acephala

Calluna vulgaris ♄ ♄ Ⓝ

Synonym: –
Familie: Ericaceae.
Deutscher Name: Besenheide, Heidekraut.
Heimat/Herkunft: Wildform: Europa, Türkei, Nordafrika, Kulturformen.
Wuchsform: Immergrüner Kleinstrauch mit dünnen Trieben, dicht verzweigt, kleinnadelig, winterhart. Die Triebe sind dicht mit kleinen Blüten besetzt. Viele Sorten in Weiß, Rosa, Lila und Gelb.

Carex brunnea 'Variegata' ♃ Ⓦ Ⓚ

Synonym: –
Familie: Cyperaceae.
Deutscher Name: Ziersegge.
Heimat/Herkunft: Südliches Asien bis Australien.
Wuchsform: Aus kurzen Grundsprossen entwickeln sich dichte Grasbüschel. Die sehr schmalen Blättchen sind aufstrebend bis überhängend. Die weißgelben Seitenstreifen wirken sehr dekorativ.

Carex hachijoensis 'Evergold' ♃

Synonym: –
Familie: Cyperaceae.
Deutscher Name: Gelbbronze Segge, Buntsegge.
Heimat/Herkunft: Neuseeland.
Wuchsform: Ziersegge mit aufstrebenden bis überhängenden, schmalen Blättern, die gelb gestreift sind. Höhe bis 20 cm, horstbildend.

△ 164a Calluna vulgaris
▽ 164b Carex brunnea 'Variegata'

▽ 164c Carex hachijoensis 'Evergold'

Carex petriei 'Bronze Form' ♃ ∧

Synonym: –
Familie: Cyperaceae.
Deutscher Name: Bronze Segge.
Heimat/Herkunft: Neuseeland.
Wuchsform: Aufstrebendes, sehr schmalblättriges Ziergras in herbstlichen Bronzetönen, sehr dichte Grasbüschel bildend.

Carex testacea ♃

Synonym: –
Familie: Cyperaceae.
Deutscher Name: Herbstsegge.
Heimat/Herkunft: Ostasien.
Wuchsform: Ziergras mit dichtem Aufbau und sehr schmalen graugrünen Blättern, die sich im Herbst rötlich verfärben.

Ceratostigma plumbaginoides ♃ ♄

Synonym: Plumbago larpentiae.
Familie: Plumbaginaceae.
Deutscher Name: Bleiwurz.
Heimat/Herkunft: China.
Wuchsform: Immergrüne, kriechende Staude mit ovalen Blättern, die sich im Herbst kräftig rot verfärben. Flache blaue Blüten; knapp über dem Laub.

△ 165a Carex petriexi 'Bronze Form'
▽ 165c Ceratostigma plumbaginoides

▽ 165b Carex testacea

Crassula schmidtii ♃ Ⓚ

Synonym: C. impressa.
Familie: Crassulaceae.
Deutscher Name: Schmidt's Dickblatt.
Heimat/Herkunft: Namibia bis Transvaal.
Wuchsform: Flach bis aufrecht wachsend mit dichter Verzweigung, Bodendecker. Die grünen Blättchen sind lang lanzettlich verdickt, weich. Endständig zahlreiche kleine Blüten in Weiß oder Rosa.

Erica gracilis ♄ Ⓚ

Synonym: –
Familie: Ericaceae.
Deutscher Name: Erika, Topfheidekraut.
Heimat/Herkunft: Südafrika.
Wuchsform: Strauchig aufrecht, fein verzweigt mit nadeligen Blättchen, dicht mit rundlichen Glöcklein besetzt. Farben: Weiß, Rosa und Rot.

Erysimum linifolium 'Variegatum' ♃

Synonym: –
Familie: Brassicaceae.
Deutscher Name: Buntschöterich, Weißrandiger Schöterich.
Heimat/Herkunft: Kulturform. Wildform aus Spanien, Portugal.
Wuchsform: Aufrechter Wuchs mit schmalen, langen und dicht stehenden Blättern, die am Rande deutlich rahmgelb gezeichnet sind. Die Blüten sind rosa.

△ 166a Crassula schmidtii
▽ 166b Erica gracilis

▽ 166c Erysimum linifolium 'Variegatum'

Euonymus fortunei var. radicans 'Emerald Gaijety' ♄ ⇕ ⇝ ☠

Synonym: E. radicans var. acuta, Evonymus.
Familie: Celastraceae.
Deutscher Name: Spindelstrauch.
Heimat/Herkunft: Japan, Korea, Kulturform.
Wuchsform: Kriechender bis kletternder Kleinstrauch, winterhart. Trägt rundliche bis ovale grüne Blätter, die weiß umrandet sind.

Euonymus fortunei var. radicans 'Emerald'n Gold' ♄ ⇕ ⇝ ☠

Synonym: E. radicans var. acuta, Evonymus.
Familie: Celastraceae.
Deutscher Name: Spindelstrauch.
Heimat/Herkunft: Japan, Korea, Zuchtform.
Wuchsform: Aufrechter Strauch, gut verzweigt mit ovalen bis runden Blättern, das grüne Mittelfeld ist deutlich gelb umrandet. Im Herbst verfärben sich die Blätter rosa.

Festuca glauca ♃

Synonym: –
Familie: Poaceae.
Deutscher Name: Blauschwingel.
Heimat/Herkunft: Europa.
Wuchsform: Horstbildendes, winterhartes Gras mit etwa 15 cm langen, dünnen, blaugrünen bis silbrig weißen Blättern.

△ 167a Euonymus fortunei 'Emerald Gaiety'

▽ 167b Euonymus fortunei 'Emerald'n Gold'

▽ 167c Festuca glauca

Fragaria 'Frei' ♃

Synonym: –
Familie: Rosaceae.
Deutscher Name: Farbige Ziererdbeere.
Heimat/Herkunft: Zuchtform.
Wuchsform: Grundständige Blattrosette mit behaarten, dreigeteilten Blättern, Ausläufer bildend, daher zum Teil überhängend. Rosafarbene Blüten, aus denen sich mittelgroße, essbare Erdbeeren entwickeln. Winterhart.

Gaultheria mucronata ♄ ⁂ ☠

Synonym: Pernettya mucronata.
Familie: Ericaceae.
Deutscher Name: Scheinbeere.
Heimat/Herkunft: Südamerika, Chile bis Argentinien.
Wuchsform: Dicht verzweigter Kleinstrauch. Die dünnen Triebe sind wirr verzweigt und tragen ledrige, ovale Blätter. Im Herbst entwickeln sich kugelige, 1 cm große Beeren in Weiss bis Rosa oder Lila.

Gentiana sino-ornata ♃ ∧ ▽

Synonym: G. sinoornata.
Familie: Gentianaceae.
Deutscher Name: Chinesischer Herbstenzian.
Heimat/Herkunft: China.
Wuchsform: Staude mit kleinen, überwinternden Rosetten mit schmalen Blättern. Aus den Triebenden im Herbst glockenförmige, blaue Blüten.

△ 168a Fragaria 'Frel'
▽ 168b Gaultheria mucronata

▽ 168c Gentiana sino-ornata

Hebe × andersonii 'Variegata' ♄

Synonym: H.-Andersonii-Hybriden.
Familie: Scrophulariaceae.
Deutscher Name: Strauchveronika.
Heimat/Herkunft: Zuchtform.
Wuchsform: Immergrüner aufrechter Strauch mit gegenständigen, dunkelgrünen ovalen Blättern. Die Sorte 'Variegata' weist cremeweiße Ränder auf. Aus den Blattachseln erscheinen lilafarbige Blütenähren.

Hedera helix fo. poetarum ♄ ∧

Synonym: H. helix ssp. poetarum.
Familie: Araliaceae.
Deutscher Name: Kleinblättriger Efeu.
Heimat/Herkunft: Kulturformen aus Hedera helix, Europa.
Wuchsform: Verholzende Triebe, wenig verzweigt, mit wechselständigen Blättern in unterschiedlichen Formen. Auch weißpanaschierte Sorten.

Helichrysum thianschanicum ♃

Synonym: –
Familie: Asteraceae.
Deutscher Name: Gelbe Strohblume.
Heimat/Herkunft: Turkestan.
Wuchsform: Halbkugelförmige Polster aus aufstrebenden Trieben. Die schmalen Blätter sind graugrün behaart, die Blüten schwefelgelb.

△ 169a Hebe × andersonii

▽ 169b Hedera helix fo. poetarum

▽ 169c Helichrysum thianschanicum

Heuchera × brizoides ♃

Synonym: H.-Hybriden.
Familie: Saxifragaceae.
Deutscher Name: Purpurglöcklein.
Heimat/Herkunft: Zuchtformen.
Wuchsform: Staude mit kurzem Grundstamm und ausgeprägten Blattrosetten. Die wintergrünen Blätter sind herzförmig bis mehrfach gelapt mit prächtigen Farbnuancen.
Die Sorten 'Kupferblatt' und 'Purpurblatt' wirken sehr dekorativ.

Heuchera sanguinea 'Snowstorm'

Synonym: –
Familie: Saxifragaceae.
Deutscher Name: Weißgrünblättriges Purpurglöcklein.
Heimat/Herkunft: Kulturform.
Wuchsform: Staude mit kriechendem Grundstamm. Die dichtstehenden Blätter, die an Begonien erinnern, sind silbrig-grün mit dunkler Aderung.

△ 170a Heuchera × brizoides 'Kupferblatt'
▽ 170b Heuchera × brizoides 'Purpurblatt'

▽ 170c Heuchera sanguinea 'Snowstorm'

Lamium galeobdolon ♃ 〰→

Synonym: Lamiastrum galeobdolon, Lamium luteum, Galeobdolon luteum.
Familie: Lamiaceae.
Deutscher Name: Echte Goldnessel.
Heimat/Herkunft: Türkei bis Kaukasus.
Wuchsform: Immergrüne, bodendeckende Staude mit lanzettlichen bis leicht gelappten Blättern. Silbrig weiße Blattzeichnung. Aus den Blattachseln erscheinen schwefelgelbe Blüten.

Lamium maculatum ♃

Synonym: –
Familie: Gefleckte Taubnessel.
Deutscher Name: Gefleckte Taubnessel.
Heimat/Herkunft: Türkei, Kaukasus, Nordiran.
Wuchsform: Halbimmergrüne Staude mit kriechendem Polsterwuchs. Die gegenständigen, ovalen Blätter mit ihrer silberweißen Blattzeichnung sehr dekorativ. Die Blüten sind malvenrosa.

Lavandula lanata ♄ ♄ D (K)

Synonym: –
Familie: Lamiaceae.
Deutscher Name: Wolliger Lavendel.
Heimat/Herkunft: Südspanien.
Wuchsform: Kleiner Halbstrauch mit dichter Verzweigung und schmalen, weißwolligen Blättern, Lavendelduft, im zweiten Jahr dunkelblaue Blütenähren.

△ 171a Lamium galeobdolon

▽ 171b Lamium maculatum

▽ 171c Lavandula lanata

Leucophyta brownii

Synonym: Calocephalus brownii.
Familie: Asteraceae.
Deutscher Name: Silberkopf.
Heimat/Herkunft: Australien.
Wuchsform: Kompakter, dicht verzweigter Strauch mit drahtigen, silberweißen Trieben.

Lysimachia nummularia

Synonym: –
Familie: Primulaceae.
Deutscher Name: Pfennigkraut.
Heimat/Herkunft: Europa, Kaukasus.
Wuchsform: Kriechende bis hängende, dünne Triebe mit runden, gelblich grünen Blättern von 10 bis 15 mm ∅. Aus den Blattachseln erscheinen kurz gestielte gelbe Blüten. Winterhart.

Muehlenbeckia complexa

Synonym: Polygonum complexum.
Familie: Polygonaceae.
Deutscher Name: Mühlenbeckie.
Heimat/Herkunft: Neuseeland.
Wuchsform: Sommergrüner Kleinstrauch mit drahtigen, dünnen Trieben in lockerer Verzweigung und dunkelgrün glänzenden, eirunden Blättern.

△ 172a Leucophyta brownii
▽ 172b Lysimachia nummularia

▽ 172c Muehlenbeckia complexa

Salvia officinalis 'Purpurascens'

ħ D ∧ Ⓝ

Synonym: –
Familie: Lamiaceae.
Deutscher Name: Gartensalbei.
Heimat/Herkunft: Südliches Europa, Kulturformen.
Wuchsform: Immergrüner Halbstrauch, buschig und winterhart. Die langovalen Blätter sind purpurfarbig angehaucht. Blaue Blütenähren im Sommer.
Salvia officinalis 'Rotmühle' ist im Wuchs gleich wie obige Sorte, nur sind die ovalen Blätter blau-silbrig bereift mit dekorativer, cremeweißer Randzone.
Salvia officinalis 'Tricolor' ist im Wuchs ähnlich wie übrige Sorten, nur etwas lockerer und die Blätter sind etwas kleiner. Grundfarbe grünpurpur mit weißem Rand, der sich bei kühlen Temperaturen rosa verfärbt.
Besonderes: Diese Sorten lassen sich wie die Art als aromatisches Küchengewürz verwenden.

△ 173a Salvia officinalis 'Purpurascens'

▽ 173b Salvia officinalis 'Rotmühle'

▽ 173c Salvia officinalis 'Tricolor'

Santolina chamaecy-parissus ∧ ♄ D

Synonym: –
Familie: Asteraceae.
Deutscher Name: Heiligenkraut.
Heimat/Herkunft: Pyrenäen bis Nordwestitalien.
Wuchsform: Aufrecht, dicht verzweigt, immergrün mit schmalen, linealischen Blättchen, die am Rande gezähnt sind. Blassgraue Erscheinung.

Sedum sieboldii 'Variegatum' ♃ (K) ∧

Synonym: –
Familie: Crassulaceae.
Deutscher Name: Fetthenne, Oktoberli.
Heimat/Herkunft: Japan.
Wuchsform: Staude mit dünnen, aufrechten bis überhängenden Trieben. Die runden, blaugrünen und fleischigen Blätter mit weißem Fleck stehen in Dreier-Quirlen. Im Oktober erscheinen endständig in doldigen Rispen rosafarbene Blüten.

Sedum spectabile ♃

Synonym: –
Familie: Crassulaceae.
Deutscher Name: Fetthenne, Schöne Fetthenne.
Heimat/Herkunft: Korea, Mandschurei.
Wuchsform: Winterharte, aufrecht wachsende Staude mit fleischigen Trieben und Blättern. Diese sind oval, gezähnt und graugrün. Im Herbst bilden sich endständige halbkugelige Blütenrispen in Rosa bis Purpur.

△ 174a Santolina chamaecyparissus
▽ 174b Sedum sieboldii

▽ 174c Sedum spectabile

Senecio cineraria ♄ Ⓚ

Synonym: Cineraria maritima, C. bicolor, S. maritimus, S. bicolor.
Familie: Asteraceae.
Deutscher Name: Kreuzkraut, Silber-Greiskraut, Aschenpflanze.
Heimat/Herkunft: Mittelmeergebiet.
Wuchsform: Krautig aufrecht mit weißfilzigen, tief eingebuchteten Blättern. Erträgt leichte Fröste.

Skimmia japonica subsp. japonica ♄ D

Synonym: S. oblata, S. fragrans, S. × foremanii.
Familie: Rutaceae.
Deutscher Name: Japanische Skimmie, winterhart.
Heimat/Herkunft: Japan, Taiwan.
Wuchsform: Locker verzweigter Kleinstrauch mit breit lanzettlichen, dunkelgrünen Blättern. Immergrün. Im Herbst leuchtend rote Beeren.

Skimmia japonica subsp. reevesiana ♄

Synonym: S. fortunei.
Familie: Rutaceae.
Deutscher Name: Reevesa-Skimmie.
Heimat/Herkunft: China, Taiwan, Philippinen.
Wuchsform: Aufrechter Strauch mit immergrünen, dunkelgrünen, elliptischen Blättern. Zierwert: rosafarbene Blütenknospen.

△ 175a Senecio cineraria

▽ 175b Skimmia japonica subsp. japonica

▽ 175c Skimmia japoniica subsp. reevesiana

Thymus × citriodorus ♃ D ∧

Synonym: –
Familie: Lamiaceae.
Deutscher Name: Zitronen-Thymian.
Heimat/Herkunft: Kreuzung aus T. pulegioides × T. vulgaris.
Wuchsform: Immergrüner, eher flach wachsender Kleinstrauch von 10 bis 15 cm Höhe. Die kleinen ovalen Blätter sind grün mit gelbem Rand. Diese Art verströmt einen angenehmen Zitronenduft.

Thymus vulgaris 'Argentea' ♄ D Ⓝ

Synonym: –
Familie: Lamiaceae.
Deutscher Name: Gartenthymian.
Heimat/Herkunft: Mittelmeerregion.
Wuchsform: Polster bildender Kleinstrauch mit dichter Verzweigung, dünnen Trieben und kleinen, langovalen Blättern, angenehmer Duft. Die Sorte 'Argentea' weist weiße Blattränder auf.

Vinca major 'Variegata' ♄ Ⓚ ∧ ☠

Synonym: –
Familie: Apocynaceae.
Deutscher Name: Großblättriges Immergrün.
Heimat/Herkunft: Süd- bis Mitteleuropa. Kulturform.
Heimat/Herkunft: Niederliegender Halbstrauch mit dünnen, langen Trieben. Die gegenständigen Blätter sind breitoval, dunkelgrün mit weißem Rand.

△ 176a Thymus × citriodorus
▽ 176b Thymus vulgaris

▽ 176c Vinca major 'Variegata'

△ 177a Herbstzauber-Arrangement
▽ 177c Herbstzauber-Arrangement

△ 177b Herbstzauber-Arrangement
▽ 177d Herbstzauber-Arrangement

△ 178a Balkonschmuck in Schwyz (CH)
▽ 178b Farbenfrohe Rabatte, Schlosspark Spiez (CH)

Pflanzenverwendung in der Praxis

Kontraste, Farbenlehre und Rhythmik

Für jede Rabatten-, Schalen-, Grab- oder Balkonbepflanzung sollte man bestrebt sein, mit einem Minimum an Pflanzenmaterial ein Maximum an Wirkung und Aussagekraft zu erreichen! Doch nicht wir allein sollen Freude an unseren Bepflanzungen haben. Wir wollen unsere „Werke" ganz bewusst auch nach außen zur Geltung bringen. Wir sind beglückt, wenn Spaziergänger, Gäste oder Touristen spontan stehen bleiben und viele mit viel Liebe gestalteten Bepflanzungen bestaunen, ein Arrangement auf den Film bannen und uns auch ehrlich gemeintes Lob aussprechen.

Doch gelingt es uns immer, dass wir spontane Anerkennung erhalten? Bei kritischer Betrachtung von anderen Bepflanzungen machen wir uns doch oftmals auch Gedanken darüber, wie man das eine oder andere – mit einfachen Mitteln unter Beachtung wichtiger Grundregeln – hätte besser machen können! Ist es nicht so, dass Dritte beim Betrachten unserer Bepflanzungen die gleichen Maßstäbe anlegen dürfen? Wir Menschen sind bezüglich Geschmack verschieden. Der eine findet ein Arrangement schön, der andere weniger passend, und wieder ein anderer übt scharfe Kritik an einer Bepflanzung. Kann man überhaupt allgemein gültige Richtlinien, was bestmögliche Gestaltung und Wirkung betrifft, aufstellen? Zugegeben: ein schwieriges Unterfangen. Und doch müssen auch Floristen, Maler und andere mit Farben Arbeitende sich damit auseinander setzen. Warum sollten die Grundlagen der Kontrast- und Farbenlehre nicht auch für den Gärtner/die Gärtnerin und den Gartenfreund/die Gartenfreundin Geltung haben? Anhand von vorzüglichen und zum Teil weniger geglückten Bepflanzungsspielen in Bezug auf die farbliche Abstimmung wollen wir auf diese Problematik eingehen. Dies im Voraus: Grundsätzliche „Spielregeln" sollten jeweils berücksichtigt werden, und diese sind lernbar!

Den Umgang mit Farben kann man lernen!

Besonders bei Fenster- und Balkonschmuck gilt als erste Grundregel, dass wir auf die Farbe der Hausfassade Rücksicht nehmen müssen! Merken wir uns als erstes: Wir müssen Kontraste schaffen!

▽ 179a Rhythmus und Kontrast am Wohnhaus: Hell zu dunkel.

Die Kontrastwirkung

1. Grundregel: Kontrast zur Hausfassade
Auf hellen Fassaden wie Weiß, Hellgrau, Hellgrün, Hellbeige und andere Farben wirken dunkle Blütenfarben vorzüglich! Beispiel: Leuchtend rote Geranien oder Petunien oder andere dunkel blühende Pflanzenarten.
Anderseits kennen wir viele Holzhäuser wie Chalets, Speicher, Bauern- oder Wohnhäuser mit dunkelbraunen oder graubraun verwitterten, dunklen Fassaden. Hier können nur helle Farben wie Weiß, Gelb, Hellrosa oder Orange eine gute Kontrastwirkung bilden. Bei trüber Witterung hebt sich zum Beispiel die rote Farbe von dunklen Fassaden schlecht ab. Sie kommt oft nur bei direkter Sonneneinstrahlung einigermaßen zur Wirkung. Wenn schon rot blühende Pflanzen gewünscht werden, sollten mindestens helle Farbtuffs eingestreut werden; sie erhöhen zudem, wenn sparsam angewendet, die Leuchtkraft der dunkleren Farben deutlich! Siehe Bildbeispiele 180a, 181a, 183b, 185a, 189a.

2. Grundregel: Kontrast unter den Farben
Kontraste zur Hausfassade sollten nicht nur mit der dominierenden Blumenfarbe angestrebt werden. Werden mehrere Farben für ein Arrangement (Rabatte, Schale, Fenster- oder Balkonschmuck) gewählt, so sollten auch diese unter sich zu harmonisch wirkenden Kontrasten kombiniert werden. Hier müssen wir uns die Grundregeln der Farbenlehre zu Nutze machen (siehe Seiten 184/185). Auf größeren Rabatten schaffen wir Kontraste auch dadurch, dass wir in niedere Teppichbeetpflanzungen vereinzelt auch höhere Pflanzentuffs einstreuen. Der Kontrast liegt hier im Gegensatz von „Nieder zu Hoch".

3. Grundregel: Vorsicht im Umgang mit Weiß!
Wenn eine Hausfassade, zum Beispiel infolge Fachwerkbauweise oder sonstiger „Rasterwirkung", von Natur aus etwas unruhig wirkt, verwenden wir als beruhigenden Kontrast nur eine Pflanzenart, zum Beispiel rot blühende Geranien auf hellem Hintergrund. Sind aber größere Fassaden oder Beetflächen vorhanden, so kann selbst eine gut gewählte Kontrastfarbe nicht den gewünschten Effekt auslösen; alles wirkt auf Distanz etwas eintönig und langweilig. Bei größeren Flächeneinheiten sollte man ruhig etwas Mut zu verschiedenen Farben zeigen! Die Farben müssen aber gezielt gewählt und dosiert werden. Was liegt da näher, als dass man das dominierende Geranienrot mit etwas Weiß auflockert? Ja, aber…? Auf keinen Fall darf nun Weiß dominieren! Es soll nur Akzente setzen! Weiß hat vor dunklen Fassaden oder in dunkle Blütenfarben eingebettet eine enorme Fernwirkung. Zudem sind z. B. weiß

▽ 180a Weiss im Kontrast zu dunkler Fassade, Emmental (CH)

Petuniensorten meist wüchsiger und großblumiger als andersfarbige Schwestersorten. Sie dürfen daher nur sparsam verwendet werden. Nie darf das Farbverhältnis von Rot zu Weiß 1:1 sein! Am günstigsten wirkt das Verhältnis von 3 oder 4 Teilen Rot zu 1 Teil Weiß! Betrachten wir dazu vergleichende Bildbeispiele: Abbildungen 180a, 181a, 181c, 185c, 190f.

4. Grundregel: Zu bunt wirkt nicht

Das riesige Sortiment der angebauten Pflanzenarten für Rabatten-, Schalen-, Fenster- und Balkonschmuck verleitet uns oft dazu, neue Möglichkeiten in der Pflanzen- und Farbzusammenstellung zu erproben. Oft sind die Ergebnisse solcher Versuche unbefriedigend. Eine bunte Bepflanzung wirkt immer nur auf

△ 181a Weiss im Kontrast zu rot, Schmitten (CH)
▽ 181c Kontrast rot zu weiss

△ 181b Kontrast blau zu gelb (CH)
▽ 181d Kontrast nieder zu hoch, Lausanne (CH)

△ 182a Rhythmische Verteilung, Leuker-Bad (CH)
▽ 182b Üppiger Balkonschmuck, Burgdorf (CH)

kurze Distanz, auf wenige Meter also. Wir bevorzugen aber großzügige Bepflanzungen, die vor allem auch aus der Ferne wirken, leuchten und den Blick der Passanten auf sich ziehen.
Gute Beispiele zeigen uns aber, dass auch das Verwenden mehrerer Farben gute Fernwirkung haben kann, wenn wir diese jeweils in größeren Tuffs einsetzen. Die einzelnen Farbflecke sollen sprühen, leuchten, gut zur Geltung kommen! Die Grundlagen der Farbenlehre helfen uns auch hier, diese schwierige Aufgabe zu lösen. Betrachten wir daher den Farbenkreis etwas näher und ziehen wir daraus die nötigen Schlüsse, dann wird der Erfolg nicht ausbleiben (Abb. 183b, 185a, 187c, 191b)!

5. Grundregel: Einheitlichkeit und Rhythmus

Jeder Blumenschmuck, und ist die Farbzusammenstellung noch so kontrastreich und bunt vorgenommen worden, sollte im Gegensatz zu den farblichen Spannungen auch beruhigende Elemente erhalten: die Einheitlichkeit! Bei längeren Fenster- oder Balkonfronten sollten sich die einzelnen Farbzusammenstellungen immer wiederholen! Dies ist auch bei größeren Rabatten nicht anders. Ein weiteres beruhigendes Element ist ein relativ strenger Rhythmus, das heißt, Pflanzgefäße sollten in gleichmäßigen Abständen platziert werden. Auch auf Balkonen oder bei Fensterfronten in Mehrfamilienhäusern sollte bei der Platzierung von Pflanzgefäßen auf diesen Rhythmus ge-

▽ 182c Symmetrie am Wohnhaus, Wolfwil (CH)

△ 183a Bunte Bepflanzung, wenig Fernwirkung
▽ 183b Gelb-roter Kontrast, Urnäsch (CH)

achtet werden. Was nützt uns ein großes Haus mit viel und üppigem Blumenschmuck, wenn dabei einzelne Fenster leer bleiben? Das stört, und es schafft Unruhe. Besonders in Kleinstädten mit Straßenfronten aus dicht stehenden älteren Häusern ist es erstrebenswert, dass zumindestens die Fenster jedes einzelnen Hauses einheitlich bepflanzt sind. Wie wäre es, wenn eine ganze Straße in ein Gesamtbild einbezogen werden könnte? Durch Aussprachen und Vereinbarungen mit örtlichen Vereinigungen, die für das Ortsbild zuständig sind, könnte dieses Vorhaben erreicht werden. Wichtig ist, dass alle Leute motiviert werden können mitzumachen. Natürlich muss auch hier ein gewisser Freiraum gewahrt bleiben.

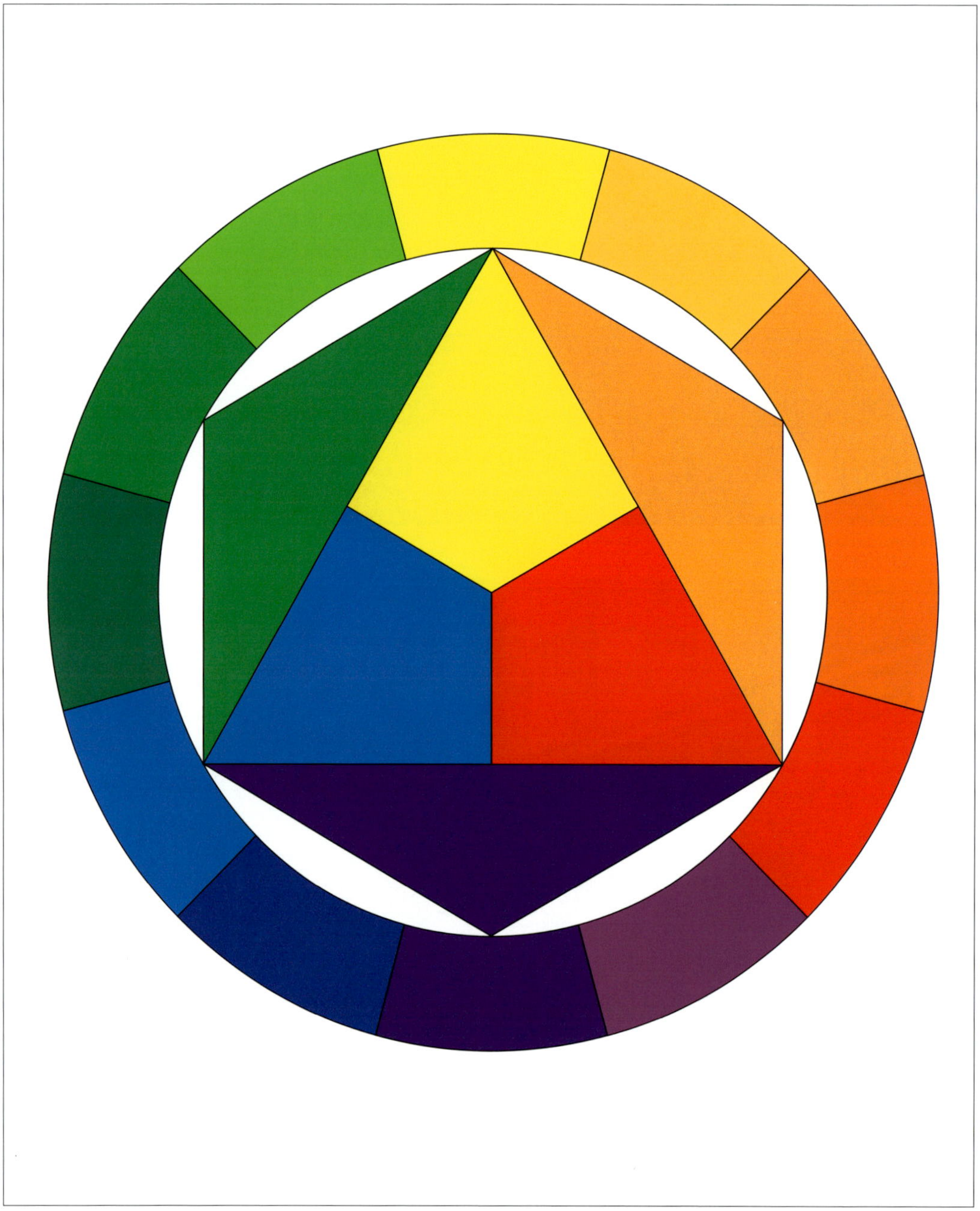

△ 184a Farbenkreis nach Joh. Jtten

Die Farbenlehre

Der Farbkreis geht von den 3 Grundfarben erster Ordnung aus, nämlich Gelb, Rot und Blau. Abgeleitet von diesen, wird der ganze 12-teilige Farbkreis gebildet. Mischt man 2 Farben der ersten Ordnung im Verhältnis 1 zu 1, zum Beispiel Gelb mit Rot, so erhalten wir eine Farbe zweiter Ordnung, nämlich Orange. Aus Blau und Gelb wird Grün, und aus Rot und Blau wird Violett. Diese 3 Farben zweiter Ordnung werden ausserhalb der 3 Grundfarben, aber innerhalb des Farbkreises in flachen Dreiecken angeordnet. Dort, wo die Farben der ersten und der zweiten Ordnung außen den Farbenkreis berühren, werden die entsprechenden Farben im Farbenkreis wiedergegeben. Dazwischen erhalten wir nun je eine leere Fläche. Die Zwischenfarben erhalten wir, wenn wir eine Farbe erster Ordnung und zweiter Ordnung 1 zu 1 miteinander mischen. Daraus ergibt sich nun jeweils die Farbe dritter Ordnung. Aus Gelb und Grün erhalten wir Gelbgrün, aus Gelb und Orange Gelborange usw., womit dann der Farbkreis vollendet wäre. Nach dem Aufbau des Farbkreises stellen wir Gegensätze fest. So stehen, auf die Mitte bezogen, warme Farben wie Orange und Rot den kalten Farben wie Blau und Grün gegenüber sowie helle Farbtöne gegenüber dunklen. Was können wir davon ableiten?

△ 185a Kontrast rot zu weiss
▽ 185b Kontrast gelb zu lilarosa

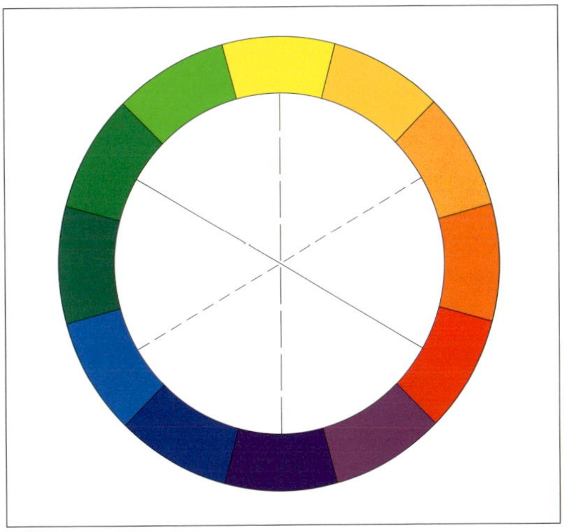

△ 185c Kontrast gelbgrün zu rot
▽ 185d Kontrast gelb zu blau

Der Zweiklang

Wir haben bereits festgestellt, dass der Umgang mit Farben lernbar ist! Wählen wir 2 Farben mit bestmöglicher Kontrastwirkung, so finden wir immer diejenigen, welche sich auf dem Farbkreis genau gegenüberliegen, zum Beispiel Orange und Blau, Grün und Rot, Gelb und Violett. Je größer der Abstand im Farbkreis, desto besser ist die Kontrastwirkung!

△ 186a Dreiklang rot zu blau zu gelb

▽ 186b Dreiklang rot zu gelb zu blauviolett

△ 186c Vierklang gelb zu rot zu blau zu orange

▽ 186d Kontrast hoch zu nieder

Der Dreiklang

Vielfach werden bei einem Arrangement mehr als 2 Farben verwendet. Bei 3 Farben gehen wir ähnlich vor wie beim Zweiklang. Wir denken uns in die Mitte des Farbkreises ein gleichseitiges Dreieck und erhalten durch Drehen des Dreiecks verschiedene geeignete Kombinationen, zum Beispiel Rot, Gelb und Blau oder Grün, Orange und Violett usw. Auch hier gilt der Grundsatz: Je weiter die Farben im Farbkreis voneinander entfernt sind, desto kontrastreicher wirken sie. Außerdem gilt: Je näher sie zusammenlie-

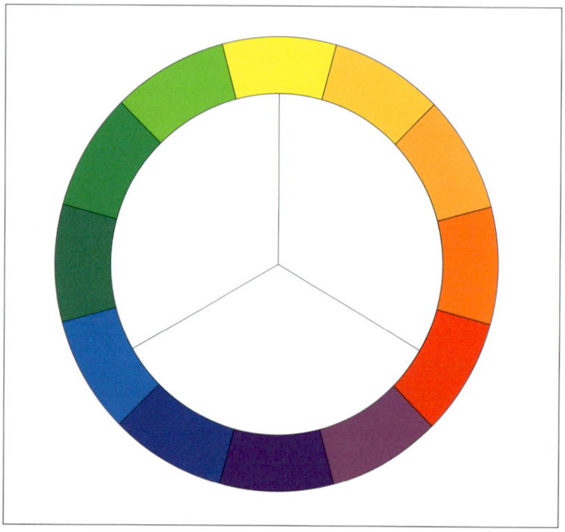

▽ 186e Dreiklang gelb zu blau zu orangerot

gen, desto mehr neigt das Arrangement zu Disharmonie und hat wenig Fernwirkung! So ist Rot neben Violett oder Violettrot nicht sehr erbaulich. Das gleiche gilt für Gelb neben Gelborange. Um die Kontraste noch zu erhöhen, können noch weitere, im Farbkreis nicht vorkommende Farbtöne wie Rosa oder Weiß eingebaut werden, wenn der Grundsatz „Hell zu Dunkel" berücksichtigt wird. Wesentlich ist und bleibt, dass wir mit großzügig gestalteten Farbtuffs arbeiten!

Diese Kontrastwirkungen sollen auch geplant werden. Nehmen wir ein Stück Papier und zeichnen die Grundformen der Bepflanzung auf. Setzen wir nun mit Farbstiften, Ölkreide oder dergleichen die gewünschten farblichen Akzente. Was passt zusammen und was nicht? Haben wir nach verschiedenen Versuchen eine optimale Wirkung gefunden, so setzen wir die Farben in geeignete Pflanzenarten und -sorten um. Schließlich berechnen wir aus den jeweiligen Farbflächen noch die benötigten Mengen an Pflanzenmaterial, das im Voraus angebaut oder bestellt werden muss. Dabei ist auch der Standort zu berücksichtigen, wie Schattenlage oder sehr sonnige Lage. (Siehe Planbeispiele ab Seite 271.)

△ 187a Bunte Bepflanzung

▽ 187b Rabatte in Farbtuffs, Winterthur (CH)

▽ 187c Üppiger Balkonschmuck auf einer Straßenfront verteilt, Urnäsch (CH)

△ 188a Bepflanzung in Farbtuffs
▽ 188c Bepflanzung in Farbtuffs

△ 188b Bepflanzung in Farbtuffs und hoch zu nieder
▽ 188d Bepflanzung in Farbtuffs, Spiez (CH)

▽ 188e Bepflanzung in Farbtuffs am Niagarafall, Kanada

△ 189a Üppiger Balkonschmuck in Sölden (AU)

▽ 189b Üppiger Beetschmuck im Schlosspark Oberhofen (CH)

△ 190b Kapellbrücke Luzern (CH), Kontrast blau zu gelb
▽ 190c Kapellbrücke Luzern, Detail der Bepflanzung

△ 190a Üppiger Balkonschmuck in Ötz (AU)
▽ 190d Holzhäuser in Binn (CH)

△ 190e Üppiger Fensterschmuck in Ötz (AU)
▽ 190f Kontrast hell zu dunkel, Adelboden (CH)

△ 191a Wohnhaus in Urnäsch (CH): Rot mit gelb in Wiederholung

▽ 191b Farbkontraste im Schlosspark Spiez (CH)

△ 192a Sternförmige Rabatte in Bern (CH)
▽ 192d Butchart Garden, Viktoria (CA)

△ 192b Zweifarbige Rabatte, Queen Elisabeth Park (CH)
▽ 192c Kontrast hoch zu nieder, Stanley Park, Vanc. (CA)

△ 192e Bunter Balkon
▽ 192f Pelargonium peltatum an Stadtmauer in Yvoire (F)

△ 193a Starke Farbtuffs in Yvoire (FR)
▽ 193b Kontrast nieder zu hoch, Weil (D)

Die praktische Verwendung von Fenster- und Balkonpflanzen

Beim Fenster- und Balkonschmuck handelt es sich um einen mobilen Blumenschmuck, das heißt, die Pflanzen stehen nicht auf freiem Boden, wo sich Wurzeln mehr oder weniger ungehemmt in die Tiefe entwickeln können. Die Pflanzen stehen nicht selten in relativ kleinen Gefäßen. Dazu kommt, dass sie oft extrem Wind und Regen, Sonne und Hitze, manchmal auch Hagel ausgesetzt sind. Diese Tatsache wird bei der Wahl der richtigen Gefäße, Erdsubstrate und Pflanzenarten oft zu wenig berücksichtigt. Um den Fenster- und Balkonpflanzen ein gutes Gedeihen zu ermöglichen, müssen gewisse Bedingungen erfüllt sein. Dabei sollte bei der Anschaffung von Pflanzen und Materialien nicht das Billigste, sondern nur das qualitativ Beste ausgewählt werden. Das heißt geeignete Gefäße, gutes Erdsubstrat und pflegeleichte, widerstandsfähige Pflanzen.

△ 194a Leere Balkons, muss das sein?
▽ 194b Üppiger Balkonschmuck, Burgdorf (CH)

△ 194c Holzhäuser in Binn (CH)
▽ 194d Üppiger Hausschmuck

Die Pflanzgefäße

Diese sollten grundsätzlich nie zu klein sein. Zum Beispiel für Geranien oder Petunien und andere mittelstark wachsende Arten sollten pro Pflanze mindestens 4 bis 5 l Erdsubstrat zur Verfügung stehen. Eine 1 m lange Eternitkiste mit einer Breite von 17 cm benötigt 20 l Erdsubstrat. Darin pflanzt man in der Regel 5 Geranien mit je 4 l Erdsubstrat als Minimum. Größere Gefäße mit noch mehr Erdvolumen sind besonders in windigen, sonnigen und heißen Lagen empfehlenswert.
Ein Belassen der Pflanzen im Verkaufstopf von 11 bis 12 cm ∅ während des Sommers ist aus gärtnerischer Sicht unverantwortlich. Die Pflanze verhungert, die Wurzeln verbrennen in der Hitze und infolge extremer Salzwerte. Gelbe Blattränder und schlechte Blütenentwicklung sind die Folge. Es gibt eine riesige Auswahl von Materialien: Ton, Holz, Eternitersatz, Kunststoffe und sogar Beton. Im öffentlichen Grün zieren sie oft auch Verkehrsinseln, man findet sie vor größeren Gebäuden, vor Hauseingängen, auf Balkonen und Dachgärten.
Jedes Material hat Vor- und Nachteile. Auch die ästhetischen Aspekte sollten beim Einkaufen berücksichtigt werden. Jedes Gefäß sollte aber groß genug sein und gegen Übernässung einen guten Abzug besitzen.

△ 195a Holzkiste bunt bepflanzt
▽ 195b Brunnentrog

▽ 195c Tongefäße

△ 196b Baumstamm bunt bepflanzt, Schönried (CH)
▽ 196c Achteckiges Holzgefässe

△ 196a Gießkanne mit Pelargonium peltatum u.a.
▽ 196d Pyramidale Anordnung, Schlosspark Spiez (CH)

△ 196e Holzstamm
▽ 196f Gusseisengefäss

△ 197a Ruderboot, Stein am Rhein (CH)
▽ 197b Brunnentrog

△ 197d Traktorenpneu
▽ 197e Konservenbüchsen, nicht zu empfehlen!

△ 197c Holzkarette
▽ 197f Rückentragkorb mit Pflanzen

△ 198a Erdmischung- und Düngerempfehlung
▽ 198b Langzeitdünger Tardit

Das Pflanzsubstrat

Dieses Kapitel ist von größter Bedeutung. Was heute im so genannten Fachhandel, in Supermärkten, in Warenhäusern und Gartenzentren angeboten wird, ist oft als bedenklich zu bezeichnen. Praktisch reine Torfsubstrate, nur mit etwas Kalk und Nährstoffen versetzt, sind wohl leicht zu transportieren und daher relativ billig. Für unsere Zwecke aber, das heißt für das Wohlergehen unserer Geranien und anderer Balkonschmuckpflanzen unter misslichen Witterungsbedingungen, sind derartige Substrate das denkbar Schlechteste. Nur das Beste ist gut genug, und das kann erfahrungsgemäß nur ein Substrat sein, das einen genügend großen Anteil an mineralischen Bestandteilen enthält! Die Frage nach dem Warum drängt sich auf!
Reiner Torf trocknet bei warmer Witterung im Sommer oft stark aus, die Pflanzen welken in der Folge, und durch den dadurch erhöhten Salzgehalt zeigen sich Wurzelverbrennungen und eingetrocknete Blattränder. Geranien stoßen dabei oft auch ihre Blütenknospen ab, die eintrocknen. Des Weiteren nimmt trockener Torf das verabreichte Gießwasser schlecht auf, es läuft durch die seitlichen Spalten (Torf zieht sich bei Trockenheit zusammen) rasch nach unten ab, und die Pflanzen vertrocknen. Wird zusätzlich in trockenes Substrat gedüngt, erhöht sich der Salzgehalt, und die Verbrennungsgefahr steigt erneut.

Welche Vorteile haben mittelschwere Substrate?

Geraniensubstrate mit einem Anteil von mindestens einem Drittel Landerde oder tonigem Lehm trocknen nie vollkommen aus. Die dünnen Tonplättchen speichern sehr viel Wasser und Nährstoffe und geben diese bei Bedarf wieder an die Pflanzen ab, das Substrat ist „gepuffert"! Zudem wachsen die Pflanzen in mittelschwerer Erde kompakter, sie sind widerstandsfähiger gegen Schädlinge und Krankheiten. Es kommt auch selten zu Verbrennungserscheinungen. Beim Gießen nimmt solches Substrat sofort wieder Wasser auf und speichert es.
Als Nachteil muss erwähnt werden, dass solche Substrate schwerer und daher infolge hoher Transportkosten auch teurer sind.
Bedenken wir aber, dass den Pflanzen relativ wenig Erde zur Verfügung steht. Wir erwarten von den Pflanzen, dass sie sich prächtig entwickeln, dass sie freudig blühen und gesund bleiben. Das können sie jedoch nur, wenn wir ihnen das bestgeeignete Erdsubstrat zur Verfügung stellen!

△ 198c Praxiserde aus der Gärtnerei
▽ 198d Diverse Balkonkisten

Das Pflanzen

Die gereinigten Pflanzgefäße werden mit einem geeigneten Erdsubstrat gefüllt. Nun kann das Pflanzen in Angriff genommen werden. Wie geht man hier am besten vor? In gewöhnlichen Balkonkisten von etwa 17 cm Breite pflanzen wir starke Pflanzen im Endtopf (bei Geranien 11 bis 12 cm ∅) in einem Abstand von 20 cm. Das ergibt bei 80 cm Länge 4 Pflanzen, bei 100 cm Länge 5. Pelargonium Cultivars Zonale Grp. werden aufrecht gepflanzt. Pelargonium peltatum, aber auch andere Hängepflanzen wie Petunien, Sanvitalia, Hängefuchsien werden am besten leicht schräg nach vorne gepflanzt, damit die ersten Triebe etwas aufliegen und bei starken Winden nicht brechen.
Bei großen Gefäßen mit 30 bis 40 cm Breite können 2 Reihen gestaffelt gepflanzt werden, hinten höhere, vorne niedere oder hängende Pflanzen. Beachten wir aber auch hier, dass wir nicht zu bunt gemischt pflanzen, sondern dass wir große Farbtuffs in gut harmonierenden Farben kombinieren. In runden Gefäßen setzt man die größten Pflanzen in die Mitte und stuft nach außen ab.

Muss das Pflanzsubstrat jedes Jahr gewechselt werden?

Aus Bequemlichkeits- oder auch aus Sparsamkeitsgründen wird oft bei selbst überwinterten Pflanzen auf das Umpflanzen in neues Substrat verzichtet. Das kann schlimme Folgen haben (Bild 203a)! Die alte Erde ist verbraucht, die Nährstoffreserven und die natürliche Bodenflora fehlen, der pH-Wert hat sich oft verändert, und undefinierbare Salzrückstände führen zu Chlorosen und schlechtem Wachstum. **Grundsätzlich müssen daher alle überwinterten Balkonpflanzen jedes Jahr in neues Substrat umgepflanzt werden, das wieder genügend und ausgeglichene Nährstoffvorräte aufweist.** Nur hier kann ein befriedigendes Wachstum erwartet werden. Die einsetzende Blütenpracht wird uns diesen Mehraufwand reichlich belohnen!
Das Pflanzen kann schon im April nach vorausgegangenen Rückschnitt vorgenommen werden. Die Pflanzen sind dann Mitte Mai, wenn keine Fröste mehr zu erwarten sind, schon gut angewachsen, können bereits gedüngt werden und erzielen dadurch einen gewissen Vorsprung.
In den letzten Jahren haben Langzeitdünger vermehrt Anwendung gefunden, da sie das Düngen wesentlich vereinfachen. Es sind dies meist grob granulierte Volldünger, die sich im Erdsubstrat sehr langsam abbauen und daher über Monate eine gute Ernährung garantieren. Sollte das Wachstum im Laufe des Sommers oder Herbsts etwas nachlassen, so empfiehlt es sich, dieses Düngergranulat auf die Erde zu streuen und leicht einzuarbeiten.

△ 199a Geranien einpflanzen

△ 199b Üppig bepflanzt
▽ 199c Gut gepflegt = gute Ernährung

Gießen und düngen

Nach dem Pflanzen in erdfeuchtes Substrat wird nur bei oberflächlicher Trockenheit gegossen. Die Wurzeln entwickeln sich rascher und besser, wenn sie genügend Luft zur Wurzelatmung vorfinden und das Wasser „suchen“ müssen. Mit zunehmender Blattmasse und steigenden Temperaturen muss intensiver gegossen werden. In heißen Sommern mit Tagestemperaturen von über 30 °C verdunsten gut entwickelte Pflanzen sehr viel Wasser; es muss jetzt oft täglich gründlich bewässert werden. Aus praktischen und physiologischen Gründen ist das Gießen im Sommer am Abend vorteilhafter als am Morgen. Die Pflanzen können sich über Nacht „volltanken“, die Zellen sind turgeszent, das heißt prall gefüllt. Bei Tagesanbruch setzt die Assimilation wieder voll ein. Pflanzen, die über Nacht eher trocken stehen, welken. Geschlossene Spaltöffnungen verhindern jedoch eine Assimilation oder sie ist mindestens gehemmt. Etwa 1 Monat nach dem Pflanzen in das neue Substrat sind die Wurzeln so weit entwickelt, dass nun mit der Flüssigdüngung begonnen werden kann; es sei denn, das Substrat ist ausreichend mit Langzeitdünger versehen.

Wie stark soll gedüngt werden?

Die Häufigkeit und die Dosis der Düngergaben sind jeweils dem Pflanzenwachstum und der Witterung anzupassen. Anfangs genügen 1 g Nährsalz oder 2 cm^3 Flüssigdünger pro Liter Wasser und Woche. Bei stark entwickelten Pflanzen und bei warmer Witterung werden die Nährstoffvorräte im Substrat durch das viele Gießen zusätzlich ausgeschwemmt. Es heißt nun, Verbrauchtes und Verlorenes dauernd zu ersetzen! Jede Woche kann nun jeweils die doppelte Dosis verabreicht werden, auch kann bis zweimal pro Woche gedüngt werden. Auch die Empfehlung, mit jedem Gießen Nährsalze zu verabreichen (1 Promille), kommt bei stark zehrenden Pflanzenarten im Sommer den Bedürfnissen nach. Eine Regel gibt es jedoch zu beherzigen: **Nie in trockenes Erdsubstrat düngen! Eine Stunde vorher mit etwas Wasser vorgießen, also anfeuchten, sonst gibt es Wurzelverbrennungen!**

Wie lange soll gedüngt werden?

Oft liest man in Gartenzeitschriften und in den „Gartenecken“ der Tageszeitungen, man solle im August mit dem Düngen aufhören, weil die Pflanzen, die am Ende etwas „Hunger“ hätten, besser überwintern. **Das ist das Verkehrteste, was man tun kann.** Mit Mühe haben wir unsere Geranien oder andere Pflanzen bis August zu schön entwickeltem Balkonschmuck gebracht. Und nun sollten sie bis Ende Oktober hungern? Oft herrscht im September und auch

▽ 200a Ampeln am Wohnhaus

im Oktober noch schönstes Sonnenwetter. Die Pflanzen haben in den Herbstmonaten nicht mehr so heiß und wachsen bei genügender Düngung bis in den Oktober zu den schönsten und üppigsten Balkonarrangements heran, ein Bild, wie man sich das nur wünschen kann! Anders stehen die hungernden Pflanzen da: Die Blätter vergilben, die Blütenbildung lässt nach, und oft werden Hängegeranien noch von Spinnmilben befallen. **Düngen wir also ruhig weiter bis Mitte Oktober, die Pflanzen werden es uns belohnen.** Mineralische Nährstoffe werden ja sofort aufgenommen, und nach 14 Tagen ist praktisch nichts mehr da. Eventuell kann das Nährstoffverhältnis des Düngers verändert werden. Ab September weniger Stickstoff, dafür mehr Kali, das stärkt die Zellen für die Überwinterung.

Pflanzenschutz an Balkonpflanzen

An einem geeigneten Standort werden Läuse nicht das große Problem sein. Bei Calceolaria integrifolia stellen wir starken Blattlausbefall fest, wenn sie in heißer Lage gepflanzt wird. Die Weiße Fliege macht seit einigen Jahren vor Fuchsien, Lantanen, Verbenen, Impatiens und selbst Geranien nicht Halt, besonders wenn die Pflanzen tendenziell etwas trocken und windstill stehen. Mit dem Beginn warmer Sommertage im Juni kommt für verschiedene Falter die Zeit der Flug- und Eiablegetätigkeit. Die Folge davon sind von Raupen zerfressene Blätter und Blüten. Periodische Kontrollen, die mit dem Auspflücken von verblühten Frucht- und Blütenständen (Petunien), vergilbenden Blättern und dem Aufbinden zu langer Triebe verbunden werden können, geben uns Aufschluss über den Zustand. Die neueren Pyrethrin- oder Permethrinpräparate, von unten her gründlich an die Blätter gespritzt, können uns helfen, größere Verluste zu vermeiden. Bei der Weißen Fliege und bei Roten Spinnen muss die Anwendung öfters wiederholt werden.

Bei Begonienarten ist immer mit einem Befall von Echtem Mehltau zu rechnen. Die Blatt- und Stängelbakteriose ist bei Geranien sehr gefürchtet. Den Echten Mehltau und den Rost bekämpft man mit geeigneten Fungiziden. Bei der Bakteriose ist jedoch guter Rat teuer! Es gibt kein direktes Bekämpfungsmittel! Bei Einzelbefall stechen wir die Pflanzen samt Wurzelballen aus (Kehrichtverbrennung) und füllen das Loch mit neuem Substrat und einer gesunden Pflanze der gleichen Sorte. Da andere Pflanzen derselben Kiste durch Wurzelkontakt bereits infiziert sein können, sollten von gefährdeten Pflanzenkisten keine Stecklinge vermehrt werden.

Botrytis- oder Grauschimmelbefall (Bild 201b) finden wir vor allem, wenn wir Geranien in geschlossenen, wenig belüfteten Räumen überwintern.

△ 201a Vermehrungspilz in Aussaatschale
▽ 201b Botrytis-Graufäule an Pelargonien

△ 201c Rost an Pelargonien-Blatt
▽ 201d Ascochytabefall an Zinnien

△ 202a Echter Mehltau an Knollenbegonie
▽ 202c Bakteriose an Pelargonien

△ 202b Falscher Mehltau an Viola
▽ 202d Blattläuse an Abutilon

▽ 202e Schnecken an Zinnien

▽ 202f Thrips an Gladiolen

Die Überwinterung

Pelargonien, Fuchsien, Lantanen und andere Pflanzen können bei einer sachgerechten, guten Überwinterung mehrere Jahre kultiviert werden. Kurz das Wesentliche für eine erfolgreiche Überwinterung. **Kühler, aber frostfreier Raum (Keller) mit 6 bis 10 °C, möglichst mit Fenster wegen des Lichteinfalls und der Belüftung.** Die Pflanzen werden im Spätherbst nicht zurückgeschnitten (Ausnahme: lange Hängepelargonien um 30 bis 50 %), sondern nur von den dürren oder gelben Blättern befreit, jedoch dauernd feucht gehalten. Hängepelargonien, Fuchsien, Lantanen, Argyranthemum frutescens und andere eher dünntriebige Pflanzen ertragen auch kurzfristige Trockenperioden sehr schlecht; sie vertrocknen rasch. Die dicktriebigen aufrechten Geranien (Pelargonium-Zonale-Sorten) ertragen Trockenheit etwas besser. Allerdings: Je wärmer der Raum, desto rascher muss wieder gegossen werden!

Rückschnitt und Antreiben

Im März beginnen die Pflanzen im Keller wieder neu auszutreiben, sie sind von neuem Leben erfüllt. Das ist der Zeitpunkt für den Rückschnitt! Bei Geranien werden alle alten und eingetrockneten Triebe zuerst herausgeschnitten. Von den verbleibenden jüngeren und grünen Trieben wählen wir 4 bis 6 kräftige aus und schneiden sie auf 3 bis 5 Augen zurück. Die restlichen schwachen Triebe werden ganz entfernt (siehe Bild 203c). Bei Fuchsien, Lantanen, Argyranthemum frutescens, Bougainvillea und anderen verholzenden Pflanzen wird auf die gewünschte Form geschnitten (Kugel, Pyramide, Busch). Nach dem neuen Austrieb an einem nun möglichst hellen Standort werden die Pflanzen in ein gut aufgedüngtes, mittelschweres Substrat umgepflanzt. Anfänglich wird relativ wenig gegossen, bis sich wieder genügend Blätter entwickelt haben. Mit zunehmendem Wachstum müssen die Pflanzen wieder voll ans Licht gewöhnt und abgehärtet werden.

▽ 203a Pelargonien ohne Rückschnitt; so nicht!

△ 203b Pelargonie vor dem Rückschnitt
▽ 203c Pelargonien nach dem Rückschnitt

Sommerblumen im Ziergarten

Wenn wir den Abschnitt „Kontraste und Farbenlehre“ eingehend gelesen und die darin enthaltenen Grundregeln beherzigt haben, erübrigt sich hier eine detaillierte Erläuterung. Auch hier gilt der Grundsatz, von zu bunten Bepflanzungen wegzukommen und großzügig mit Farbtuffs und mit Kontrasten, wie z. B. auch „Nieder zu Hoch“ zu arbeiten. Gute Beispiele, mit Bildern dokumentiert, sprechen für sich (Bilder 191b, 192d, 193a, 204a, 205b, 205c und weitere).

Pflanzvorbereitung

In Beeten und auf Gräbern können sich die Wurzeln weit besser entwickeln als in mobilen Gefäßen. Sie können auch die in tieferen Schichten liegenden Wasser- und Nährstoffvorräte erreichen. Trotzdem muss auch hier einer gründlichen Bodenvorbereitung und der späteren Pflege große Beachtung geschenkt werden. Tiefgründiges Lockern durch Fräsen oder Umgraben sorgt für die notwendige Luft- und Wasserführung im Boden sowie eine gute Durchmischung. Es werden je Quadratmeter Fläche 80 bis 100 g eines organischen Volldüngers oder eines Langzeitdüngers gleichmäßig eingearbeitet. In schweren Böden wird zusätzlich Torf oder Kompost beigemischt. Die Oberfläche wird verfeinert und ausplaniert. Bei guter Erdfeuchtigkeit kann nun gepflanzt werden.

Rabatten

Die bepflanzte Rabatte soll sich später optisch in das Gesamtbild eingliedern. Trotzdem ist sie oft Prunkstück des Gartens, wenn wir bei der Bepflanzung auf eine optimale Kontrastwirkung achten. Wenn wir zum Beispiel am Wohnhaus reichen Balkon- und Fensterschmuck angebracht haben, sollten auch die in unmittelbarer Nähe des Hauses liegenden Rabatten in der Wirkung nicht nachstehen. Haus- und Gartenflor müssen fließend ineinander übergehen (Bilder 213a, 214 a). Sowohl Rabatten wie auch Fensterschmuck sollen in der farblichen Gestaltung mit der Hausfassade in Übereinstimmung gebracht werden. Vor hellen Wänden wähle man möglichst dunkle Blütenfarben, und wir gliedern die dazu kontrastierenden hellen Farbtöne mehr nach vorne, das heißt gegen die abgrenzenden Wege oder Rasenflä-

▽ 204a Schöne Rabatte, Stadtgärtnerei Bern (CH)

chen. Die Pflanzungen werden nach hinten in der Höhe gestaffelt.
Auch bei Rabatten vor hohen Sträuchern, Koniferen oder Hecken ist eine tuffweise Staffelung sinnvoll und steigert damit die Wirkung. So kommen auch die hinteren Pflanzen besser ins Blickfeld.
Auf freien Beetflächen wählt man tendenziell niedere Pflanzenarten mit kräftigen Farben. Die Spannung kann jedoch auch hier gesteigert werden, indem wir einzelne höhere Pflanzen (Hochstämme, Pyramiden) oder kleinere Tuffs derselben einstreuen. Entweder arbeiten wir mit einzelnen Farben in großen Flächen, oder wir pflanzen in Ornamenten, die sich bei längeren Rabatten immer wiederholen (siehe Bilder 206a, 211a und 214a). Dieser Rhythmus wirkt beruhigend zu den ausgelösten Kontrasten.
Beachten wir aber, dass die einzelnen gewählten Pflanzenarten an den richtigen Standort kommen! So sollten die Schatten liebenden Impatiens nie in vollsonniger, heißer Lage gepflanzt werden. Anderseits sind Gazanien, Portulak, Dorotheanthus und andere sonnenhungrige Pflanzen nie an schattige bis halbschattige Stellen zu platzieren! Sommerblumen machen sich aber auch sehr gut in Kombination mit sommerblühenden Stauden und Polsterpflanzen, wenn auf passende Wuchsform und Farbe geachtet wird.
Man hüte sich aber grundsätzlich vor einer zu bunten Pflanzung im „Kleinformat"! Solche bunten Teppiche wirken nur aus der Nähe, in die Weite verlieren sie sich (Bild 205a). Besonders bei großflächigen Rabatten sind daher auch die Farbtuffs großzügig zu gestalten. Lieber weniger Pflanzenarten, also keinen „botanischen Garten", dafür aber größere, gut miteinander harmonierende und kontrastierende Pflanzengruppen! Bilder von guten und schlechten Pflanzungsbeispielen beweisen dies! Man unterlasse aber auch störende Disharmonieren wie zum Beispiel Rot zu Violett. Durch das Studium der Farbenlehre sollten wir die Fähigkeit besitzen, dies zu vermeiden. Hier gilt der Grundsatz: „Zuerst planen, dann pflanzen!"

▽ 205a Zu bunte Bepflanzung, keine Fernwirkung

△ 205b Farbtuffs gelb zu blau zu orange, Locarno (CH)
▽ 205c Farbtuffs weis zu gelt zu rot zu blau, Finnland

△ 205d Farbtuffs, Insel Mainau (D)
▽ 205e Runde Rabatte, Gartenbauschule Oeschberg (CH)

△ 206a Längsrabatte, Gartenbauschule Oeschberg (CH)

▽ 206c Farbtuffs, Comptoir Suisse, Lausanne (CH)

△ 206b Farbtuffs

△ 207a Bunte Rabatte in Lausanne (CH)

△ 207b Farbenprächtige Rabatte, Oeschberg (CH)
▽ 207e Schöne Rabatte, Gartenbauschule Oeschberg (CH)

△ 207c Quadratische Flächen, Lausanne (CH)
▽ 207d Schöne Rabatte, Oeschberg (CH)

△ 208a Celosienrabatte vor dem Parlamentsgebäude in Viktoria (CA)
▽ 208b Butchard-Garden-Park bei Viktoria (CA)

△ 209a Bunte Rabatte in Yvoire (FR)

△ 209b Stanley-Park in Vancouver mit Totempfählen (CA)

▽ 209c Farbige Rabatte in Yvoire (FR)

△ 210a Rabatte in Mainau (D)
▽ 210b Grosse Rabatte am Plattensee, Ungarn

△ 211a Rabatte vor dem Parlamentsgebäude in Toronto (CA)
▽ 211b Rabatte in Mainau (D)

△ 212a Schlosspark Schönbrunn (AU)
▽ 212b Schlosspark Trianon, Versailles (FR)

△ 213a Schlosspark Spiez (CH)
▽ 213b Schlosspark Spiez mit Niesen (CH)

△ 214a Schlosspark Oberhofen (CH)
▽ 214b Schlosspark Oberhofen (CH)

▽ 214c Schlosspark Morges (CH)

△ 215a Schlosspark bei St. Petersburg, Russland

△ 215b Schlosspark Nymphenburg bei München (D)
▽ 215c Schlosspark Morges (CH)

△ 215d Schlosspark Morges (CH)
▽ 215e Schlosspark Morges (CH)

Der Bauerngarten

Besonders in ländlichen Gegenden mit älteren, kulturhistorischen Baulichkeiten trifft man hier und da noch den typischen Bauerngarten an. Es gibt heute Beispiele, wo bei der Renovierung von alten Bauernhöfen solche Gärten anhand von Überlieferungen wieder angelegt werden, und dies zum Zwecke der Bewahrung alten Kulturgutes. Typisch ist jeweils die gedrungene Buchseinfassung, die jedes Jahr durch Rück- und Formschnitt niedrig gehalten wird. Die streng ornamental angelegten Rondelle, Quadrate oder Rechtecke werden im nahen Sichtbereich des Wohnhauses vorwiegend mit Sommerblumen in kräftigen Farben bepflanzt. Im entfernteren Sichtbereich dominieren meist das Gemüse und die Beeren. Die Bepflanzung darf nicht überborden! Die streng geometrisch geformten Flächen, die von relativ breiten Wegen her zugänglich sind, verlangen starke Farbakzente! Zu bunte Pflanzungen bringen keinen Effekt! Als Frühjahrsblüher herrschen Bellis, Myosotis und Viola × wittrockiana (Pensées) vor. Im Sommer sind es Begonien, Tagetes, Salvien und andere eher althergebrachte Sommerblumenarten, die zum alten Gartenstil passen. Auch neuere oder wieder entdeckte Pflanzenarten können Verwendung finden, wenn sie „ins Bild" passen und nicht als störend

△ 216a Bauernhaus mit Blumenschmuck (CH)

▽ 216b Bauerngärten, Planbeispiele

△ 217a Bauerngarten (CH)
▽ 217b Bauerngarten (CH)

empfunden werden. Bei größeren Flächen können auch 2 bis 3 Farben in größeren Tuffs oder als niedere Einfassungspflanzen kombiniert werden. Oberstes Gebot muss aber bleiben: Der kulturhistorische Status dieses Gartenstils darf nicht gestört werden!

▽ 217c Planbeispiel

△ 218a Grab in Sachseln (CH)
▽ 218b Moderne Grabgestaltung

Die Grabbepflanzung

Gräber wecken Erinnerungen an Verstorbene. Es ist Tradition, dass wir die Gräber mit Blumen schmücken. Nun gibt es aber bei kritischer Betrachtung Grabschmuck und Grabschmuck! Beim Besuchen von größeren Friedhöfen befällt einen als Gärtner oft ein beklemmendes Gefühl angesichts der ausgeprägten Uniformität der Bepflanzungen. Müssen es immer und überall nur Begonia-Semperflorens-Sorten, Fuchsia fulgens, Echeverien und Helichrysum petiolare (Gnaphalium) sein? Etwas mehr Mut zu neuen Bepflanzungsideen wäre auf vielen Friedhöfen angezeigt. Was aber bei einer abweichenden Pflanzenwahl unbedingt beachtet werden muss, sind folgende Punkte:

1. Die Pflanzenarten müssen pflegeleicht sein, das heißt, sie müssen auch etwas Trockenheit ertragen können, denn es kann in Trockenperioden nicht jeden Tag gegossen werden.

2. Die Pflanzen müssen kompakt und breit ausladend wachsen, damit sie die Pflanzfläche eines Grabes rasch überwachsen.

3. Die Pflanzen dürfen nicht zu hoch werden, damit der Grabstein mit seiner Inschrift nicht überwuchert oder verdeckt wird.

4. Die verwendeten Pflanzen sollten von Mai bis Oktober in Dauerblüte stehen oder als Blattpflanze immer attraktiv bleiben.

5. Kitschige Bepflanzungen sind zu meiden, damit der besinnliche Charakter nicht verloren geht.

Die riesige Auswahl der heute angebauten Sommerblumen- und Gruppenpflanzenarten und -sorten lässt viele Möglichkeiten offen. Versuchen wir, auf einem Blatt Papier einige Variationen zu entwerfen! Bereichern wir die Palette der Grabbepflanzungen mit neuen Impulsen! Wichtig ist auch, dass die Erde der Pflanzflächen vor der Bepflanzung ausreichend mit einem organischen oder einem Langzeitdünger angereichert wird, damit die Pflanzen in der Folge auch gut gedeihen. Pflanzenarten, die gerne von Schnecken befallen werden, zum Beispiel Tagetes und Salvien, sollten in Grabquartieren, die mit dem Bodendecker Cotoneaster dammeri bepflanzt sind (Schlupfwinkel), nicht verwendet werden.

△ 219a Typischer Friedhof im Wallis (CH)

△ 219b Friedhof in Solothurn (CH)

▽ 219c Friedhof in Spiez (CH)

▽ 219d Grabbepflanzung „Herbstzauber"

△ 220a Ornament im Schlosspark Oberhofen (CH)
▽ 220b Ornament „Ontario" in Toronto (CA)

Worte und Ornamente mit Pflanzen

Was in früheren Jahren als Nostalgie empfunden wurde, die riesige Blumenuhr des Kursaalparks in Interlaken beispielsweise, scheint in den letzten Jahren wieder richtig „in" zu sein. Wenn man beim Besuch großer öffentlicher Gärten oder Parkanlagen im In- und Ausland die bunten Bepflanzungen betrachtet, stellt man eine deutliche Wiedergeburt solcher nostalgischen Gepflogenheiten fest.

Die Pflanzenwahl

Da für die Darstellung von Figuren, Buchstaben und Zahlen mit klar abgrenzenden Linien ein wiederholter Formschnitt nötig wird, sollten die verwendeten Pflanzen nicht allzu wüchsig und von ihrem Habitus her kompakt und gut verzweigt sein. Auch sollten die einzelnen Pflanzenarten in der Farbe sehr einheitlich wirken und sich im Farbton deutlich von den anderen abheben. Als bestgeeignete Pflanzenarten haben sich dazu erwiesen: Alternanthera in verschiedenen Farben, Iresine, Santolina, kleinblättrige Helichrysum petiolare, Lobelia erinus, aber auch Begonien der Semperflorens-Gruppe und Echeveria elegans. Bei Blumenuhren, die außer der Uhrzeit auch die Tage und Monate anzeigen, habe ich in Italien und in Kanada sogar extra angefertigte Pflanzgefäße in Zahlen- oder Buchstabenform gesehen, die dicht mit Echeverien bepflanzt waren und jeden Tag oder Monat ausgewechselt wurden. Vieles ist möglich!

Schriftbilder

Größere Ortschaften können an gut sichtbarer Stelle, an Zufahrtsstraßen oder auch in Garten- oder Parkanlagen in großen Lettern, oft noch in Verbindung mit dem Gemeinde-, Kantons- oder Landeswappen, auf sympathische Weise auf sich aufmerksam machen. Wenn man die zahlreichen Touristen oder anderen Besucher dieser Ortschaften beobachtet, die diese geglückten Sujets fotografieren, dann darf man die Werbewirkung solcher Bepflanzungen nicht unterschätzen. Mit Bildern aus verschiedenen Städten kann dies sehr gut belegt werden.
Manchmal sind es aber auch andere Motive, mit denen Tourismusverantwortliche eine gewisse Werbewirkung erreichen können. Das Beispiel von Spiez im Berner Oberland, „1985 – Jahr der Jugend", ist ein möglicher Impuls zu solchem Tun!

△ 221a Ornamente am Comptoir Suisse in Lausanne (CH)
▽ 221b Ornamente am Comptoir Suisse in Lausanne (CH)

△ 222a Pflanzenornamente in Gullen Garden (CA)

Blumenornamente

Originelle, ja Aufsehen erregende Blumenrabatten in gekonnter Ausführung lassen jedem Blumenfreund das Herz höher schlagen. Als Beispiel dazu diene die imposante Hügelbepflanzung im großen Parterregarten des Comptoir Suisse in Lausanne 1988 oder die dortige Blumenuhr im Jahre 1989. Aber auch die große Rabatte um den runden Springbrunnen im Schlosspark Spiez ist für die Touristen immer wieder eine neue Überraschung, zumal die Bepflanzung jedes Jahr neu gestaltet wird (Abb. 221a, 221b, 222b, 223d und weitere).

Die Pflege

Gut gepflegte Bepflanzungen sind nicht nur im Anfangsstadium, sondern auf Monate hinaus werbewirksame Investitionen. Dazu gehört regelmäßiges Lockern, das Unkrautentfernen, ein eventueller Formenschnitt, Bewässern und Düngen und – wenn nötig – vorbeugender Pflanzenschutz. Ein großzügig gestalteter Bepflanzungsplan und die Wahl geeigneter Pflanzenarten sollten die Grundlage sein.

△ 222b Pflanzenornamente in Toronto (CA)
▽ 222d Runde Rabatte in Toronto Island (CA)

△ 222c Pflanzenornament, Detail von 222b
▽ 222e Detail von 222d

△ 223b Wappenornament in Montreal (CA)

▽ 223c Ornament „Metropolitan Toronto“ (CA)

△ 223a Schweizerkreuze auf drehender Kugel, Wengen (CH)

▽ 223d Ornament „1985, Jahr der Jugend“, Spiez (CH)

Blumenuhren

In öffentlichen Garten- und Parkanlagen sind überdimensionale Uhren mit „blumigem" Zifferblatt immer wieder eine Augenweide, die große Begeisterung hervorrufen kann. Voraussetzung dazu sind kompakte Beetpflanzen, die sich durch Schnitt gut in Form halten. Auch ist auf gute Kontraste zwischen dem Zifferblatt und den Zahlen zu achten. Diese Anlagen müssen kontrolliert und sauber geschnitten werden. Dabei sind oft größere Gestelle nötig, damit man frei über den Pflanzen arbeiten kann. Mit einem großen Staubsauger werden die geschnittenen Pflanzenteile entfernt. Hier ist exakte Arbeit gefragt. Während „gewöhnliche" Blumenuhren nur die Minuten und Stunden anzeigen, gibt es auch weitere Möglichkeiten für die Monate und das Jahr. In Kanada und in Italien habe ich Gefäße mit den entsprechenden Ziffern gesehen, die jeden Monat und jedes Jahr ausgewechselt werden können.

△ 224a Blumenuhr in Lausanne (CH)
▽ 224b Blumenuhr, Detail

△ 225a Blumenuhr in Lausanne (CH)
▽ 225b Blumenuhr in Ouchy (CH)

Kreisel mit Blumen

Die erhöhte Mobilität der Menschen verlangt nach neuen Lösungen im Verkehrsablauf. Ampeln sind oft verpönt. Kreisel sind manchmal eine bessere Lösung. Diese sollten praktisch und auch ästhetisch ansprechend sein. Vermehrt werden diese runden Flächen mit bunten Blumen bepflanzt, wie die Beispiele zeigen. Eine begrüßenswerte Idee, die Nachahmung verdient!

△ 226a Kreisel in Lyss (CH)
▽ 226b Kreisel in Thun (CH)

△ 226c Kreisel mit Bodendeckerrosen, Rothrist (CH)
▽ 226d Kreisel in Thun (CH)

△ 227a Kreisel in Bulle (CH) als Reklame für die „Expo 2002“
▽ 227b Kreisel in Thun (CH)

△ 228a Riesenpfau in Mainau (D)

△ 228b Fisch auf der Insel Mainau (D)
▽ 228c Kaninchen auf der Insel Mainau (D)

Blumentiere

In den letzten Jahren versucht man sich in Parkanlagen oder Gartenbauausstellungen mit Blumentieren zu überbieten. Wer kennt sie nicht, die schöne Blumentiergruppe auf der Bodenseeinsel Mainau? Ein Pfau, ein Fisch, Enten, Küken und Kaninchen sind beliebte Attraktionen, die jedes Jahr im Bild festgehalten werden.
Das technische Vorgehen ist relativ einfach. Mit soliden alten Wasserleitungsrohren oder Armierungseisen formt man zuerst das Grobgerüst. Darüber werden starke Stahldrähte als Querverstrebungen im Abstand von etwa 30 bis 40 cm fixiert. Das Ganze wird mit einem Drahtgeflecht überzogen. Damit später das Gießen und Düngen leichter fällt, kann man auch ein sinnvoll verteiltes Leitungssystem einbauen, das mit Düsen oder Tropfstellen versehen ist.
Bei großen Objekten füllt man den Innenraum mit Strohballen oder alten soliden Holzkisten. Dadurch wird das benötigte Erdvolumen verkleinert, und zudem erhalten wir einen soliden harten Kern, der ein späteres Einsinken der Pflanzflächen verhindert. Zum Teil wird die Erde um die Tiere herum etwas angefüllt, damit die endgültige Form fließend auf den Boden übergeht. Denken wir dabei beispielsweise an den Pfau mit seinen langen Schmuckfedern!
Die Hülle zwischen Drahtgeflecht und hartem Innenkern wird nun mit einem Torf-Moos-Gemisch gut ausgepolstert. Die entstehende Form soll vor der Pflanzung der gewählten Tierform sehr nahe kommen! Nun werden die benötigten Jungpflanzen genau nach vorgegebenem Plan relativ dicht in die Maschen gepflanzt. Hier muss die Pflanzenwahl unbedingt stimmen. Auch die richtige Farbgebung ist wichtig. Augen- und Schnabelpartien oder andere markante Details müssen mit aller Sorgfalt mit schwach wachsenden Pflanzenarten gestaltet werden. Kleinere Reserven der verwendeten Pflanzenarten sollten für eventuelle Nachbesserungen vorhanden sein.
Nun gießt man gründlich und beginnt frühzeitig mit der Flüssigdüngung (0,25–0,5‰). Gute Beobachtung der Blumentiere den Sommer durch verraten dem Fachmann schon bald, ob etwas fehlt. Ab und zu muss ein Pinzieren oder Schneiden besonders üppiger Partien vorgenommen werden; sonst aber sind sie bei einem Einbau einer Bewässerungsanlage relativ pflegearm.
Erfreuen wir uns an den Bildbeispielen! Sie sollen uns zeigen, dass die Verwendungsmöglichkeiten von Sommerblumen und Gruppenpflanzen fast keine Grenzen hat.

△ 229a Pfau, Mainau (D)
▽ 229b Entenschar, Mainau (D)

△ 230a Riesenpfau 35 m lang, Gullen Garden (CA)
▽ 230b Schwanzpartie

△ 231b Schmunzeltier aus Eibe geschnitten, Gullen-G.
▽ 231c Entenschar, Gullen Garden (CA)

△ 231a Riesenente, Gullen Garden (CA)
▽ 231d Tierfiguren an Drahtgestell, Gullen-Garden (CA)

▽ 231e Elefant aus Drahtgestell und Efeu, Gullen-Garden (CA)

△ 232a Riesen-Dinosaurier, Schaugarten Wyss, Zuchwil (CH)
▽ 232b Dekorative Eibenformen, Gullen-Garden (CA)

Mooswände und Säulen

Mit der Gestaltung von Mooswänden, Säulen und Blumentieren haben wir beim Blumenschmuck die dritte Dimension erreicht. Die Pflanzfläche wird nun nicht mehr nur durch Länge und Breite begrenzt. Mooswände gibt es schon seit Jahrzehnten. Man schmückte dabei kahle Hauswände oder kaschierte unschöne Gebäudeteile. Vor ein solides Brett als Rückwand wurden Holzstäbe oder solide Eisendrähte fixiert. Darüber spannte man galvanisiertes Drahtgeflecht mit einer Maschenweite von 40 bis 50 mm. Nicht zu groß, damit das hinterfüllte Stopfmaterial (grobfaseriger Torf und Sphagnummoos) nicht hindurchsickerte; andererseits nicht zu fein, damit man die vorkultivierten Pflanzen mit kleinen Wurzelballen in der Vertikale in die Maschen pflanzen konnte. Mit soliden Schrauben wurden diese Mooswände an den Mauern befestigt.
Damit diese Pflanzenwände während des Sommers und Herbsts gut gedeihen, hat man sie fleißig mit verdünnter Nährstofflösung versorgt. Gepflanzt werden mit Vorliebe kompakt wachsende Sommerblumen und Gruppenpflanzen, aber auch leicht hängende wie Lobelia erinus.

△ 233a Mooswand mit Begonien
▽ 233b Moossäule mit Brachyscome miltifida

233c Querschnitt durch eine Mooswand

△ 234a Turm mit Pelargonien-Sorten
▽ 234c „Schaufenster“ eines Garten-Centers in Wolfwil

△ 234b Drahtgitterturm mit Hängepflanzen, Wolfwil (CH)

Pflanzgefäße und Pflanzenarrangements

Die Vielfalt der möglichen Pflanzgefäße ist sprichwörtlich. Wichtig ist, dass für die Wurzeln genügend Erdreich zur Verfügung steht. Pro Pflanze von mittelstarkem Wuchs sollten es mindestens 2 Liter sein. Je größer das Gefäß, desto mehr Reserven an Wasser, Nährstoffen = weniger oft gießen und düngen = freudigeres Wachstum und reicher Blütenflor!
Die abgebildeten Beispiele zeigen uns nur einige Möglichkeiten. Nutzen wir sie als Anregung!

△ 235a Rondell vor Bauernhaus (CH)
▽ 235c Runde Rabatte in Yvoire (FR)

△ 235b Arrangement in Finnland, Holzgefäss
▽ 235d Quadratische Rabatte in Toronto (CA)

△ 236a Pflanzengefässe, Bahnhofplatz St. Gallen (CH)
▽ 236b Breakwagen mit Petunie 'Surfinia'

△ 237a Weinpresse in Yvoire (FR)

△ 237b Arrangement mit 4 Schalen übereinander

▽ 237c Grosse Gefässe mit Pelargonien, Den Haag (NL)

Hanging Baskets (Ampeln)

In den letzten Jahren haben vor allem in England, in den USA und in Kanada die so genannten „Hanging Baskets“ = Hängende Körbe große Verbreitung gefunden, wie die Bildbeispiele zeigen. Es sind meistens Rundkörbe aus Draht oder Kunststoff, die mit einer Aufhängevorrichtung (Ketten oder Schnüre) und einer Filz- oder Kokosmatte versehen sind. Die geeigneten Pflanzenarten (siehe Seite 258) werden zum Teil von oben, zum Teil aber auch seitlich durch die Matten (Kreuzschnitt mit einem Messer) gepflanzt, damit sich rundum ein buntes Bild ergibt.

△ 238a Prächtige „Hanging Baskets“ in Viktoria (CA)
▽ 238b Musterbeispiel, Viktoria (CA)

△ 238c Skizze Querschnitt

△ 239a Ampelpflanzen dominieren ein Wohnhaus
▽ 239b Ampel mit verschiedenen Pflanzenarten

▽ 239c Riesenampel an Strassenlampe am Plattensee (H)

△ 240a Ampelpflanzen schmücken viele Häuser in Yvoire (FR)

▽ 240b Ampel mit hängenden Knollenbegonien

▽ 240c Ampel mit Verbena tenera

Hochstämme

In den letzten Jahren werden auf dem gärtnerischen Pflanzenmarkt vermehrt Hochstämme von verschiedenen Sommerblühern angeboten, die infolge ihrer längeren Anzucht und ihres Platzbedarfes im Gewächshaus hohe Preise erzielen. Solche auf hochgezogenen Trieben gestalteten rundlichen Kronen, die in ihrer fast majestätischen Art die Beetpflanzen dominieren oder auf offenen Plätzen in großen Kübeln stehen oder den Eingang markieren, lösen immer wieder Bewunderung aus. Kann man als Gartenfreund solche Hochstämme auch selber anziehen? Man kann es zumindest versuchen!

Die Anzucht

Fürs erste wählt man möglichst stark wüchsige Pflanzenarten, die dann eintriebig an soliden Stäben aufrechtgezogen werden. Sämtliche sich bildenden Seitentriebe werden laufend entfernt, damit alle Kraft in den Stammtrieb und in die Krone geleitet wird. In der Gärtnerei verwendet man Gibberellinsäure (Berelex) und gießt die Pflanzen damit. Dadurch wir die Zellteilung und damit das Längenwachstum angeregt, sodass wir in kürzester Zeit stammbildende Triebe mit großen Blättern und langen Internodien erhalten.
Als Hobbygärtner warten wir etwas länger, bis wir die gewünschte Größe beziehungsweise Trieblänge erreicht haben. Das kann nach 50, 80, 100, 120, 150 cm oder mehr der Fall sein, je nach dem beabsichtigten Verwendungszweck.
Nun pinziert man die Triebspitze, um die Verzweigung anzuregen. Alle sich bildenden Seitentriebe werden nach 3 bis 4 Blättern oder Blattpaaren wieder weich entspritzt, damit wir einen kompakten Kronenaufbau erreichen. Die Pflanzen sollen in nicht zu kleinen Töpfen und in mittelschwerem und nährstoffreichem Substrat stehen. Sie müssen fleißig nachgedüngt werden. Durch späteren Schnitt erreichen wir die gewünschte Form, sei es eine flachkugelige Krone, eine spitze Pyramide oder aber eine skurrile Tierform (Hahn, Hase oder Ähnliches). Von März bis April sollte der letzte Formschnitt vorgenommen werden, damit die Hochstämme mit den anderen Sommerblumen von Mai bis Juni zu blühen beginnen.

Verwendung im Garten

Hochstämme werden in der Regel in eher großen Töpfen (Gefäßen) angezogen. Um im Herbst beim Einräumen keine Schwierigkeiten zu haben, sollten sie den Sommer über nicht ausgepflanzt sondern mitsamt den Töpfen tief eingesenkt werden. Die Wurzeln können trotzdem durch die Abzugslöcher, oder oben vom Topfballen aufsteigend, in das umliegende Erdreich eindringen und hier Wasser und Nährstoffe aufnehmen. Im Herbst hingegen ist das

△ 241a Hochstamm: Eurypos abrotanifolius
▽ 241b Hochstamm: Fuchsia Cultivars

△ 242a Hochstamm: Centradenia floribunda
▽ 242b Hochstamm: Anisodontea capensis

Einräumen eine leichte Sache. Man gräbt die Pflanzen mit den Gefäßen sorgfältig aus und schneidet die ins Erdreich ragenden Wurzeln ab. Zugleich können auch die groß gewordenen Kugeln geschnitten werden, damit sie im Keller (Überwinterungsraum) weniger Platz beanspruchen. Der Wasserverbrauch wird dadurch etwas reduziert.

Die Überwinterung

In einem frostfreien Raum von 8 bis 10 °C aufgestellt, müssen die Hochstämme nun immer gleichmäßig feucht gehalten werden. Auch nur kurzfristige, vorübergehende Ballentrockenheit bei einigen Pflanzenarten bereits zum Absterben führen. Man beobachte die Pflanzen regelmäßig, zumindest einmal pro Woche.

Das Antreiben

Von Februar bis März werden die Pflanzen ziemlich stark in Form eingeschnitten und etwas wärmer gestellt. Nach dem Neuaustrieb wird in frisches Substrat umgepflanzt und ein Pflanzgefäß mit einem um 3 bis 5 cm größeren ∅ gewählt, je nach Pflanzenart. Man wähle hier ein lehmig humoses Substrat, bestehend aus gutem Kompost, Landerde und etwas Torf, und sorge für gute Nährstoffversorgung. Auf 100 l Erde sollten 300 bis 500 g eines organischen Volldüngers oder Langzeitdüngers gegeben werden. Ab April müssen die Pflanzen nach und nach an Freilandbedingungen gewöhnt werden. Man schütze sie aber vor frühen Nachtfrösten!

Geeignete, blühende Pflanzenarten

Abutilon × hybridum	blühend, gelb/rot
Abutilon megapotamicum	hängende Triebe
Abutilon pictum	bunte Blätter
Anisodontea capensis	blühend, rosa
Argyranthemum frutescens	blühend, weiß/gelb
Brugmansia suaveolens	blühernd, weiß/gelb/rosa
Cuphea ignea	blühend, rot
Eucalyptus globulus	weißgraues Laub
Fuchsia Hybriden	weiß/rosa/rot/blau
Lantana camara	blühend, weiß/gelb/rosa/orange/rot
Latana montevidensis	blühend, lilarosa, hängend
Leonotis leonurus	blühend, orange
Lycianthes rantonnetii	blühend, blau
Mirabilis jalapa	blühend, gelb/rot
Pelargonium peltatum	blühend, hängend, rot/rosa/lila/mauve
Pelargonium zonale	blühend, weiß/rosa/rot/purpur
Plumbago auriculata	blühend, hängend, hellblau, weiß

△ 243a Hochstämme: Argyranthemum frutescens

▽ 243b Hochstamm: Senna didymobotrya

Perilla frutescens	schwarzrotes Laub
Senecio cineraria	weißfilziges Laub
Senna-Arten	gelb blühend
Tibouchina urvilleana	blühend, blauviolett
Verbena tenara	blühend, hängend, rosa/blau

▽ 243c Hochstamm: Lantana montevidensis

△ 244a Zierkürbisse im Schaugarten Wyss, Zuchwil (CH)
▽ 244b Auch Gartenzwerge haben eine Aufgabe

△ 245a Riesenkrone aus Dahlienblüten

Der Einsatz von Wachstumsregulatoren

Besonders in der Anzucht von Sommerblumen und Gruppenpflanzen ist der Einsatz von Wachstumsregulatoren, vor allem von Wachstumshemmern, sehr sinnvoll. Die Pflanzen bleiben kompakter und schießen bei längerer warmer Witterung nicht so rasch in die Höhe. Die gute Qualität bleibt länger erhalten, und das Risiko von Verkaufseinbußen infolge schlechter Ware wird vermindert.

Die Wirkungsweisen sind vielfältig:
- bessere Standfestigkeit durch Verdickung des Sprosses
- kürzere Internodien durch Hemmung des Streckenwachstums
- dunkelgrüne und kleinere Blätter, also geringerer Platzbedarf und besseres Aussehen
- bessere Verzweigung, demzufolge kompaktere und buschigere, später auch vielblütige Pflanzen
- und schließlich zum Teil auch intensivere Blütenfarben.

Wachstumsregulatoren sind wertvolle Hilfsstoffe, deren oben genannte positive Wirkungen bei einer optimalen Kultur, sprich ausreichende Platzverhältnisse, gute Nährstoffversorgung und sinnvolle Sortenwahl, voll zum Tragen kommen. Sie können hingegen bei schlecht geführter Kultur die Mängel nicht aufheben. Einige in der folgenden Liste vermerkte Pflanzenarten reagieren gut auf Atrinal. Dieses hemmt oder blockiert das Längenwachstum, fördert aber andererseits die Seitentriebbildung außerordentlich, wodurch sich breitbuschige Pflanzen entwickeln. Bei den anderen Pflanzenarten, die nicht auf Atrinal reagieren, muss darauf geachtet werden, dass nur ganz weich pinziert, das heißt nur die oberste kleine Triebspitze entfernt wird. Dadurch verbleiben darunter noch sehr viele Seitenknospen, die einen starken Austrieb gewährleisten und trotz anfänglich höheren Pflanzen im Endeffekt viel kompakter bleiben, als wenn durch tiefes Pinzieren zum Beispiel nur 2 bis 3 Triebe rasch in die Höhe schießen.

Die Spritzbehandlung

Die Pflanzen sind mit einer feinen Düse und mit mäßigem Druck von allen Seiten gleichmäßig zu benetzen. Da auf langsames Abtrocknen der Pflanzen zu achten ist, sollte nicht über Mittag, bei hoher Wärme also, behandelt werden: Mindestens 12 bis 20 Stunden nach einer Spritzbehandlung sollten die Pflanzen nicht mit Wasser oder anderen Mitteln benetzt werden! Weil die Konzentrationsmengen beim Spritzen in der Regel geringer sind als bei der Gießbehandlung, muss allenfalls ein- bis zweimal wiederholt werden. Die Produkte dürfen nicht mit anderen Mitteln gemischt werden.

Die Gießbehandlung

Bei der Gießbehandlung mit CCC (Basacel) muss beachtet werden, dass die Pflanzen den Topf bereits gut durchwurzelt haben sollten. Zudem dürfen die Pflanzen nicht trocken stehen. Die Gießbehandlung hält länger an und ist daher in der Regel wirksamer! Man verwende je nach Größe des Topfes:

8 bis 9 cm ∅: 50 bis 60 ml
10 bis 11 cm ∅: 80 bis 100 ml
12 bis 14 cm ∅: 100 bis 140 ml.

Vorsicht!
CCC (Basacel) wird sehr vorsichtig in den Topf gegossen. Werden Blätter beim Gießen mit der für die Gießmethode höheren Konzentration in Tropfenform benetzt, muss nach der Behandlung sofort mit Wasser abgebraust werden, damit keine chlorotischen Flecken oder Verbrennungen entstehen.

Eigenschaften der Produkte

Alar (Bernsteinsäure-Dimethylhydrazid)
Spritzpulver: Wirkstoffaufnahme über die Blätter. Kürzere Internodien, dunklere Blattfarbe, festere Blätter, reicherer Blütenansatz und intensivere Blütenfarben. Alar ist derzeit in Deutschland im Handel nicht erhältlich. Vorrätige Produkte dürfen aufgebraucht werden.

Atrinal (Dikegulac)
Erspart bei einigen Pflanzenarten das Pinzieren. Besserer Austrieb, mehr Knospen, größere Pflanzen, besonders bei Fuchsien.

Bonzi (Paclobutrazol)
Hemmt das Längenwachstum, intensiviert die Blatt- und Blütenfarben. Rasche Wirkung. Wird über das Blatt und die Wurzeln aufgenommen. Nach Bedarf Behandlung wiederholen.

Cycocel Extra = CCC (Basacel)
(Chlorcholinchlorid + Cholinchlorid)
Kürzere Internodien, bessere Standfestigkeit, fördert besonders bei Geranien den Ansatz von Blütenknospen = frühere Blüte. Wird über das Blatt und die Wurzeln aufgenommen. Bei Spritzbehandlungen wird die Beimischung eines Netzmittels empfohlen.

Sommerblumen und Gruppenpflanzen, die auf Wuchshemmstoffe reagieren

Pflanzenart	Zeitpunkt	Applikation	Präparat	Bemerkungen
Abutilon × hybridum	10 cm TL	spritzen	0,3% CCC (Basacel)	gelbe Sorten
	5 cm TL	gießen	0,1% CCC (Basacel)	reagieren stärker
Ageratum houstonianum	15 cm TL	spritzen	0,3% Alar	evtl. wiederholen
		spritzen	0,2% Bonzi	evtl. wiederholen
		gießen	0,5% CCC (Basacel)	
Amaranthus-Arten	bei beg. LW	spritzen	0,3% Alar	
		spritzen	0,1% CCC (Basacel)	
Anisodontea capensis	bei beg. LW	gießen	0,5% CCC (Basacel)	
		spritzen	0,2% CCC (Basacel)	wiederholen
Antirrhinum majus	in Rabatten	spritzen	0,2% CCC (Basacel)	evtl. wiederholen
		gießen	0,5% CCC (Basacel)	
			0,2% Bonzi	
Argyranthemum frutescens	bei beg. LW	spritzen	0,5% Alar	frühzeitig wiederholen
		spritzen	0,3–1% Bonzi	frühzeitig wiederholen
Asteriscus maritimus	bei beg. LW	spritzen	0,4% Alar	
Begonia Cultivars Semperflorens Grp.	bei beg. LW	spritzen	0,1% Bonzi	
		spritzen	0,1% CCC (Basacel)	
		spritzen	0,4% CCC (Basacel)	abbrausen
Begonia Cultivars Tuberhybrida Grp.	bei beg. LW	spritzen	0,4% Bonzi	wiederholen
		spritzen	0,1% CCC (Basacel)	wiederholen
		spritzen	0,4% CCC (Basacel)	abbrausen
Bidens ferulifolia	ab 10–15 cm TL	spritzen	0,5% Alar	
Brachyscome iberidifolia	bei beg. LW	spritzen	0,3% Alar	wiederholen
Brachyscome multifida	bei beg. LW	spritzen	0,3% Alar	wiederholen
		spritzen	0,25% Bonzi	wiederholen
Browallia speciosa	ab 10 cm TL	spritzen	0,3% Alar	1x wiederholen
Brugmansia-Arten	im Wachstum	spritzeh	0,4% Alar	wiederholen
Calceolaria integrifolia	ab 20 cm TL	spritzen	0,2% Bonzi	
		spritzen	0,1% CCC (Basacel)	frühzeitig wiederholen
		gießen	0,5% CCC (Basacel)	frühzeitig wiederholen
	mehr Triebe	spritzen	0,7% Atrinal	
Calendula officinalis	ab 10–15 cm TL	spritzen	0,2% Alar	
Celosia-Arten	bei beg. LW	spritzen	0,3% Alar	
		spritzen	0,15% CCC (Basacel)	
		gießen	0,5% CCC (Basacel)	abbrausen
Cleome hassleriana	ab 30 cm TL	spritzen	0,4% Alar	
Coleostephus multicaulis	bei beg. LW	spritzen	0,3% Alar	evtl. wiederholen
		spritzen	0,25% Bonzi	evtl. wiederholen
Convolvulus sabatius	ab 20–30 cm TL	spritzen	0,4% Alar	wiederholen
		spritzen	0,1% CCC (Basacel)	
Cuphea ignea	bei beg. LW	spritzen	0,3% Bonzi	
Dahlia × hortensis, D. pinnata	niedere Sorten	spritzen	0,4% Alar	evtl. wiederholen
Dianthus-Arten	bei beg. LW	spritzen	0,4% CCC (Basacel)	evtl. wiederholen
	n. Durchwurzelung	gießen	0,8% CCC (Basacel)	
			0,25% Bonzi	
Dimorphotheca-Arten	bei beg. LW	spritzen	0,3% Alar	
	ab 10 cm TL	spritzen	0,5% Alar	evtl. wiederholen
Erysimum × allionii	bei beg. LW	spritzen	0,2% CCC (Basacel)	wiederholen
		gießen	0,6% CCC (Basacel)	abbrausen

Pflanzenart	Zeitpunkt	Applikation	Präparat	Bemerkungen
Erysimum cheiri	bei beg. LW	spritzen	0,2% CCC (Basacel)	wiederholen
		gießen	0,6% CCC (Basacel)	abbrausen
			0,2% Bonzi	
Euryops abrotanifolius	ab 10 cm TL	spritzen	0,5% Alar	evtl. wiederholen
Fuchsia Cultivars	bei beg. LW	spritzen	0,2% Bonzi	schwach w. Sorten
		spritzen	0,4% Bonzi	stark w. Sorten
		spritzen	0,5% Atrinal	schwach w. Sorten
		spritzen	0,75% Atrinal	stark w. Sorten
Gazania rigens	ab 10 cm TL	spritzen	0,4% Alar	im Endtopf frühzeitig
		spritzen	0,2% CCC (Basacel)	wiederholen
		gießen	0,5% CCC (Basacel)	abbrausen
Gomphrena globosa	bei beg. LW	spritzen	0,4% Bonzi	wiederholen
Helichrysum petiolare	bei beg. LW	spritzen	0,5% Alar	nur benetzen
Heliotropium arborescens	bei beg. LW	spritzen	0,2% CCC (Basacel)	frühzeitig wiederholen
	n. Durchwurzelung	gießen	0,7% CCC (Basacel)	abbrausen
		spritzen	0,25% Bonzi	
Hymenostemma paludosum	bei beg. LW	spritzen	0,3% Alar	evtl. wiederholen
		spritzen	0,25% Bonzi	evtl. wiederholen
Impatiens Cultivars Neuguinea Grp.	bei beg. LW	spritzen	0,3% Alasr	
		spritzen	0,2% Bonzi	
		spritzen	0,2 CCC (Basacel)	
Impatiens walleriana	bei beg. LW	spritzen	0,2% Bonzi	
Iresine herbstii	Anzucht	spritzen	0,3% Alar	
	Anzucht	spritzen	0,1% CCC (Basacel)	
	Anzucht	gießen	0,2% CCC (Basacel)	abbrausen
Lantana camara	bei beg. LW	spritzen	0,5% Atrinal	unpinzirtzr Pflanzen
		spritzen	0,4% Bonzi	kompakter Wuchs
		spritzen	0,25% CCC (Basacel)	kompakter Wuchs
	n. Durchwurzelung	gießen	1,0% C (Basacel)	kompakter Wuchs
Lavatera trimestris	bei beg. LW	spritzen	0,2% CCC (Basacel)	kompakter Wuchs
		gießen	0,8% CCC (Basacel)	kompakter Wuchs
		spritzen	0,2% Bonzi	
Leonotis leonurus	nach Bewurzelung	gießen	2% CCC (Basacel)	kompakter Wuchs
		spritzen	0,2% Bonzi	
Lobelia erinus	bei beg. LW	spritzen	0,4% Alar	niederer Wuchs
Lycianthes rantonnetii	bei beg. LW	spritzen	0,4% Alar	blüht reicher
Lysimachia congestiflora	bei beg. LW	spritzen	0,3% Alar	
Matthiola incana	vor der Blüte	spritzen	0,1% CCC (Basacel)	wiederholen
		gießen	0,5% CCC (Basacel)	abbrausen
		spritzen	0,2% Bonzi	
Mimulus × hybridus	bei beg. LW	gießen	0,5% CCC (Basacel)	stets feucht halten
		spritzen	0,2% Bonzi	
Nemesia strumosa	bei beg. LW	gießen	0,5% CCC (Basacel)	stets feucht halten
		spritzen	0,15% Bonzi	
Nicotiana × sanderae	vor der Blüte	spritzen	0,3% Alar	
	vor der Blüte	spritzen	0,25% Bonzi	kompakter Wuchs
Pelargonium peltatum	bei beg. LW	spritzen	0,2% Bonzi	kompakter Wuchs
	bei beg. LW	spritzen	0,2% CCC (Basacel)	kompakter Wuchs
	nach Bewurzelung	gießen	0,6% CCC (Basacel)	kompakter Wuchs
	Endtopf	spritzen	0,3% CCC (Basacel)	kompakter Wuchs

Pflanzenart	Zeitpunkt	Applikation	Präparat	Bemerkungen
Pelargonium Cultivars zonale-Grp.	analog P. peltatum, zurückhaltende Wachstumsregulatoren			
Petunia × atkinsiana	bei beg. LW	spritzen	0,3% Alar	kompakter Wuchs
		spritzen	0,2% Bonzi	kompakter Wuchs
Petunia × atkinsiana 'Surfinia'	nach Bewurzelung	gießen	0,4% CCC (Basacel)	kompakter Wuchs
Plectranthus forsteri	bei beg. LW	spritzen	0,3% Alar	
		spritzen	0,25% Bonzi	
Salvia splendens	ungestutzt	spritzen	0,5% Atrinal	bessere Verzweigung
	bei beg. LW	spritzen	0,3% Alar	kompakter Wuchs
		spritzen	0,4% Bonzi	kompakter Wuchs
		spritzen	0,2% CCC (Basacel)	kompakter Wuchs
		gießen	0,5% CCC (Basacel)	kompakter Wuchs
Sanvitalia procumbens, S. speciosa 'Aztekengold'	bei beg. LW	spritzen	0,3% Alar	komptakter Wuchs
Schizanthus × wisetonensis	bei beg. LW	spritzen	0,3% Alar	kompakter Wuchs
		spritzen	0,25% Bonzi	kompakter Wuchs
Senecio cineraria	bei beg. LW	spritzen	0,3% Alar	kompakter Wuchs
		spritzen	0,25% Bonzi	kompakter Wuchs
Solanum jasminoides	bei beg. LW	spritzen	0,3% Alar	kompakter Wuchs
		spritzen	0,2% Bonzi	
Solenostemon scutellarioides (Coleus)	6–10 cm TL	spritzen	0,4% Alar	
		spritzen	0,15% CCC (Basacel)	
		gießen	0,5% CCC (Basacel)	abbrausen
Sutera grandiflora	bei beg. LW	spritzen	0,2% Bonzi	
		spritzen	0,3% Alar	
Tagetes patula	bei beg. LW	spritzen	0,3% Alar	kompakter Wuchs
		spritzen	0,25% Bonzi	evtl. wiederholen
Tibouchina urvilleana	bei beg. LW	spritzen	0,3% Alar	Topfk. wiederholen
	n. Durchwurzelung	gießen	0,7% CCC (Basacel)	Topfkultur
Thymophylla tenuiloba	bei beg. LW	spritzen	0,3% Alar	kompakter Wuchs
		spritzen	0,25% Bonzi	kompakter Wuchs
Trachelium caeruleum	bei beg. LW	spritzen	0,3% Alar	kompakter Wuchs
Verbena Cultivars	ungestutzt	spritzen	0,3% Atrinal	bessere Verzweigung
	bei beg. LW	spritzen	0,3% Alar	kompakter Wuchs
		spritzen	0,4% Bonzi	kompakter Wuchs
Viola × wittrockiana	bei beg. LW	spritzen	0,3% Alar	kompakter Wuchs
		spritzen	0,5% Alar	bessere Frostresistenz
		spritzen	0,2% Bonzi	kompakter Wuchs
Zinnia angustifolia	bei beg. LW	spritzen	0,4% Alar	kompakter Wuchs
Zinnia elegans	bei beg. LW	spritzen	0,3% Alar	kompakter Wuchs
	(bei beg. LW = bei beginnendem Längenwachstum, TL = Trieblänge)			

Anmerkungen:

Bei Gießbehandlung mit CCC Extra (in Deutschland: Basacel) stets sofort abbrausen, um Blattvergilbung zu vermeiden!
Alar und Bonzi sind derzeit in Deutschland nicht zugelassen und deshalb im Handel nicht erhältlich. Vorhandene Restmenge dürfen aber nach derzeitigem Recht (Stand: März 1995) aufgebraucht werden.

Ergänzungen:

Niedere Teppichbeetpflanzen (10 bis 50 cm hoch)

	Höhe in cm	weiß	gelb	orange	rot	rosa	blau	violett	grün
Acmella oleracea	25 bis 30		●	●					
Agastache mexicana	bis 50						●		
Ageratum houstonianum, niedere Sorten	10 bis 20	●				●	●		
Ajania pacifica	20 bis 30		●						●
Alternanthera ficoidea	5 bis 10		●		●				
Anagallis monellii	20 bis 40						●		
Anagallis tenella	15 bis 20								
Anchusa capensis	40						●		
Antirrhinum majus, niedere Sorten	20 bis 30	●	●	●	●	●			
Asteriscus maritimus	10 bis 20		●						
Begonia foliosa	40 bis 50			●					
Begonia Cultivars Semerflorens Grp.	15 bis 30	●			●	●			
Begonia Cultivars Tuberhybrida Grp.	20 bis 40	●	●	●	●	●			
Bellis perennis	10 bis 15	●			●	●			
Bidens ferulifolia	20 bis 30		●						
Brachscome iberidifolia	20 bis 30						●		
Brachyscome multifida	20 bis 25						●		
Brassica oleracea (Zierkohl)	30 bis 40	●			●	●		●	
Browallia speciosa	30 bis 40	●					●		
Calceolaria integrifolia	30 bis 40		●	●					
Calendula officinalis	20 bis 30		●	●					
Calibrachoa 'Million Bells'	30 bis 50		●		●	●	●	●	
Callistephus chinensis, niedere Sorten	20 bis 50	●	●		●	●	●		
Celosia argentea Cristata Grp.	20 bis 25		●	●	●	●			
Celosia argentea Plumosa Grp.	25 bis 50		●	●	●	●			
Celosia argentea Spicata Grp.	30 bis 40	●				●			
Centaurea cyanus, niedere Sorten	30 bis 50	●			●	●	●		
Clarkia amoena	40 bis 50	●			●	●			
Coleostephus multicaulis	20 bis 25		●						
Convolvulus tricolor	25						●		
Coreopsis grandiflora, niedere Sorten	40 bis 50		●						
Cosmos sulphureus, niedere Sorten	35 bis 50		●	●					
Cuphea cyanea	30								
Cuphea ignea	25 bis 30			●					
Cuphea llavea var. llavea	20 bis 30				●				
Dahlia × hortensis, niedere Mignon-Sorten	20 bis 50	●	●	●	●	●			
Dianthus barbatus	40 bis 50	●			●	●			
Dianthus chinensis	10 bis 30	●			●	●			
Dimorphotheca pluvialis	25 bis 30	●							
Dimorphotheca sinuata	30			●					
Dorotheanthus bellidiformis	10	●	●		●	●			
Echeveria elegans	5 bis 15	●		●					

	Höhe in cm	weiß	gelb	orange	rot	rosa	blau	violett	grün
Erigeron karvinskianus	20 bis 30					●			
Erysimum × allionii	40 bis 45		●	●					
Erysimum cheiri	25 bis 50		●	●	●				
Eschscholzia californica	30 bis 50		●	●					
Euryops abrotanifolius, einjährige Pflanzen	40 bis 50		●						
Felicia amelloides	15 bis 30	●					●		
Fuchsia fulgens	35 bis 40			●					
Fuchsia Cultivars	30 bis 40	●			●	●	●	●	
Gaillardia pulchella	40		●		●	●			
Gazania rigens	10 bis 30		●	●		●			
Gomphrena globosa	15 bis 20	●						●	
Gomphrena haageana	30 bis 40		●	●					
Helichrysum bracteatum, niedere Sorten	30	●	●	●	●	●			
Helichrysum petiolare	15 bis 25	●							
Heliotropium arborescens	40 bis 50						●	●	
Hymenostemma paludosum	20 bis 30	●							
Iberis umbellata	25	●			●	●			
Impatiens balsamina	30	●			●	●			
Impatiens Cultivars Neuguinea Grp.	25 bis 50	●		●	●	●		●	
Impatiens walleriana	15 bis 25	●		●	●	●		●	
Ipomoea batatas	20 bis 30							●	
Iresine herbstii	30 bis 40				●				●
Iresine lindenii	25 bis 40		●						
Ismelia carinata	40 bis 50	●	●	●		●			
Lamium maculatum	20 bis 30	●							●
Lantana camara, einjährige Pflanzen	20 bis 50	●	●	●	●	●			
Laurentia axillaris	20 bis 50						●		
Leucophyta brownii	20 bis 35	●							
Linara maroccana	20	●	●	●	●	●	●		
Linum grandiflorum	30 bis 40				●	●			
Lobelia erinus	10 bis 15	●				●	●		
Lobelia tenuior	15	●				●	●		
Lobularia maritima	10 bis 20	●				●		●	
Lonas annua	35 bis 50	●							
Mandevilla sanderi	20 bis 50				●	●			
Matthiola incana, niedere Sorten	25 bis 50	●	●		●	●	●		
Melampodium plaudosum	20 bis 40		●						
Mentha suaveolens	20 bis 40	●							●
Mimulus × hybridus	20 bis 30		●	●	●				
Myosotis sylvatica	12 bis 40	●				●	●		
Nemesia strumosa	30 bis 50	●	●	●	●		●		
Nicotiana × sanderae, niedere Sorten	30 bis 50	●			●	●		●	
Nierembergia hippomanica	15 bis 30	●					●		
Nigella damascena	40	●					●		
Pelargonium Cultivars Zonale Grp.	25 bis 40	●			●	●		●	

	Höhe in cm	weiß	gelb	orange	rot	rosa	blau	violett	grün
Pelargonium peltatum, niedere Sorten	25 bis 50				●	●		●	
Penstemon gentianoides, niedere Sorten	40 bis 50	●			●	●		●	
Persicaria capitata	5 bis 10					●			
Petunia × atkinsiana	20 bis 50	●	●		●	●	●	●	
Petunia × atkinsiana 'Surfinia'	40 bis 80	●			●			●	
Phlox drummondii	20 bis 30	●	●		●	●	●		
Pilea microphylla	10 bis 15								●
Plectranthus caninus	20 bis 40						●		
Plectranthus forsteri	10 bis 20	●							●
Portulaca grandiflora	10 bis 15	●	●		●	●			
Reseda odorata	30		●		●				
Rudbeckia hirta	20 bis 40		●	●					
Salvia splendens	20 bis 50	●			●		●		
Salvia viridis, niedere Sorten	30 bis 50	●				●	●		
Santolina chamaecyparissus	30	●							
Sanvitalia procumbens	12 bis 20		●						
Scaevola saligna	30 bis 50						●		
Schizanthus × wisetonensis	20 bis 30				●	●			
Senecio cineraria	20 bis 30	●							
Solenostemon scutellarioides	25 bis 40		●		●	●	●		
Tagetes putula	18 bis 40		●	●	●				
Tagetes tenuifolia	30		●	●					
Tanacetum parthenium, niedere Sorten	15 bis 50	●	●						
Tanacetum ptarmiciflorum	20 bis 25	●							
Thymophylla tenuiloba	15 bis 20		●						
Tropaeolum majus	30		●	●	●				
Verbena canadensis	20							●	
Verbena Cultivars	15 bis 25	●			●	●	●	●	
Verbena rigida	30 bis 40						●	●	
Verbena tenera	20 bis 30				●	●	●		
Viola cornuta	10 bis 15	●	●	●			●	●	
Viola × wittrockiana	10 bis 15	●	●	●	●	●	●	●	
Xanthophthalmum segetum	40 bis 50		●						
Zinnia angustifolia	30	●	●	●					
Zinnia elegans, niedere Sorten	30 bis 50	●	●	●	●	●			
Zinnia haageana	20 bis 30	●	●	●	●				

Mittelhohe Gruppenpflanzen (50 bis 100 cm hoch)

	Höhe in cm	weiß	gelb	orange	rot	rosa	blau	violett	grün
Abelmoschus manihot	80 bis 100		●						
Abutilon × hybridum	50 bis 80	●	●	●	●	●			
Abutilon megapotamicum, einjährige Pflanzen	80 bis 100		●		●				
Abutilon pictum	50 bis 60		●						
Amaranthus caudatus	70 bis 80				●				
Amaranthus cruentus	60				●				
Amaranthus tricolor	30 bis 60			●	●				
Ammi visnaga	90	●							
Ammobium alatum	60	●							
Anisodontea capensis, einjährige Pflanzen	80 bis 100					●			
Antirrhinum majus, mittelhohe Sorten	50 bis 70	●	●	●	●	●			
Argyranthemum frutescens	50 bis 100	●							
Bassia scoparia	50 bis 80								●
Brassica oleracea var. sabellica	60 bis 70							●	
Callistephus chinensis, hohe Sorten	60 bis 80	●	●		●	●	●	●	
Campanula medium	60 bis 80	●				●	●		
Canna indica	40 bis 100		●	●	●	●			
Carthamus tinctorius	80			●					
Celosia argentea Cristata Grp.	50 bis 80		●	●	●	●			
Celosia argentea Spicata Grp., hohe Sorte	60 bis 80	●				●			
Centaurea cyanus, hohe Sorten	50 bis 90	●			●	●	●	●	
Cleome hassleriana	80 bis 100	●				●		●	
Cordyline indivisa, junge Pflanzen	50 bis 100								●
Coreopsis grandiflora	40 bis 90	●		●					
Cosmos sulphureus, hohe Sorten	50 bis 60	●		●					
Craspedia globosa	50 bis 70		●						
Dahlia × hortensis, D. pinnata	50 bis 100	●	●	●	●	●		●	
Dianthus caryophyllus 'Chabaud'	60	●	●	●	●	●		●	
Eucalyptus globulus, junge Pflanzen	50 bis 100	●							●
Euphorbia marginata	50 bis 60	●							
Euryops abrotanifolius	60 bis 100		●						
Fuchsia Cultivars	50 bis 100	●	●		●	●	●	●	
Gladiolus Cultivars	80 bis 100	●	●	●	●	●		●	
Helianthus annuus, gefüllte und niedere Sorten	80 bis 100	●							
Helichrysum bracteatum, hohe Sorten	80 bis 100	●	●	●	●	●			
Lantana montevidensis	50 bis 100							●	
Lavatera trimestris	50 bis 80	●				●			
Leonotis leonurus	80 bis 100			●					

	Höhe in cm	weiß	gelb	orange	rot	rosa	blau	violett	grün
Limonium sinuatum	60 bis 80	●	●		●	●	●	●	
Lobelia cardinalis	90				●				
Lobelia × speciosa	60 bis 75	●			●	●	●	●	
Lunaria annua	50 bis 60	●						●	
Lycianthes rantonnetii, jüngere Pflanzen	60 bis 100						●		
Matthiola incana	50 bis 80	●			●	●		●	
Mirabilis jalapa	50 bis 100		●	●	●				
Molucella laevis	60 bis 100								
Plumbago auriculata, einjährige Pflanzen	60 bis 100	●					●		
Rudbeckia hirta	50 bis 100		●	●					
Salpiglossis sinuata	50 bis 60		●	●	●	●			
Salvia farinacea	60 bis 80	●					●		
Salvia involucrata	80 bis 100					●			
Salvia patens	50 bis 60						●		
Salvia viridis, hohe Sorten	50 bis 60	●				●	●		
Scabiosa atropurpurea	80 bis 100					●	●		
Senecio cineraria, zweijährige Pflanzen	60 bis 80	●	●						
Senna corymbosa var. plurijuga	50 bis 60		●						
Senna didymobotrya	60 bis 100		●						
Solanum jasminoides, mittlere Sorten	60 bis 100	●							
Tagetes erecta	50 bis 100		●	●					
Tanacetum parthenium, hohe Sorten	50 bis 60	●							
Tibouchina urvilleana, einjährige Pflanzen	80 bis 100						●		
Tithonia rotundifolia	80 bis 100			●					
Trachelium caeruleum	80						●		
Xeranthemum annuum	50 bis 60	●				●		●	
Zinnia elegans, hohe Sorten	50 bis 90	●	●	●	●				

Hohe Solitärpflanzen ohne Kletterpflanzen (über 100 cm)

	Höhe in cm	weiß	gelb	orange	rot	rosa	blau	violett	grün
Abutilon × hybridum, mehrjährige Pflanzen	100 bis 150		●	●	●				
Abutilon megapotamicum, mehrjährige Pflanzen	100 bis 150		●		●				
Alcea rosea	150 bis 200	●	●		●	●			
Amaranthus tricolor	100 bis 130				●				
Anisodontea capensis, einjährige Pflanzen	100 bis 200					●			
Antirrhinum majus, hohe Sorten	100 bis 130	●	●	●	●	●			
Argyranthemum frutescens	bis 200	●							
Brugmansa suaveolens, mehrjährige Pflanzen	bis 300								●
Canna Cultivars 'Tropicana'	100 bis 150			●	●				
Canna indica, hohe Sorten	100 bis 200		●	●	●	●			
Consolida ajacis	100 bis 120	●			●	●	●		
Cordyline indivisa, mehrjährige Pflanzen	100 bis 150								●
Cosmos bipinnatus	100 bis 130	●			●	●			
Cuphea ignea, Hochstämme	100 bis 150				●				
Dahlia × hortensis, hohe Sorten	100 bis 150	●	●	●	●	●		●	
Ensete ventricosum, mehrjährige Pflanzen	bis 300								●
Erythrina crista-galli	100 bis 150				●				
Eucalyptus globulus, ältere Pflanzen	bis 200	●							
Fuchsia Cultivars, hohe Pflanzen	bis 150	●			●	●	●	●	
Gladiolus Cultivars, hohe Sorten	bis 120	●	●	●	●	●		●	
Helianthus annuus, einfache Sorten	bis 250		●	●	●				
Lantana camara, Hochstämme	bis 200	●	●	●	●	●		●	
Leonotis leonurus, ältere Pflanzen	bis 120			●					
Lobelia × gerardii	100 bis 120				●			●	
Nerium oleander, Kübelpflanzen	bis 200	●	●		●	●			
Pelargonium Cultivars Zonale Grp.	bis 150	●			●	●		●	
Plumbago auriculata, mehrjährige Pflanzen	bis 200	●					●		
Ricinus communis	200 bis 300				●				
Tibouchina urvilleana, mehrjährige Pflanzen	100 bis 150						●		
Verbena bonariensis	100 bis 120							●	

Als Trockenblumen geeignet

Pflanzenart	Verwendbarer Teil	Erntezeit	Bemerkungen
Acroclinium roseum	Blütenstände	sofort nach dem Aufblühen	
Amaranthus caudatus	Blütenstände	vollerblüht	Laub entfernen
Amaranthus cruentus	Blütenstände	voll erblüht	Laub entfernen
Ammobium alatum	Blütenstände	knospig, beim Aufblühen	
Celosia argentea Cristata Grp.	Blütenstände	voll erblüht	Laub entfernen
Celosia argentea Plumosa Grp.	Blütenstände	voll erblüht	Laub entfernen
Centaurea cyanus	Blütenstände	voll erblüht	Laub entfernen
Consolida ajacis	Blütenstände	voll erblüht	aufhängen ↓
Craspedia globosa	Blütenstände	voll erblüht	
Gomphrena globosa	Blütenstände	voll erblüht	ganze Pflanze schneiden, Laub entfernen
Gomphrena haageana	Blütenstände	voll erblüht	ganze Pflanze schneiden, Laub entfernen
Helichrysum bracteatum	Blütenstände	wenn Knospen Farbe zeigen	
Limonium sinuatum	Blütenstände	voll erblüht und gut ausgefärbt	
Lonus annua	Blütenstände	voll erblüht	
Lunaria annua	Samenstände	in voller Reife	äußere Fruchtwände entfernen
Moluccella laevis	Blütenstände	wenn Kelchblätter grün ausgefärbt sind	aufhängen
Nigella damascena	Samenstand	wenn Samenkapseln ausgereift sind	
Pennisetum setaceum	Samenstand	vor der Samenreife	
Rudbeckia hirta	Blütenstände	voll erblüht	Zungenblütenblätter entfernen
Senecio cineraria	Triebe mit Laub	wenn Pflanzen gut ausgereift sind	
Xanthophthalmum segetum	Blütenstände	voll erblüht	etwas Laub entfernen
Xeranthemum annuum	Blütenstand	nach dem Aufblühen	

Blattpflanzen mit hohem Zierwert

	Höhe in cm
Abutilon megapotamicum, gelbgrün geflecktes Laub	100 bis 150
Abutilon pictum, gelbgrün geflecktes Laub	40 bis 60
Ajania pacifica, graufilzige Blätter mit Silberrand	20 bis 30
Alternanthera ficoidea, gelbgrün, olivgrün, rosa, rot	5 bis 10
Amaranthus tricolor, dunkelrote Hochblätter	100 bis 130
Bassia scoparia, zierliches, hellgrünes Laub, zum Teil rote Herbstfärbung	50 bis 80
Brassica oleracea, Zierkohl, weiß, rosa, purpur	30 bis 40
Canna Cultivars 'Tropicana', rot-gelb-grün gestreifte Blätter	100 bis 150
Canna indica, zum Teil dunkelrotblättrige Sorten	40 bis 150
Cordyline indivisa, dunkelgrün, schmalblättrig	50 bis 150
Cuphea ignea, zum Teil gelb gefleckte Blätter	25 bis 30
Echeveria elegans, fleischige, grauweiße Blätter	5 bis 15
Ensete ventricosum, riesige, frischgrüne Blätter	200 bis 300
Eucalyptus globulus, bläulich weiße Blätter	50 bis 200
Euphorbia marginata, weißgrüne Hochblätter	50 bis 60
Fuchsia fulgens, dunkelrot-grünes Laub	35 bis 40
Helichrysum petiolare, weiß- bis graugrün geflecktes Laub, filzig	15 bis 25
Impatiens Neuguinea Grp., zum Teil gelb gezeichnetes Laub	25 bis 15
Ipomoea batatas, dunkelpurpurfarbiges Laub	20 bis 30
Iresine herbstii, gelbe oder rote runde Blätter	30 bis 40
Iresine lindenii, dunkelrote lanzettliche Blätter	25 bis 40
Lamium maculatum, grauweiß gefärbte Blätter	10 bis 20
Lobelia cardinalis, dunkelrotes, schmales Laub	90
Mentha suaveolens, ovale grüne Blätter mit weißem Rand	20 bis 30
Moluccella laevis, grüne Kelchblätter	60 bis 100
Pelargonium zonale, panaschierte Sorten, schöne weiße Blattzeichnung	20 bis 25
Pennisetum setaceum, sehr schmales, zierliches Laub	50 bis 60
Perilla frutescens, dunkelrotes Laub	60 bis 80
Persicaria capitata, schwarzbraune Blattzeichnung	5
Pilea microphylla, kleinblättrig, moosartig	10 bis 15
Plectranthus forsteri, weißgrün panaschiertes Laub	20 bis 100
Ricinus communis, zum Teil dunkelrote Blätter	200 bis 300
Salvia viridis, weiße, rosa und blaue Hochblätter	30 bis 60
Santolina chamaecyparissus, grauweißfilzige, zierliche Blättchen	30
Senecio cineraria, weißfilziges gefiederes Laub	20 bis 30
Solenostemon scutellarioides, buntfarbige Blätter	20 bis 40
Tanacetum ptarmiciflorum, weiß bis grausilbrig	20 bis 30

Schling- und Kletterpflanzen, ein- bis mehrjährig

	Höhe in cm
Abutilon megapotamicum, gelbrote Blüten	150 bis 200
Cobaea scandens, sehr wüchsig, blauviolette Glocken	bis 400
Eccremocarpus scaber, starker Kletterer mit orangeroten Blüten	200 bis 500
Ipomoea hederacea, sehr starker Wachser mit purpurvioletten Blüten	100 bis 400
Ipomoea lobata, Kletterpflanze mit gelbroten Blüten	150 bis 200
Ipomoea tricolor, große Trichterblüten, weiß, rosa, blau	150 bis 200
Lablab purpureus, violett blühende Kletterbohne	150 bis 200
Lathyrus odoratus, duftende Blüten in Weiß, Gelb, Rosa, Rot und Blau	150 bis 200
Lophospermum purpusii, sehr wüchsig, mit Glockenblumen	150 bis 300

	Höhe in cm
Mandevilla × amabilis, große Trichterblüten rosa, rot	100 bis 200
Phaseolus coccineus, rote Feuerbohne	200 bis 250
Plumbago auriculata, weiße oder hellblaue Blütenähren	60 bis 200
Rhodochiton atrosanguineus, dunkelviolette Glockenblüten	80 bis 100
Solanum jasminoides, kartoffelähnliche, weiße Blüten	100 bis 300
Thunbergia alata, gelbe bis orangefarbene Blüten	120 bis 200
Tropaeolum majus, kriechend bis kletternd, gelbe, rosa bis rote Blüten	300 bis 400
Tropaeolum peregrinum, gelbe Blüten, kräftiger Wuchs	150 bis 200

Ampel- oder Hängepflanzen

	Höhe in cm
Abutilon megapotamicum, gelbgrünes Laub, rotgelbe Blüten	bis 100
Amaranthus caudatus, Blütenstände hängen stark	bis 80
Anagallis monellii, tiefblaue Blüten	30 bis 50
Asteriscus maritimus, flacher Wuchs, gut verzweigt, gelb	bis 40
Begonia Cultivars Tuberhybrida Grp., zum Teil hängende Sorten	bis 80
Bidens ferulifolia, locker verzweigt, überhängend, gelb	bis 100
Brachyscome multifida, zierliche Hängepflanze	bis 30
Browallia speciosa, leicht überhängend, blau	bis 40
Calibrachoa 'Million Bells', kleinblumige Petunie	30 bis 50
Centradenia floribunda, rosa blühende Hängepflanze	50 bis 80
Dianthus caryophyllus, Bündner Nelken, hängend	bis 60
Dorotheanthus bellidiformis, kriechend bis überhängend	bis 30
Fuchsia Cultivars, hängende Sorten für Ampeln	bis 100
Glechoma hederacea, dünne, hängende Triebe	100 bis 200
Helichrysum petiolare, auch für Ampeln geeignet	bis 30
Impatiens walleriana, auch für Ampeln geeignet	bis 30
Lamium maculatum, weiß-graue dekorative Blätter	30 bis 50
Lantana montevidensis, zierliche Hängepflanze	bis 100
Laurentia axillaris, blaue Sternblüten	20 bis 30
Lobelia erinus, zierliche Ampelpflanze, sortenbedingt	bis 30
Lobelia tenuior, zierliche Ampelpflanze	bis 50
Lobularia maritima, leicht überhängender Wuchs	bis 20
Lophospermum purpusii, verschiedene Farben	30 bis 50
Lysimachia congestiflora, überhängend, gelb	bis 40
Mentha suaveolens, ovale grüne Blätter mit weißem Rand, duftend	20 bis 30
Nierembergia hippomanica, weiße oder blaue Glockenblüten	20 bis 30
Pelargonium peltatum, sortenbedingt hängend und halbhängend	30 bis 80
Petunia × atkinsiana, aufrecht bis hängend	bis 60
Petunia × atkinsiana 'Surfinia', stark hängend, reich blühend	bis 100
Plectranthus forsteri 'Marginatus', neuere Ampelpflanze	bis 100
Portulaca grandiflora, zierliche Ampelpflanze	bis 25
Sanvitalia procumbens, breiter bis hängender Wuchs	bis 25
Sanvitalia speciosa 'Aztekengold', locker verzweigt, hängend	bis 60
Scaevola saligna, neuere blaue Ampelpflanze	bis 50
Thymophylla tenuiloba, gelbe, zierliche Ampelpflanze	bis 30
Tropaeolum majus, kann auch hängend gezogen werden	bis 200
Verbena Cultivars, kriechende bis hängende Sorten	bis 30
Verbena tenara, ideal als Ampelpflanze, starker Wuchs	bis 80
Zinnia angustifolia, auch ideal als Hängepflanze	40 bis 50

Aussaat- und Blütezeiten

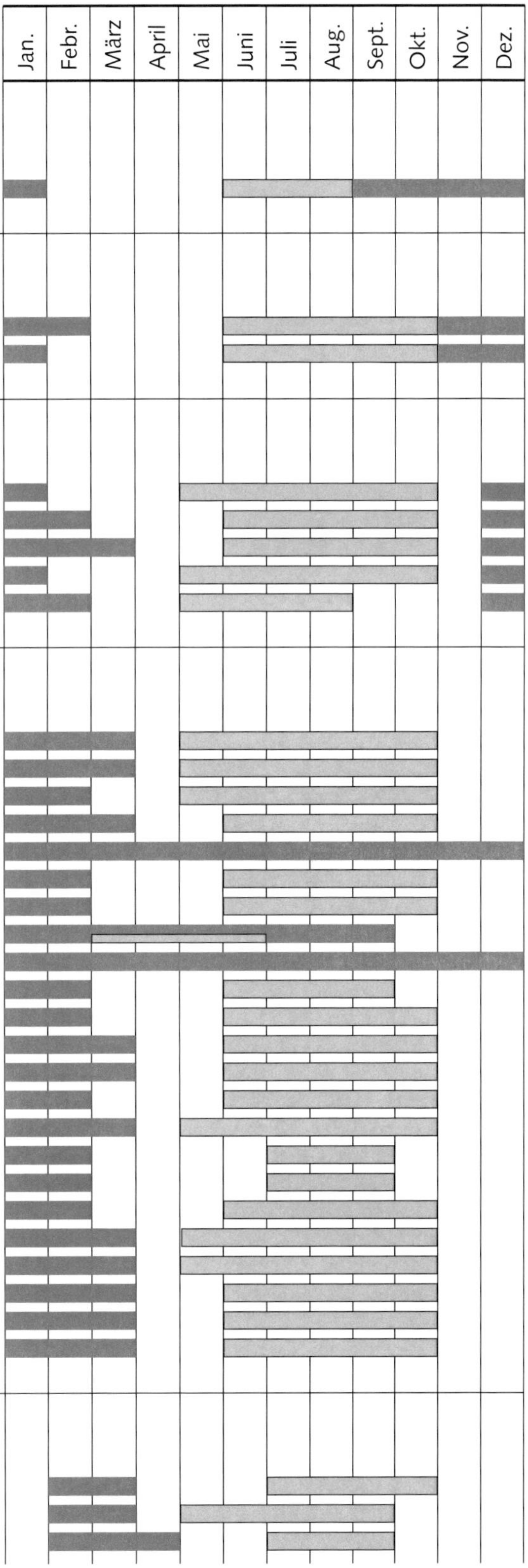

Aussaaten ab September

Trachelium caeruleum

Aussaaten ab November

Begonia Cultivars Tuberhybrida Grp.
Calceolaria integrifolia

Aussaaten ab Dezember

Begonia Cultivars Semperflorens Grp.
Craspedia globosa
Eucalyptus globulus
Pelargonium zonale (samenecht)
Rhodochyton atrosanguineus

Aussaaten ab Januar

Abutilon × hybridum
Ageratum houstonianum
Browallia speciosa
Carthamus tinctorius
Cordyline indivisa (ganzjährig)
Dianthus caryophyllus
Dianthus chinensis
Echeveria elegans
Ensete ventricosum (ganzjährig)
Erigeron karvinskianus
Gazania rigens var. rigens
Heliotropium arborescens
Laurentia axillaris
Lobelia cardinalis
Lobelia erinus
Lobelia × gerardii
Lobelia × speciosa
Penstemon gentianoides
Petunia × atkinsiana
Salvia splendens
Solenostemon scutellarioides
Verbena bonariensis
Verbena rigida

Aussaaten ab Februar

Abelmoschus manihot
Acmella oleracea
Amaranthus caudatus

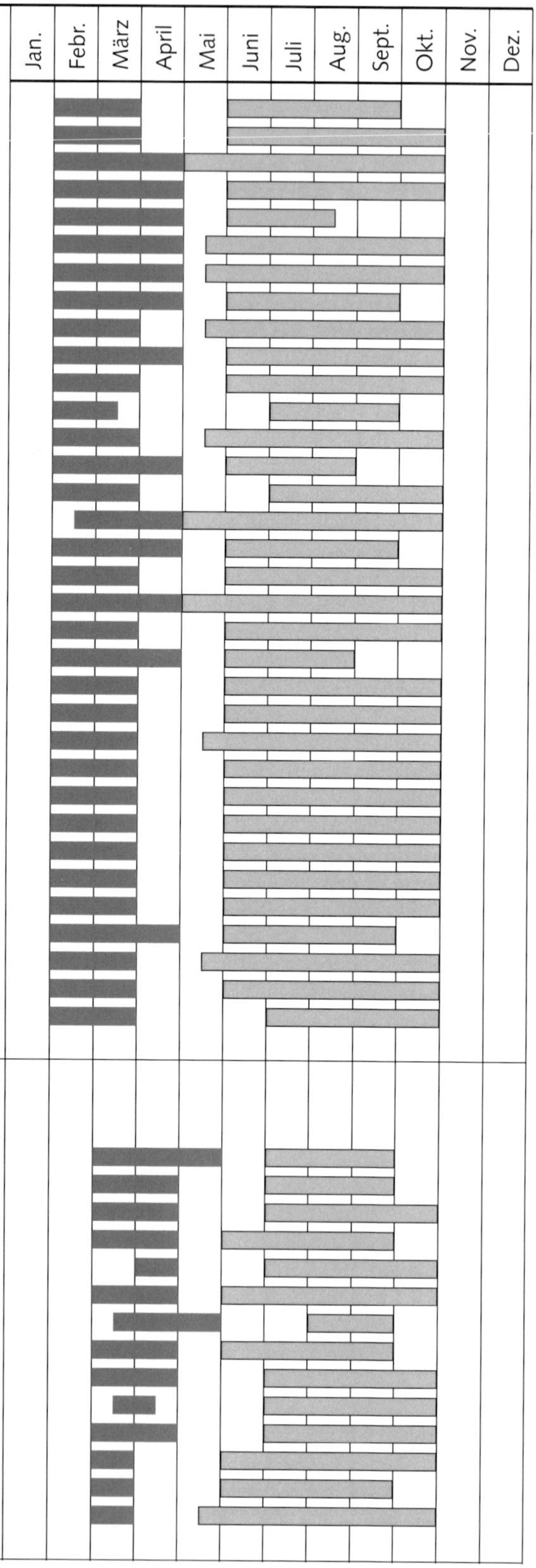

Aussaaten ab Februar

Ammi visnaga
Antirrhinum majus
Brachyscome iberidifolia
Calendula officinales
Campanula medium
Celosia argentea Cristata Grp.
Celosia argentea Plumosa Grp.
Consolida ajacis
Convolvulus sabatius
Coreopsis grandiflora
Dahlia × hortensis (samenechte Sorten)
Eccremocarpus scaber
Hymenostemma paludosum
Iberis umbellata
Impatiens balsamina
Impatiens walleriana
Ipomoea lobata
Lobelia tenuior
Lophospermum purpusii
Melampodium paludosum
Nemesia strumosa
Nicotiana × sanderae
Nicotiana sylvestris
Persicaria capitata
Salvia patens
Santolina chamaecyparissus
Senecio cineraria
Tanacetum parthenium
Tanacetum ptarmiciflorum
Thunbergia alata
Thymophylla tenuiloba
Verbena canadensis
Verbena Cultivars
Xanthophthalmum segetum

Aussaaten ab März

Acroclinum roseum
Alcea rosea
Amaranthus tricolor
Ammobium alatum
Astericscus maritimus
Bassia scoparia
Callistephus chinensis
Centaurea cyanus
Clarkia amoena
Cleome hassleriana
Cobaea scandens
Coleostephus multicaulis
Convolvulus tricolor
Cuphea ignea

Aussaaten ab März	Jan.	Febr.	März	April	Mai	Juni	Juli	Aug.	Sept.	Okt.	Nov.	Dez.
Dimorphotheca pluvialis			■	■	■		□	□	□			
Dimorphotheca sinuata			■	■	■		□	□	□			
Dorotheanthus bellidiformis			■	■		□	□	□	□			
Eschscholzia californica			■	■	■	□	□	□	□	□		
Euphorbia marginata			■	■			□	□	□	□		
Gomphrena globosa			■	■			□	□	□			
Gomphrena haageana			■	■		□	□	□	□			
Ipomoea tricolor			■	■		□	□	□	□	□		
Lathyrus odoratus			■	■		□	□	□	□			
Limonium sinuatum			■				□	□	□			
Linaria maroccana			■	■	■	□	□	□				
Lobularia maritima var. benthamii			■	■	□	□	□	□	□	□		
Lonas annua			■	■			□	□	□	□		
Matthiola incana			■	■			□	□	□			
Mimulus × jalapa			■	■		□	□	□	□	□		
Moluccella laevis			■				□	□	□			
Nierembergia hippomanica			■			□	□	□				
Nigella damascena			■	■		□	□	□				
Nigella hispanica			■	■								
Pennisetum setaceum			■	■			□	□	□	□		
Perilla frutescens			■	■		□	□	□	□	□		
Phlox drummondii			■	■			□	□	□			
Portulaca grandiflora			■	■		□	□	□	□	□		
Ricinus communis			■	■			□	□	□	□		
Rudbeckia hirta			■	■			□	□	□	□		
Salpiglossis sinuata			■	■		□	□	□	□			
Salvia coccinea			■	■		□	□	□	□	□		
Salvia farinacea			■	■	□	□	□	□	□	□		
Salvia viridis			■	■		□	□	□	□			
Sanvitalia procumbens			■	■		□	□	□	□	□		
Schizanthus × wisetonensis			■	■	□	□	□	□	□	□		
Tagetes erecta			■	■			□	□	□	□		
Tagetes patula			■	■	□	□	□	□	□	□		
Tagetes tenuifolia			■	■		□	□	□	□	□		
Tithonia rotundifolia			■	■			□	□	□	□		
Trachymene coerulea			■	■			□	□	□	□		
Tithonia rotundifolia			■	■			□	□	□	□		
Zinnia angustifolia			■	■	■		□	□	□	□		
Zinnia elegans			■	■	■			□	□	□		
Zinnia haageana			■	■	■		□	□	□	□		

Aussaaten ab April

Brassica oleracea var. acephala
Cosmos bipinnatus
Cosmos sulphureus
Helianthus annuus
Helichrysum bracteatum
Ismelia carinata
Lablab purpureus
Lavatera trimestris
Linum grandiflorum
Lunaria annua
Reseda odorata
Scabiosa atropurpurea
Tropaeolum majus, T. peregrinum
Xeranthemum annuum

Aussaaten ab Mai

Dianthus barbatus
Erysimum × allionii
Erysimum cheiri
Phaseolus coccineus

Aussaaten ab Juni

Bellis perennis
Myosotis sylvatica
Viola cornuta
Viola × wittrockiana

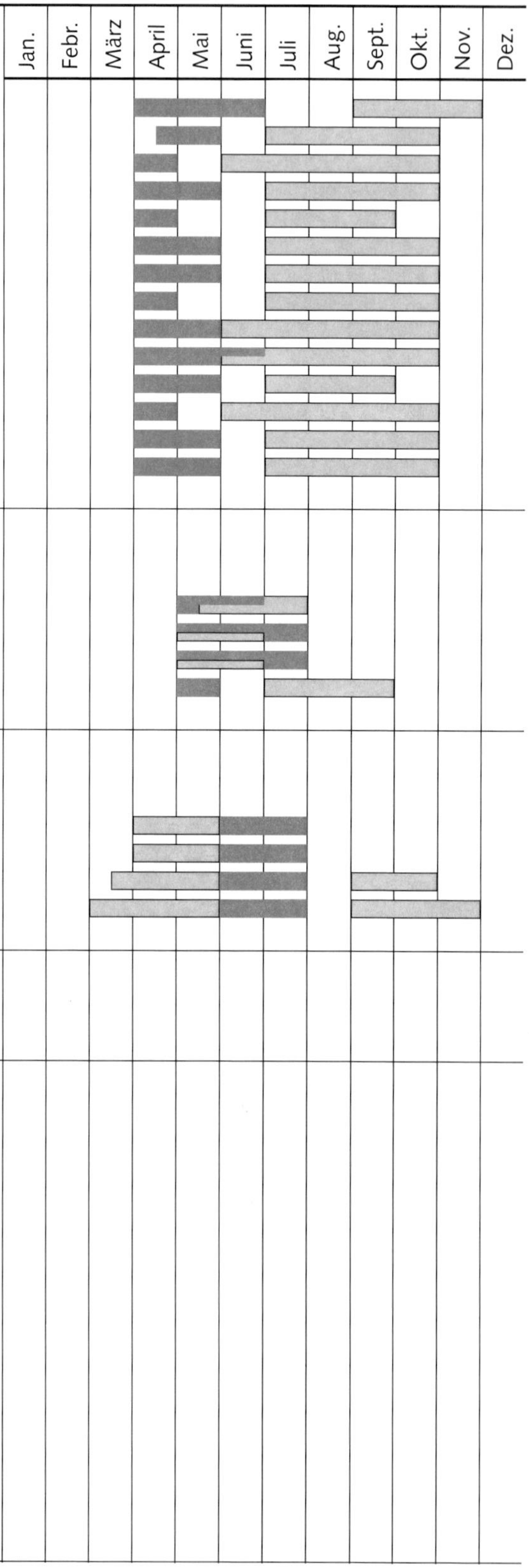

▬ = generative Vermehrung (Aussaatzeit)
▬ = Blütezeit, bei Blattpflanzen größter Zierwert

Eigene Ergänzungen:

Vegetativ vermehrbare Arten

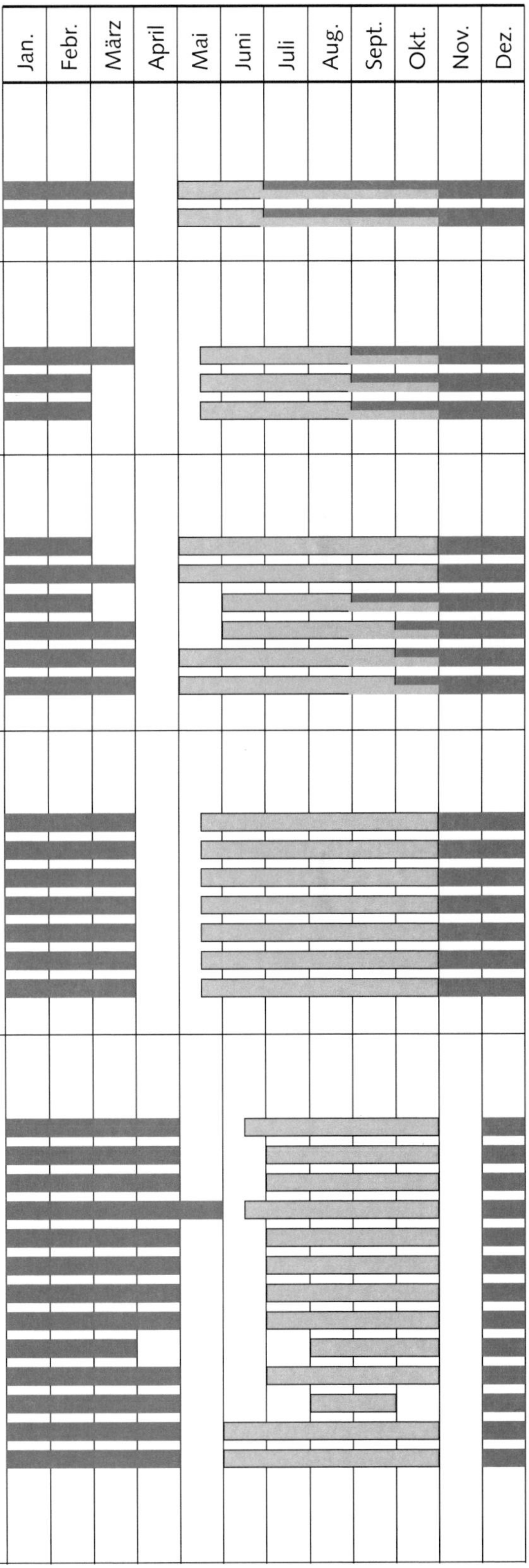

Ab Juli vermehren

Pelargonium Cultivars Zonale Grp.
Pelargonium peltatum

Ab September vermehren

Fuchsia Cultivars in Sorten
Lycianthes rantonnetii
Senna-Arten

Ab Oktober vermehren

Asteriscus maritimus
Bidens ferulifolia
Convolvulus sabatius
Dianthus caryophyllus
Lamium maculatum
Mentha suaveolens

Ab November vermehren

Ageratum houstonianum
Anagallis monellii
Brachyscome multifida
Centradenia floribunda
Glechoma hederacea
Osteospermum ecklonis
Sanvitalia speciosa 'Aztekengold'

Ab Dezember vermehren

Begonia foliosa
Euryops abrotanifolius
Helichrysum petiolare
Impatiens walleriana, gefüllte Sorten
Lantana camara
Lantana montevidensis
Pilea microphylla
Pilea serpyllacea
Plectranthus caninus
Plectranthus forsteri 'Marginatus'
Salvia involucrata
Santolina chamaecyparissus
Verbena tenera

	Jan.	Febr.	März	April	Mai	Juni	Juli	Aug.	Sept.	Okt.	Nov.	Dez.
Ab Januar vermehren												
Abutilon × hybridum												
Abutilon megapotamicum (ganzjährig)												
Abutilon pictum												
Anagallis tenella												
Anisodontea capensis												
Argyranthemum frutescens												
Begonia sutherlandii												
Browallia speciosa												
Calceolaria integrifolia												
Cuphea cyanea												
Cuphea ignea												
Cuphea llavea var. llavea												
Echeveria elegans (ganzjährig)												
Fuchsia fulgens												
Gazania rigens												
Iresine herbstii												
Iresine lindenii												
Leonotis leonurus												
Leucophyta brownii												
Mandevilla × amabilis												
Mandevilla sanderi												
Monarda Cultivars												
Nerium oleander (ganzjährig)												
Plumbago auriculata (ganzjährig)												
Senna corymbosa var. plurijuga (ganzjährig)												
Senna didymobotrya (ganzjährig)												
Solanum jasminoides (ganzjährig)												
Tibouchina urvilleana (ganzjährig)												
Ab Februar vermehren												
Alternanthera ficoidea												
Brugmansia-Arten												
Canna indica (teilen)												
Dahlia × hortensis (Stecklinge)												
Dahlia pinnata												
Dorotheanthus bellidiformis												
Felicia amelloides												
Heliotropium arborescens												
Impatiens Neuguinea Grp.												
Ab März vermehren												
Erythrina crista-galli												
Solenostemon scutellarioides												
Ab April vermehren												
Gladiolus Cultivars (Brutknollen)												
Lobelia cardinalis (teilen)												
Lobelia × gerardii (teilen)												
Lobelia × speciosa (teilen)												

Samenbedarf, Temperatur und Keimzeit

Pflanzenart	Samenbedarf für 1 000 Pfl.	Optimale Temperatur in °C	Keimzeit in Tagen	Topfgröße in cm	Anzucht in Monaten
Abelmoschus manihot	25 g	15 bis 18	10 bis 14	9/10	3 bis 4
Abutilon × hybridum	10 g	18 bis 21	14 bis 20	9/10	4 bis 5
Abutilon megapotamicum	Stecklinge	22 bis 25	–	9/10	5 bis 10
Abutilon pictum	Stecklinge	18 bis 21	–	8/9	3 bis 5
Acmella oleraceae	½ g	18	10 bis 14	8	2 bis 3
Acroclinium roseum	10 g	18	15 bis 20	–	2 bis 3
Agastache mexicana	2 g	18 bis 20	15 bis 18	9/10	2 bis 3
Ageratum houstonianum	½ g	20	8 bis 10	8	3 bis 5
Ajania pacifica	Stecklinge	18 bis 20	–	8/9	3 bis 5
Alcea rosea	30 g	18	20 bis 25	10/12	2 bis 3
Alternanthera ficoidea	Stecklinge	14 bis 15	–	7	2 bis 3
Amaranthus caudadus	2 g	15 bis 18	14 bis 20	8/9	2 bis 4
Amaranthus cruentus	2 g	15 bis 18	14 bis 20	8/9	2 bis 4
Amaranthus tricolor	2 g	15 bis 18	14 bis 20	9/10	3 bis 4
Ammi visnaga	5 g	15 bis 18	14 bis 20	8/9	2 bis 3
Ammobium alatum	1 g	18	8 bis 14	9/10	2 bis 3
Anagallis monellii	1 g	18 bis 20	18 bis 21	10/12	3 bis 4
Anagallis tenella	Stecklinge	16 bis 18	–	9/10	2 bis 3
Anchusa capensis	5 g	16 bis 18	14	9/10	4 bis 5
Anisodontea capensis	Stecklinge	18	–	10/14	3 bis 5
Antirrhinum majus	½ bis 1 g	15 bis 18	20	6/7	3 bis 4
Argyranthemum frutescens	Stecklinge	15 bis 18	–	9/11	3 bis 5
Asteriscus maritimus	Stecklinge	15 bis 18	–	8/10	3 bis 5
Bassia scoparia	5 g	18	8 bis 15	8/9	2 bis 3
Begonia Cultivars Semperflorens Grp.	2000 K.	22 bis 24	14	7/8	4 bis 5
Begonia Cultivars Tuberhybrida Grp.	1250 K.	23 bis 25	14 bis 20	9/11	4 bis 6
Begonia foliosa var. miniata	Stecklinge	18	–	8/9	4 bis 6
Bellis perennis	½ bis 1 g	18	14 bis 20	8	3 bis 4
Bidens ferulifolia	Stecklinge	18	–	8/10	3 bis 4
Brachyscome iberidifolia	1 bis 2 g	18 bis 20	15 bis 25	8/9	3 bis 4
Brachscome multifida	1 bis 2 g	20 bis 22	7 bis 14	8/9	3 bis 4
Brassica oleracea var. acephala	10 g	15	8	15	4 bis 5
Brassica oleracea var. sabellica	10 g	15	8	15	4 bis 5
Browallia speciosa	1 g	18 bis 20	29 bis 25	8/10	4 bis 5
Brugmansia × candida	Stecklinge	20 bis 22	–	9/15	4 bis 5
Brugmansia suaveolens	Stecklinge	20 bis 22	–	9/15	5 bis 7
Calceolaria integrifolia	⅛ g	18	15 bis 20	9/10	5 bis 7
Calendula officinalis	15 g	14 bis 16	12	8/9	2 bis 4
Calibrachoa in Sorten	Stecklinge	Lizenz	–	8/9	3 bis 4
Callistephus chinensis	3 bis 5 g	15	8 bis 14	6/7	2
Campanula medium	1 500 K.	20	14	8/9	2 bis 3
Canna Cultivars 'Tropicana'	Teilen	18 bis 20	–	13/14	3 bis 4
Canna indica	Teilen	15 bis 18	–	13/14	2 bis 3
Carthamus inctorius	70 g	15 bis 18	–	8/9	2 bis 3
Celosia argentea Cristata Grp.	2 g	18	8 bis 14	10/11	2 bis 4
Celosia argentea Plumosa Grp.	2 g	18	8 bis 14	8/9	2 bis 4
Celosia argentea Spicata Grp.	Stecklinge	15 bis 18	–	8/9	2 bis 3

Pflanzenart	Samenbedarf für 1 000 Pfl.	Optimale Temperatur in °C	Keimzeit in Tagen	Topfgröße in cm	Anzucht in Monaten
Centaurea cyanus	10 g	15	14 bis 20	7/8	1 bis 2
Centradenia floribunda	Stecklinge	15 bis 18	–	10/12	3 bis 5
Clarkia amoena	5 g	15	8 bis 14	7/8	2 bis 3
Cleome hassleriana	5 g	18 bis 20	14 bis 20	8/9	2 bis 3
Cobaea scandens (Töpfe)	120 g	18 bis 20	14 bis 20	10/12	2 bis 3
Coleostephus multicaulis	5 g	15	14	8/10	2 bis 5
Consolida ajacis	5 g	10	18 bis 25	7/8	2 bis 3
Convolvulus sabatius	Stecklinge	15 bis 18	–	8/10	3 bis 5
Convolvulus tricolor (Töpfe)	40 g	15 bis 18	14 bis 20	7/8	3 bis 4
Cordyline indivisa	50 g	18 bis 20	30 bis 40	7/12	5 bis 6
Coreopsis grandiflora	5 g	15	15 bis 20	8/10	3 bis 4
Cosmos bipinnatus	10 g	18	14 bis 20	7/8	2 bis 3
Cosmos sulphureus	20 g	18	14 bis 20	7/8	2 bis 3
Craspedia globosa	1 500 K.	15 bis 18	14 bis 20	8/9	3 bis 4
Cuphea cyanea	Stecklinge	18 bis 20	–	9	2 bis 3
Cuphea ignea	5 g	16 bis 18	8 bis 15	7/8	2 bis 3
Cuphea llavea var. llavea	Stecklinge	18 bis 20	–	9	2 bis 3
Dahlia × hortensis	25 g	18 bis 20	14 bis 20	8/11	2 bis 3
Dahlia pinnata	Stecklinge	15 bis 18	–	8/11	3 bis 4
Dianthus barbatus	2½ g	15	8 bis 14	8/9	2 bis 3
Dianthus caryophyllus	3 bis 5 g	18	8 bis 14	8/9	3 bis 5
Dianthus chinensis	2 g	15	8 bis 14	8/10	3 bis 4
Digitalis purpurea	¼ g	15	14	8/9	2 bis 3
Dimorphotheca pluvialis	5 g	15	8 bis 14	7/8	2 bis 3
Dimorphotheca sinuata	5 g	15	8 bis 14	7/8	2 bis 3
Dorotheanthus bellidiformis	4 g	18	14	6/7	2 bis 3
Eccremocarpus scaber	19 g	18	14	10	3 bis 4
Echeveria elegans	⅛ g	20 bis 22	20 bis 30	8	8 bis 8
Ensete ventricosum	3 kg	20 bis 25	50 bis 60	15/20	8 bis 12
Erigeron karvinskianus	1 400 K.	15 bis 18	7 bis 10	8	3 bis 4
Erysimum × allionii	4 g	15	14	8	3 bis 4
Erysimum cheiri	5 g	18	8 bis 15	8/9	3 bis 4
Erythrina crista-galli	1½ kg	20 bis 22	–	12/15	6 bis 12
Eschscholzia californica	5 g	15	8 bis 14	7/8	2 bis 3
Eucalyptus globulus	2½ g	20	–	10/12	4 bis 6
Euphorbia marginata	25 g	18	8 bis 14	8/9	2 bis 3
Euryops abrotanifolius	Stecklinge	15 bis 18	–	9/10	3 bis 6
Felicia amelloides	Stecklinge	12 bis 15	–	8/11	3 bis 4
Fuchsia Cultivars in Sorten	Stecklinge	18 bis 20	–	11/12	6 bis 8
Fuchsia fulgens	Stecklinge	18 bis 20	–	8/9	3 bis 5
Gaillardia pulchella	3 g	15 bis 18	–	8	3 bis 5
Gazania rigens var. rigens	5 g	20	14 bis 20	8/9	4 bis 5
Gladiolus Cultivars	Brutknollen	12 bis 15	–	–	8 bis 12
Glechoma hederacea	Stecklinge	15	–	8/9	2 bis 3
Gomphrena globosa	15 g	18	14	8/9	2 bis 3
Gomphrena haageana	5 bis 10	18	14	8/9	2 bis 3
Helianthus annuus	100 g	15	8 bis 14	8/10	1 bis 2
Helichrysum bracteatum	3 bis 5 g	18	14 bis 20	7/8	1 bis 2
Helichrysum petiolare	Stecklinge	16 bis 18	–	7/8	3 bis 5
Heliotropium arborenscens	10 g	16 bis 18	14 bis 20	9/10	3 bis 4
Hymenostemma paludosum	2 g	15	14	7/8	3 bis 4
Iberis umbellata	3 g	18	14 bis 20	8	3 bis 4
Impatiens balsamina	20 g	15	8 bis 15	8/9	3 bis 4

Pflanzenart	Samenbedarf für 1 000 Pfl.	Optimale Temperatur in °C	Keimzeit in Tagen	Topfgröße in cm	Anzucht in Monaten
Impatiens Cultivars Neuguinea Grp.	Stecklinge	20	–	9/12	3 bis 4
Impatiens walleriana	1 g	18 bis 20	14 bis 20	8/9	3 bis 4
Ipomoea batatas	Stecklinge	18 bis 20	–	9	1 bis 2
Ipomoea hederacea	Stecklinge	16 bis 18	–	12/14	3 bis 4
Ipomoea lobata	20 g	18	14 bis 20	9/10	2 bis 3
Ipomoea tricolor (Töpfe)	100 g	20	14	8/9	2 bis 3
Iresine herbstii	Stecklinge	16	–	8/9	3 bis 5
Iresine lindenii	Stecklinge	16	–	8/9	3 bis 5
Ismelia carinata	10 g	15	8 bis 14	8	1 bis 2
Lablab purpureus	30 g	18	10 bis 14	12/14	3
Lamium maculatum	Stecklinge	15 bis 18	–	8/9	3 bis 4
Lantana camara	Stecklinge	18 bis 20	–	9/12	4 bis 6
Lantana montevidensis	Stecklinge	18 bis 20	–	9/12	4 bis 6
Lathyrus odoratus (Töpfe)	500 g	15	14	8	2 bis 3
Laurentia axillaris	5 000 K.	18 bis 20	14 bis 20	3/5 pro 9	4 bis 5
Lavatera trimestris	15 g	18	14 bis 20	8/9	2 bis 3
Leonotis leonurus	Stecklinge	18 bis 20	–	9/10	3 bis 5
Leucophyta brownii	Stecklinge	29	–	8/9	3 bis 5
Limonium sinuatum	10 bis 15 g	18	8 bis 15	7/8	2 bis 3
Linaria maroccana	2 500 K.	18	14 bis 20	3 pro 7/8	2 bis 3
Linum grandiflorum	10 g	15	14	7/8	2
Lobelia cardinalis	⅒ g	18	8 bis 15	7/8	4 bis 5
Lobelia erinus (Büschel)	½ g	18	8 bis 15	7/8	3 bis 4
Lobelia × gerardii	⅛ g	18	8 bis 15	8/9	4 bis 5
Lobelia × speciosa	2000 K.	18	14 bis 20	8/9	4 bis 5
Lobelia tenulor (Büschel)	⅛ g	18	8 bis 15	7/8	3 bis 4
Lobularia maritima (Töpfe)	5 g	15 bis 18	8 bis 10	7/8	2 bis 3
Lonas annua	1 g	18	8 bis 15	7/8	2 bis 3
Lophospermum purpusii	10 Portionen	18	14	10	3 bis 4
Lunaria annua	50 g	15	15 bis 20	7/8	2
Lycianthes rantonnetii	Stecklinge	18	–	10/14	4 bis 8
Lysimachia congestiflora	Stecklinge	15 bis 18	–	8/10	4 bis 6
Mandevilla × amabilis	Stecklinge	18	–	10	4 bis 6
Mandevilla sanderi	Stecklinge	18	–	9	4 bis 6
Matthiola incana (für gefüllte Blüten)	10 g	18 bis 20	15	7/8	3 bis 4
Melampodium paludosum	10 g	18 bis 20	15	8/9	3 bis 4
Mentha suaveolens	Stecklinge	15 bis 18	–	8/9	3
Mimulus × hybridus	½ g	12	8 bis 15	7/8	2 bis 3
Mirabilis jalapa	150 g	15 bis 18	5 bis 8	8	2 bis 3
Moluccella laevis	15 g	12 bis 15	14 bis 30	9/10	3 bis 4
Monarda Cultivars	Stecklinge	18 bis 20	–	9/10	3 bis 4
Myosotis sylvatica	2 g	12 bis 14	15 bis 20	8/9	3 bis 4
Nemesia strumosa	1 g	12 bis 15	15 bis 20	8/9	2 bis 3
Nerium oleander	Stecklinge	10 bis 20	–	12/18	5 bis 10
Nicotiana × sanderae	¼ g	18 bis 20	15 bis 20	9/10	3 bis 4
Nicotiana sylvestris	¼ g	18 bis 20	15 bis 20	9/10	3 bis 4
Niierembergia hippomanica	1 500 K.	18	8 bis 12	8/9	3 bis 4
Nigella damascena	5 g	15 bis 18	8 bis 15	8/9	2
Nigella hispanica	5 bis 10 g	18	8 bis 15	8/9	2
Osteospermum ecklonis	Stecklinge	15 bis 18	–	9/10	2 bis 3

Pflanzenart	Samenbedarf für 1 000 Pfl.	Optimale Temperatur in °C	Keimzeit in Tagen	Topfgröße in cm	Anzucht in Monaten
Pelargonium Cultivars	Stecklinge	18 bis 20	–	11/12	3 bis 9
Zonale Grp. (Samen)	4 g	20 bis 21	8 bis 10	11/12	4 bis 5
Pelargonium peltatum	Stecklinge	18 bis 20	–	11/12	3 bis 9
Pennisetum setaceum	10 g	15 bis 18	10 bis 15	7/8	2 bis 3
Penstemon gentianoides	2 g	18 bis 20	15 bis 20	8	3 bis 4
Perilla frutescens	3 g	15	15 bis 20	8/9	2 bis 3
Persicaria capitata	2 g	18	8 bis 15	8	3 bis
Petunia × atkinsiana	¼ g	18	15 bis 20	8/9	3 bis 4
Petunia × atkinsiana 'Surfinia'	Stecklinge	Lizenz	–	9/10	3 bis 4
Phaseolus coccineus	1 200 K.	18 bis 20	10 bis 15	9/10	2
Phlox drummondii	5 g	16 bis 18	8 bis 15	7/9	2
Pilea microphylla	Stecklinge	15 bis 18	–	7/8	3 bis 5
Pilea serpyllacea	Stecklinge	15 bis 18	–	7/8	3 bis 5
Plectranthus caninus	Stecklinge	18	–	8/9	2 bis 4
Plectranthus forsteri 'Marginatus'	Stecklinge	18	–	8/9	3 bis 4
Plumbago auriculata	Stecklinge	18	–	10/12	4 bis 10
Portulaca grandiflora (Töpfe)	1 g	18	8 bis 15	6/7	2 bis 3
Reseda odorata	2 g	15 bis 18	15 bis 20	7/8	2 bis 3
Rhodochiton atrosanguineus	½ g	16 bis 18	10 bis 14	8/9	3 bis 4
Ricinus communis	1 kg	20	15 bis 20	10/12	2 bis 3
Rudbeckia hirta	2 g	16	15 bis 20	8	2 bis 3
Salpiglossis sinuata	1 g	18	7 bis 14	8	2 bis 3
Salvia coccinea	10 g	18	7 bis 14	8	2 bis 3
Salvia farinacea	5 g	18	14 bis 20	8	3
Salvia involucrata	Stecklinge	18 bis 20	–	10/12	3 bis 6
Slavia patens	15 g	18	14 bis 20	8/9	3 bis 4
Salvia splendens	10 g	22	8 bis 15	9/10	3 bis 4
Salvia viridis	10 g	18	8 bis 20	8	2 bis 3
Santolina chamaecyparissus	2 g	15	15 bis 20	7/8	3 bis 4
Sanvitalia procumbens (Töpfe)	5 g	18	8 bis 15	7/8	2 bis 3
Sanvitalia speciosa 'Aztekengold'	Stecklinge	18	–	7/8	2 bis 3
Scabiosa atropurpurea	30 g	15	15 bis 20	8	2
Scaevola saligna	Stecklinge	15 bis 18	–	9/10	3 bis 5
Schizanthus × wisentonensis	1 g	15	15 bis 20	8/9	2 bis 3
Senecio cineraria	2 g	16 bis 18	8 bis 15	7/8	3 bis 4
Senna corymbosa var. plurijuga	Stecklinge	15 bis 18	–	12/15	5 bis 8
Senna didymobotrya	Stecklinge	15 bis 18	–	14/18	5 bis 8
Solanum jasminoides	Stecklinge	18	–	10/12	4 bis 8
Solenostemon scutellarioides	½ g	20 bis 22	14 bis 20	8/11	3 bis 5
Sutera grandiflora	Stecklinge	18	–	8/9	3 bis 5
Tagetes erecta	8 bis 10 g	4 bis 8	8 bis 15	8/9	2 bis 3
Tagetes patula	6 g	18	8 bis 15	7/8	3 bis 4
Tagetes tenuifolia	3 bis 5 g	18	8 bis 15	7/8	3
Tanacetum parthenium	2 g	12 bis 15	10 bis 14	8/9	3 bis 4
Tanacetum ptarmiciflorum	2 g	16 bis 20	14	7/8	3 bis 4
Thunbergia alata (Töpfe)	50 g	18	15 bis 20	9/10	3 bis 4
Thymophylla tenuiloba	–	18 bis 20	8 bis 15	8/9	3 bis 4
Tibouchina urvilleana	Stecklinge	18 bis 22	–	12/15	5 bis 10

Pflanzenart	Samenbedarf für 1 000 Pfl.	Optimale Temperatur in °C	Keimzeit in Tagen	Topfgröße in cm	Anzucht in Monaten
Tithonia rotundifolia	25 g	18	8 bis 15	8/10	2 bis 3
Trachelium caeruleum	¼ g	20	15 bis 20	9/10	4 bis 8
Trachymene coerulea	10 g	18 bis 20	15 bis 20	9/10	3 bis 4
Tropaeolum majus (Töpfe)	200 g	15	15 bis 20	8	1 bis 2
Tropaeolum peregrinum	250 g	15	15 bis 20	8	1 bis 2
Verbena bonariensis	5 g	18 bis 20	20 bis 25	8/9	4 bis 5
Verbena canadensis	10 g	18 bis 20	20 bis 25	8	3 bis 4
Verbena Cultivars in Sorten	20 g	18 bis 20	20 bis 30	7/8	3 bis 4
Verbena rigida	5 g	18 bis 20	20 bis 25	8	3 bis 4
Verbena tenara	Stecklinge	18 bis 20	–	8	3 bis 6
Viola cornuta	1 250 K.	15 bis 18	15 bis 20	8	4 bis 9
Viola × wittrockiana	3 bis 5 g	15	15 bis 20	8	4 bis 9
Xanthophthalum segetum	10 g	15	14	7/8	3 bis 4
Xeranthemum annuum	5 g	15	8 bis 15	7/8	1 bis 2
Zinnia angustifolia	5 g	18 bis 20	8 bis 15	7/8	1 bis 2
Zinnia elegans	10 bis 15 g	20 bis 22	8 bis 15	8	1 bis 1_
Zinnia haageana	5 g	18 bis 20	8 bis 15	7/8	1 bis 2

Eigene Ergänzungen:

Platzbedarf für Gruppenpflanzen

Abstände nach dem Ein- oder Umpflanzen

Topfgröße	Pflanzen pro m²	Platzbedarf für 1000 Pflanzen	
	Topf an Topf	Topf an an Topf	mit Zwischenraum
6 cm	200	5,0 m²	7,0 m²
7 cm	150	7,0 m²	9,0 m²
8 cm	120	8,5 m²	11,0 m²
9 cm	100	10,0 m²	14,0 m²
10 cm	85	11,5 m²	16,0 m²
11 cm	70	14,0 m²	18,0 m²
12 cm	50	20,0 m²	23,0 m²
13 cm	45	22,0 m²	28,0 m²
14 cm	36	33,0 m²	43,0 m²

Erdbedarf beim Umpflanzen

aus Topfgröße	in Topfgröße	m³ Erdsubstrat für 1000 Töpfe	Schubkarren zu 60 l
7 cm	9 cm	0,18	3
7 cm	10 cm	0,36	6
7 cm	12 cm	0,78	13
8 cm	10 cm	0,3	5
8 cm	12 cm	0,7	12
8 cm	13 cm	0,8	14
9 cm	11 cm	0,4	7
9 cm	12 cm	0,6	10
9 cm	13 cm	0,7	12
10 cm	12 cm	0,4	7
10 cm	14 cm	0,7	12
12 cm	15 cm	0,8	14
12 cm	18 cm	1,5	25

Schematischer Kulturplan für 1000 Petunia-Pflanzen

mit Angaben über wichtige Kulturarbeiten und Platzbedarf

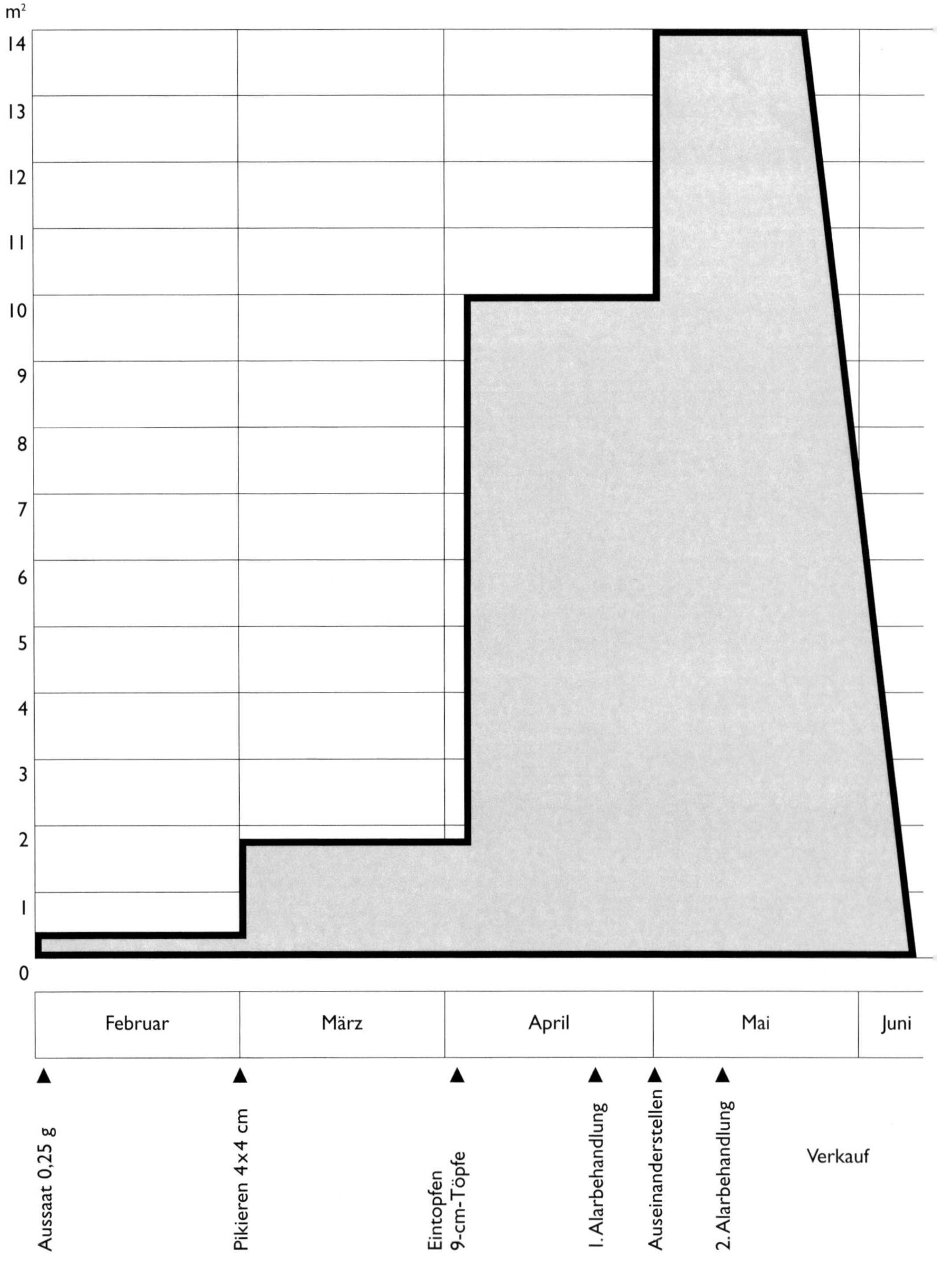

Arbeitsblatt: Balkonschmuck

Ziel: Farbenfroher Balkon
Aufgabe: Möglichkeiten aufzeigen für harmonierende Farben! Selbst ausfärben!

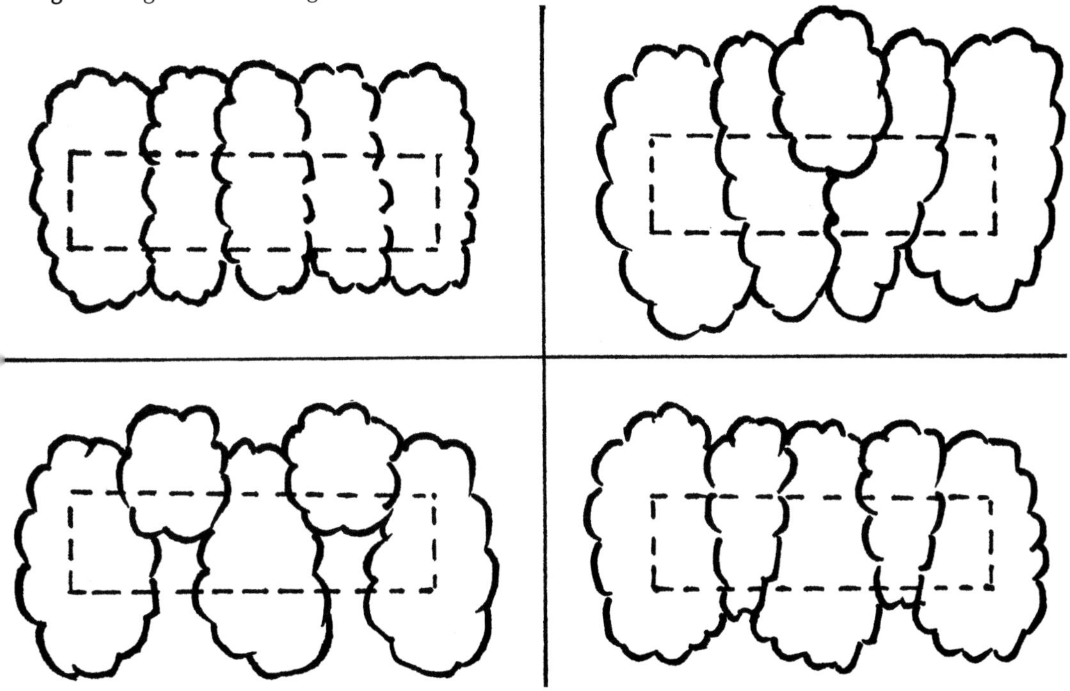

Ziel: Rhythmische Anordnung auf dem Balkon
Aufgabe: Verteilung der Kisten für optimale Wirkung. Selbst ausfärben!

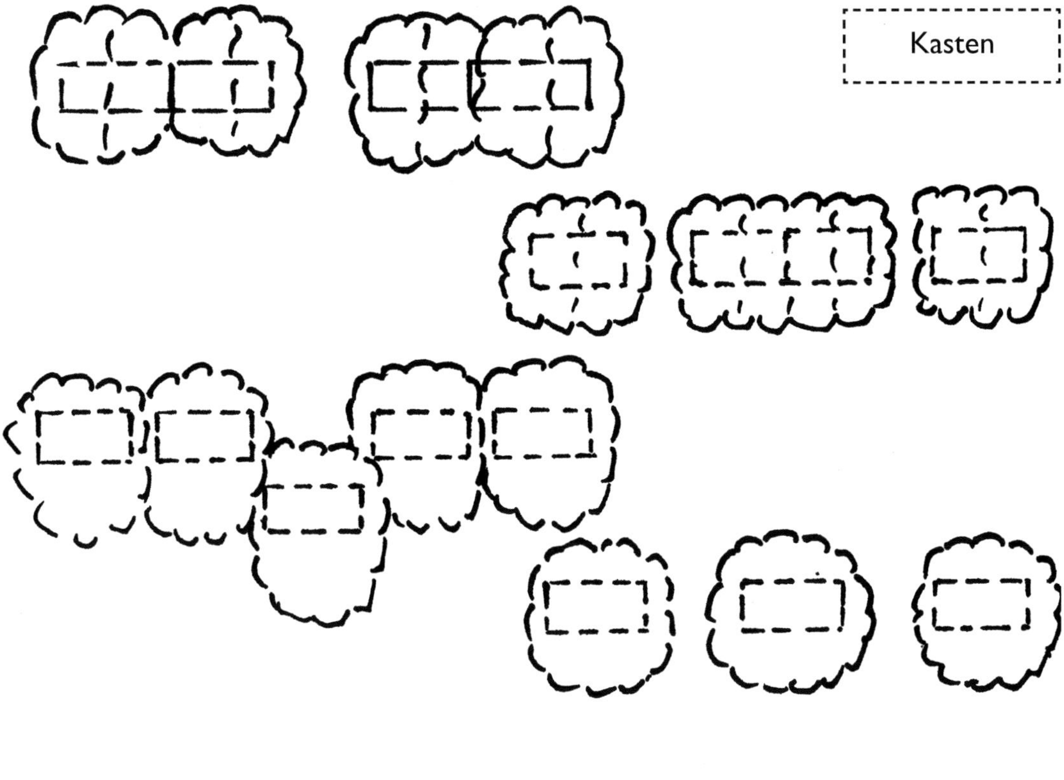

Pflanzabstände

Es ist schwierig, klare Pflanzabstände für Sommerflor-Arten zu definieren, denn innerhalb einer Art gibt es oft auch viele Sorten mit sehr unterschiedlichem Wuchscharakter. Beispiele: Breit kompakt, starkwüchsig, schlank wachsend, klein- oder großblätterig und anderes mehr. Als wichtige Grundregel für optimale Pflanzabstände gilt aber, dass man eingehende Sortenkenntnisse besitzt und dabei die volle Endentwicklung einer bestimmten Sorte kennt. Diese Pflanzengröße dient als Maßstab: **Der Durchmesser ist gleich wie der zu wählende Pflanzabstand.**
Zu weite Abstände bewirken eine gewisse Leere in der Pflanzung und zu enge Abstände lassen die Pflanzen oft über Gebühr in die Höhe schießen. Bei langer, nasser Witterung kommt es dabei gerne zu Fäulnisherden in den Pflanzen. Vorteilhaft ist dabei die Dreieckspflanzung, so erhalten alle Pflanzen gegenseitig den gleichen Abstand und leere Zwischenräume werden vermieden.
Als Norm gilt für mittelstark wachsende Arten, wie zum Beispiel Begonien der Semperflorens Grp., Bellis perennis, Myosotis sylvestris und Viola × wittrockiana, ein Abstand von **17,5 × 17,5 cm = 32 pro m²**.
Bei mittelgroßen Pflanzenarten wie Calceolaria integrifolia, Callistephus chinensis, Senecio cineraria, Tagets patula, Zinnia elegans und Ähnlichen wählt man einen Abstand von **20 × 20 cm = 25 pro m²**.
Starke Sommerblumenarten wie Cleome hassleriana, Tagetes erecta, Tithonia rotundifolia und Ähnlichen gilt die Regel **30 × 30 cm = 11 pro m²**.

Beobachtungen aus der Praxis sind maßgebend für optimale Abstände.

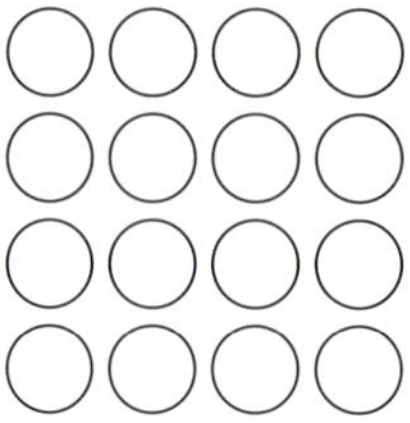

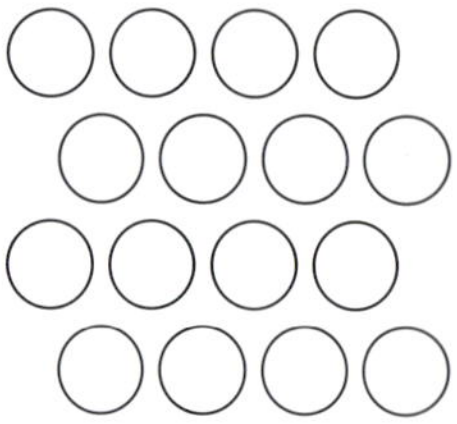

▽ 272a Frisch gepflanzte Rondelle

Arbeitsblatt: Farbenfrohe Rabatten

Bitte selbst ausfärben!

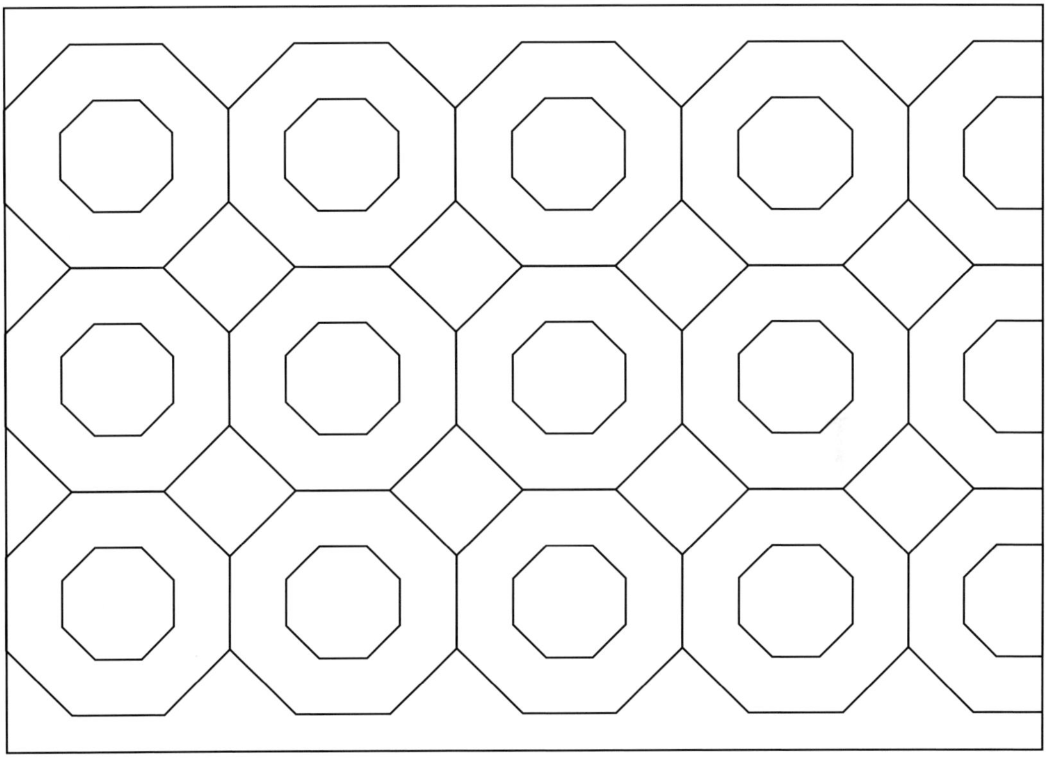

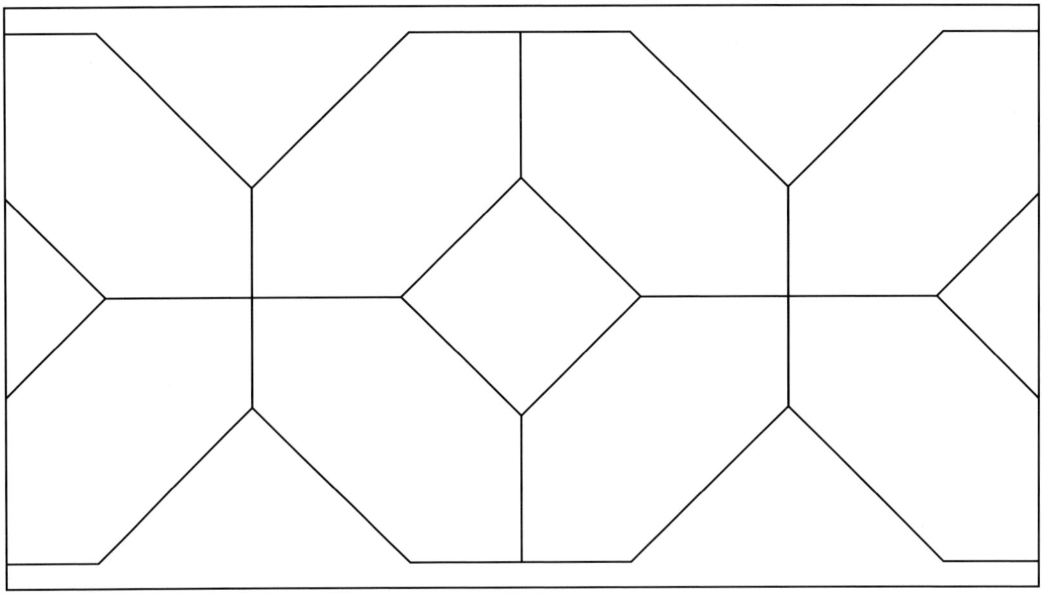

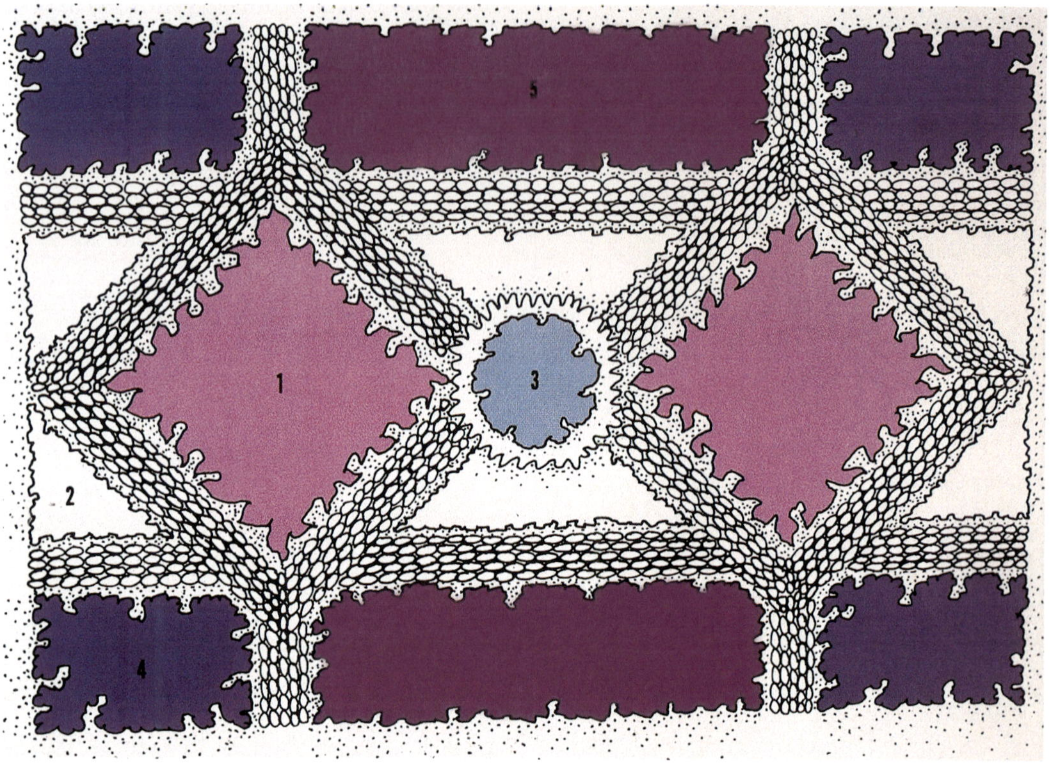

△ 274a
▽ 274b Beispiele für Sommerblumenrabatten aus den USA

△ 275a
▽ 275b Beispiele für Sommerblumenrabatten aus den USA

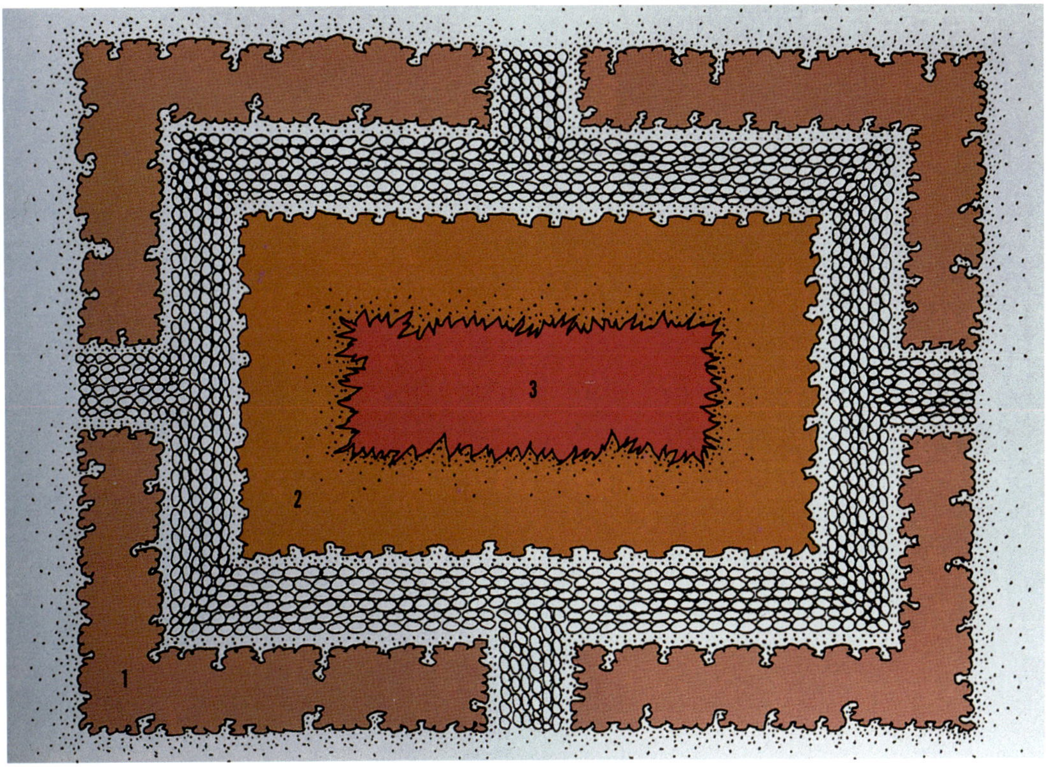

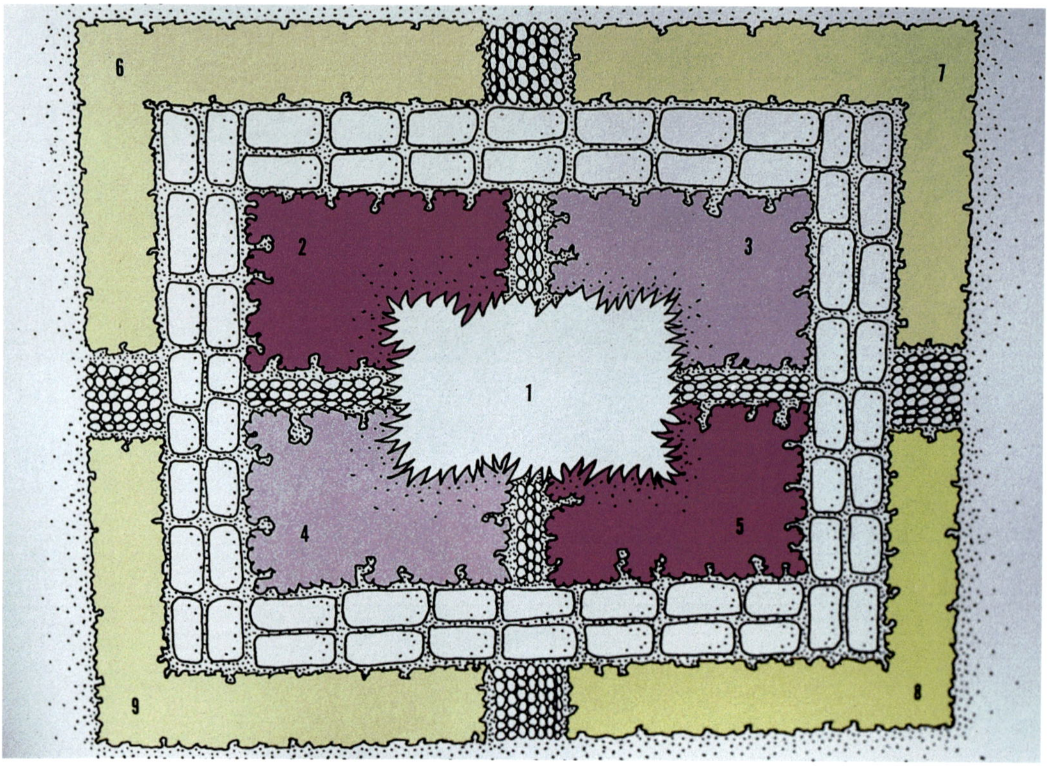

△ 276a
▽ 276b Beispiele für Sommerblumenrabatten aus den USA

Pflanzenregister deutsch–botanisch

Sommerblumen

„Herbstzauber"

Bildquellen

Marianne Fuchs, Gartenbaufachlehrerin, Willisau: 140 a, 156 c
Reinhard Tierfoto, Heiligkreuzsteinach: Großes Umschlagfoto
Edwin Rohrer, Florist, Bellach: 78 b
Fritz Wiedmer, Samen-Fachmann, Bellach †: 13 a, b, c, d, e, f, g, 14 a, b, c, d, e, f, g, h, 60 d, 70 a, 76 b, 79 b, 91 b, 145 b, 190 f, 196 c, 206 a, 219 b, 225 a, b, 228 b
Wyss, Samen und Pflanzen AG, Zuchwil: 12 a
Alle anderen, hier nicht einzeln aufgeführten Bilder stammen vom Verfasser Moritz Bürki, Langendorf (CH)

Literaturnachweis

Aus den nachfolgenden Werken wurden sachdienliche Informationen verwendet:

Altorfer Samen AG
Hauptkatalog 1988/89
Zürich

Baumann, Albert
Neues Planen und Gestalten
Fischer-Verlag, 1953 (CH)

Benary
Blumensamen, Sorten- und Kulturratgeber
Deutschland, 1984

Dittmar Samen
Katalog 1988/89
Subingen (CH)

Enzyklopädie der Garten- und Zimmerpflanzen
Mosaik-Verlag 1990 (D)

Erhardt/Götz/Bödecker/Seybold
Zander Handwörterbuch 2000 und 2002
Ulmer-Verlag, 16. + 17. Auflage

Fleuroselect Holland
Broschüre

Ganslmeier, Hans
Beet- und Balkonpflanzen
Ulmer-Verlag

Graf, A. B.
Exotica 3
USA, 1963

Herbel, Dieter
Sommerblumen
Ulmer-Verlag, 1992

Herr, Erna/Menzel, Peter
Trockenblumen
Ulmer-Verlag, 1986

Jacobi, Karlheinz
Pflanzen am Haus
BLV-Verlag, 1975 (D)

Kienzler-Kollektion 2002
Beet- und Balkonpflanzen (D)

Kienzler-Jungpflanzen Gensingen (D)
Herbstzauber – Herbst/Winter-Kollektion 2002

Köhlein, Fritz
Das große Ulmerbuch der Gartenpflanzen
Ulmer-Verlag, 2000

Mauser AG
Hauptkatalog 1994/1999
Winterthur (CH)

Murray, E./Fell, D.
Essential Annuals Crescent Books
New York, 1989 (USA)

Novartis Samen- und Pflanzenkatalog 1989 (CH)
Pareys-Blumengärtnerei
Parey-Verlag, 1931
Neuauflage in 2 Bänden 1958–1961

Sprunger/Wyler
Trockenblumen für die Floristik
Ulmer-Verlag, 1992

Teicher, Gustav KG
Blumensamentabelle (D)

Versuchsgarten 2000, Neuheiten- und Anbauliste
Wyss Samen und Pflanzen AG, 4528 Zuchwil/Solothurn (CH)

Wyss Samen und Pflanzen AG
Kataloge 2002

Wyss Samen und Pflanzen AG
Blumensamentabellen

Weitere Titel aus dieser Reihe:

Pflanzenschutz an Zier- und Nutzpflanzen. M. Bürki, B. Frutschi, W. Schloz. 4. Aufl. 2003. Etwa 320 Seiten, 700 Farbf., 10 Zeichn., 15 Tab. ISBN 3-8001-4286-4.
Ganz auf die gärtnerische Praxis abgestellt, gibt dieses in seiner Art einmalige Buch einen vollständigen Überblick über Krankheiten und Schädlinge an Zier- und Nutzpflanzen. 703 charakteristische Farbbilder ermöglichen die zielsichere Diagnose der Krankheitserreger unnd der durch sie verursachten Schadbilder:
Als verlässliche Arbeitsgrundlage zum sicheren Erkennen und sachgemäßen Behandeln von Pflanzschäden leistet es einen wertvollen Beitrag zur Umsetzung eines umweltgerechten Pflanzenschutzes. Das optimale Buch für alle Gärtner in Ausbildung und Praxis!

Schnittblumen. Schnittgrün, Fruchtzweige, Trockenmaterialien. M. Bürki, P. Fleischli. 4. Auflage 2001. 320 Seiten, 706 Farbbildungen. ISBN 3-87815-149-7.
Dieses Buch stellt das aktuelle Sortiment bei Schnittblumen, Fruchtzweigen und Schnittgrün-Arten in einem kurz gehaltenen Steckbrief und mit einem arttypischen Farbbild vor. Neben botanischem Grundwissen und zahlreichen Tipps zur Schnittblumenbehandlung enthält das Buch mehr als 483 Pflanzenbeschreibungen.

Bildatlas Topfpflanzen für Zimmer und Balkon. Steckbriefe und Tabellen von A - Z. M. Bürki, M. Fuchs. 3., völlig neu bearb. und erw. Aufl. 2002. 350 S., 671 Farbf., 15 Zeichn. ISBN 3-8001-1219-1.
Dieses von Fachgeschäften und Berufsfachschulen seit langem mit Erfolg eingesetzte Buch umfasst die ganze Palette der Topf- und Zimmerpflanzen, die heute in Gärtnereien und Floristik-Fachgeschäften angeboten werden.
Wer die übersichtliche und schnelle Information sucht, ist mit diesem steckbriefartigen, üppig bebilderten Nachschlagewerk gut beraten. Einleitende Texte zur Herkunft, Pflege und Vermehrung sowie ein Anhang mit Tabellen und Register der Pflanzenfamilien und der deutschen Pflanzennamen runden dieses Werk ab.

Blütenstauden für Zier- und Steingärten. Steckbriefe und Tabellen von A bis Z. M. Bürki, R. Klee, D. Tommasini. 1997. 201 Seiten, 389 Farbfotos. ISBN 3-87815-102-0.
Vermehrung, Anzucht und Pflege werden in diesem Buch ebenso wie die Wuchs- und Blüteeigenschaften aufgezeigt.

Bäume und Sträucher in Ziergärten und Parkanlagen. Steckbriefe und Tabellen von A bis Z. M. Bürki, F. Jakob, D. Tommasini. 2002. 320 S., 671 Farbf., 15 Zeichn. ISBN 3-8001-3889-1.

Hier erfahren Sie noch mehr:

Der Gärtner - Grundwissen für Gärtner.
M. Degen, K. Schrader. 2002. 368 Seiten, 110 Tabellen, 373 Farbfotos und -zeichnungen. ISBN 3-8001-1188-8.
Die Grundausbildung des jungen Gärtners ist für alle Auszubildenden gleich – es muss das Basiswissen vermittelt werden, welches später in der Fachspartenausbildung dringend benötigt und vorausgesetzt wird. Das Buch erarbeitet dieses Grundwissen in besonders übersichtlicher, prägnanter und anschaulicher Form. Alle wichtigen Themen werden abgehandelt, wobei auf Nebensächliches weitgehend verzichtet wird. Die neuen Lehrpläne und Richtlinien erfordern eine ständige Anpassung der Schulbücher in allen Bereichen. Aus diesem Grund wurde der Gärtner 1 völlig neu konzipiert und erscheint nun mit neuen Autoren in neuer Aufmachung und in schülergerechter Form. Wer tiefer einsteigen will, findet im bewährten „Sachweh, Grundlagen des Gartenbaues“ vertiefendes Wissen bis zur Meisterprüfung.

Aus dem Inhalt:
✗ Pflanzenkenntnisse ✗ Bau und Leben der Pflanze
✗ Vermehrung der Pflanzen
✗ Steuerung des Pflanzenwuchses
✗ Bodenkunde ✗ Erden und Substrate
✗ Pflanzenernährung und Düngung
✗ Pflanzenschutz ✗ Betriebsausstattung
✗ Berufliche Ausbildung.

Taschenatlas Beet- und Balkonpflanzen.
M. Haberer. 2002. 126 Seiten, 226 Farbfotos. ISBN 3-8001-3264-8.
Im Taschenatlas Beet- und Balkonpflanzen werden die etwa 250 bekanntesten Sommerblumen und Kübelpflanzen ausführlich vorgestellt.

Taschenatlas Rosen. 324 Rosen für Garten und Landschaft. H. Brumme, P. Dietze. 2003. Etwa 192 S., 330 Farbb. ISBN 3-8001-4256-2.
Beschreibungen der wichtigsten 324 Rosen-Arten und -Sorten sind übersichtlich, einprägsam und durch das praktische Format leicht zur Hand.

Taschenatlas Zimmerpflanzen. 350 Pflanzen für Wohnraum und Wintergarten. M. Haberer. 2002. 190 Seiten, 354 Farbfotos. ISBN 3-8001-3539-6.
Das Wichtigste prägnant vermittelt: Lernen Sie 350 Pflanzen für Wintergarten und Wohnraum kennen - für Ausbildung, Studium und Hobby.

Taschenatlas Stauden. 313 Stauden für Garten und Landschaft. M. Haberer. 2. Auflage 2002. 188 Seiten, 316 Farbfotos, 13 Zeichnungen. ISBN 3-8001-3987-1.

Taschenatlas Gehölze. 320 Gehölze für Garten und Landschaft. M. Haberer. 2001. 191 Seiten, 325 Farbfotos. ISBN 3-8001-5310-6.